KiW

1795

Das Buch

Wie kein anderer vereint Aladin El-Mafaalani verschiedene Perspektiven auf das deutsche Bildungssystem, das er aus jedem Winkel kennt: als Schüler und Student, als Berufsschullehrer und Vater, Ministerialbeamter und heute als Universitätsprofessor in den Bereichen Bildungsforschung und Schulpädagogik. Er schreibt über die aktuellen Probleme (vor und nach der Coronakrise), über die Geschichte und die Zukunft der deutschen Bildungspolitik:

»Mit Bildung löst man kein einziges der großen gesellschaftlichen Probleme, etwa die vielen offenen Fragen der Digitalisierung, den fortschreitenden Klimawandel oder den Umgang mit globaler Migration. Selbst die aufgeheizte gesellschaftliche Stimmung oder die Konzentration von Problemlagen in bestimmten Stadtteilen wird sich durch eine Ausweitung und Aufwertung von Bildungsinstitutionen nicht abschwächen. Es geht um eine Verringerung von Chancenungleichheit, um die Erweiterung von Erfahrungshorizonten und Zukunftsperspektiven für alle Kinder und um die Vorbereitung der nächsten Generationen auf die unbekannten Herausforderungen einer zunehmend komplexer werdenden Gesellschaft. Nur darum geht es. Nicht mehr und nicht weniger.« *Aladin El-Mafaalani*

Der Autor

Aladin El-Mafaalani, 1978 im Ruhrgebiet geboren, ist Soziologe und Inhaber des Lehrstuhls für Erziehung und Bildung in der Migrationsgesellschaft am Institut für Erziehungswissenschaft an der Universität Osnabrück. Nach dem Studium war er Lehrer am Berufskolleg Ahlen, dann Professor für Politikwissenschaft an der Fachhochschule Münster und später Abteilungsleiter im nordrhein-westfälischen Ministerium für Kinder, Familie, Flüchtlinge und Integration in Düsseldorf. Er studierte an der Ruhr-Universität Bochum Politikwissenschaft, Wirtschaftswissenschaft, Pädagogik und Arbeitswissenschaft und wurde dort in Soziologie promoviert. Für seine Arbeiten erhielt er zahlreiche Auszeichnungen, zuletzt 2020 den Preis der Deutschen Gesellschaft für Soziologie für herausragende Leistungen auf dem Gebiet der öffentlichen Wirksamkeit der Soziologie.

Aladin El-Mafaalani

MYTHOS BILDUNG

Die ungerechte Gesellschaft,
ihr Bildungssystem und seine Zukunft

Kiepenheuer & Witsch

MIX
Papier | Fördert gute Waldnutzung
FSC® C083411
www.fsc.org

9. Auflage 2025

Covergestaltung und -motiv © Marion Blomeyer / Lowlypaper
Gesetzt aus der Minion und Trade Gothic
Satz Buch-Werkstatt GmbH, Bad Aibling
Druck und Bindung CPI books GmbH, Leck
ISBN 978-3-462-00193-8

Kontaktadresse nach EU-Produktsicherheitsverordnung:
produktsicherheit@kiwi-verlag.de

INHALT

Vorwort

Wozu noch ein Buch zu Bildung und zum Bildungssystem?

Unsere Gesellschaft ist ungerecht, ungerechter als andere, ungerecht zu Kindern. Und das ist nicht neu. Neu sind aber die Folgen, die dieser uralte Befund zeitigt. Genau genommen ist das deutsche Bildungssystem heute insgesamt deutlich durchlässiger als früher. Paradoxerweise führt ein Mehr an Durchlässigkeit nicht zu weniger Bildungsungleichheit, dafür aber zu neuen Problemen. Und diese neuen Probleme gefährden sowohl den Wohlstand als auch den sozialen Zusammenhalt als auch die Legitimationsgrundlagen unserer Gesellschaft. Und daher müssen uralte Fragen neu gestellt werden.

Durch die Bildungsexpansionen in den letzten 60 Jahren hat sich das Bildungsniveau in der Bevölkerung wesentlich erhöht und damit wuchsen auch die Bildungs- und Teilhabechancen aller Bevölkerungsgruppen. Nicht zuletzt auch deshalb ist die Gesellschaft heute deutlich dynamischer, pluraler und liberaler. Gleichzeitig gibt es nach wie vor junge Menschen, die von diesen Chancenzuwächsen nicht profitieren. Für sie wird die Situation hochproblematisch, denn sie laufen Gefahr, den Kompetenz- und Flexibilitätsanforderungen heute und in Zukunft nicht zu genügen. Sie sind zurückgefallen – zumindest im Verhältnis zur Gesamtbevölkerung. Einfache und mittlere Bildungsabschlüsse haben an Wert verloren, wodurch sich für einen

Teil der jungen Menschen die Benachteiligung verstärkt, weil diese entwertete Bildung keinen sicheren Platz in der Gesellschaft garantiert. Die Bildungsexpansion hat die Perspektiven und Chancen verschoben – sehr viele haben davon profitiert, aber bei Weitem nicht alle.

Noch entscheidender ist allerdings: Durch diese Entwicklungen haben sich solidarische Strukturen im sozialen »Unten« weitgehend aufgelöst. Wer heute scheitert, ist vermeintlich selbst schuld. Aus einem kollektiven Schicksal von vielen ist heute ein persönlich zurechenbares Scheitern von einigen geworden. Bei armen Kindern ist der öffentliche Diskurs (zumindest rhetorisch) vergleichsweise empathisch. Sobald aus diesen Kindern arme Erwachsene geworden sind, wird ihnen ihre prekäre Lage als individuelles Versagen zugeschrieben.

Bei alldem unverändert geblieben ist der Befund, dass diejenigen Kinder, die vermeintlich scheitern, also keinen Bildungserfolg haben, aus benachteiligten und benachteiligenden Verhältnissen stammen. Diese neue Konstellation aus uraltem Zusammenhang zwischen sozialer Herkunft und Bildungserfolg auf der einen Seite und stark veränderten Folgen für die Perspektiven von benachteiligten jungen Menschen auf der anderen Seite verstärkt die soziale Spaltung in der Gesellschaft, die sich längst in einer räumlichen Trennung ausdrückt. Resignation in Teilen der Bevölkerung, aber auch die Etablierung von Parallelgesellschaften werden dadurch immer wahrscheinlicher.

In den letzten Jahren hat sich aber noch etwas verändert: Die Erwachsenen bieten kaum noch Orientierung für die nachwachsenden Generationen. Sie sind überfordert mit der Gegenwart, die geprägt ist durch große Herausforderungen: Klimawandel, Digitalisierung, globale Migration, Populismus – um nur die wichtigsten zu nennen. Während in den vergangenen Jahrzehnten das Versprechen von Sicherheit, Wachstum und Stabilität noch einigermaßen glaubhaft war, erscheint die Zukunft heute geprägt durch Ungewissheiten. Die Welt ist für alle erkennbar unübersichtlich geworden. Mal ehrlich: Besonders stark verunsichert sind offensichtlich die »Alten«. Diejenigen, die ein seltsames Verhalten an den Tag legen, häufig ratlos und nicht selten naiv wirken, immer radikalere Ansichten offen aussprechen, sich regelmäßig danebenbenehmen, Tabus brechen und sich mit einer gewissen Schadenfreude destruktiv engagieren, kurzum: die sich wie pubertierende Halbstarke verhalten, sind heute ganz schön alt. Das sind im wahrsten Wortsinn verrückte Verhältnisse, die augenscheinlich die Jugend dazu zwingen, vernünftig zu sein.

Ganz sicher ist: Wir wissen, dass wir nicht wissen, welchen Herausforderungen sich ein heute geborenes Kind im Laufe seines Lebens wird stellen müssen. Die möglichen Szenarien gehen extrem weit auseinander, vielleicht weiter als jemals zuvor.

Unter all diesen veränderten Vorzeichen haben ungleiche Chancen eine vollkommen andere Qualität, und entsprechend müssen alte Fragen neu gestellt werden: Wie können wir Kinder auf eine ungewisse, aber in jedem Fall hochkomplexe Zukunft vorbereiten? Und wie können wir allen Kindern eine faire Chance auf ein respektables Leben ermöglichen?

Für die Beantwortung dieser Fragen muss sich einiges zwingend ändern. Zum einen muss der relativ hohe Anteil junger Menschen, die als kompetenzarm bezeichnet werden können, weil bereits in den Basiskompetenzen und Grundfertigkeiten handfeste Defizite vorliegen, deutlich gesenkt werden. Zum anderen muss der relativ geringe Anteil besonders leistungsstarker junger Menschen mit außergewöhnlich ausgeprägten Fähigkeiten wesentlich erhöht werden. Beides hat ganz zentral mit sozialer Ungleichheit zu tun: Kinder und Jugendliche aus unteren Schichten sind überproportional häufig von Kompetenzarmut betroffen und zählen viel zu selten zu der Gruppe der besonders Leistungsstarken. Zudem werden ausgerechnet Kinder aus benachteiligten Milieus von ihren Eltern zu häufig von höheren Bildungslaufbahnen abgehalten und von Lehrkräften strenger bewertet. Diese Befunde sind zwar uralt, aber weder gottgegeben noch »natürlich«. Und sie haben heute und in Zukunft ganz andere, deutlich schwerwiegendere Folgen.

Notwendig sind also sowohl die Kompensation von Defiziten als auch die Förderung von Begabungen, die jedes Kind hat, als auch die Förderung von außergewöhnlicher Exzellenz – und alles drei müsste sich auf Kinder aus unteren Schichten und in schwierigen Lebenslagen fokussieren. Bisher findet auf keiner dieser drei Ebenen eine systematische Berücksichtigung sozialer Ungleichheit statt. Eine solche ungleichheitssensible Förderung ist aber notwendig, da es in Deutschland bisher kaum gelungen ist, die ungleichen Startchancen von sozial Benachteiligten auszugleichen. Das liegt auch daran, dass wirklicher sozialer Ausgleich bisher überhaupt nicht im Mittelpunkt bildungspolitischer Bemühungen stand.

Chancengleichheit und Leistungsgerechtigkeit sind Legitimationsgrundlagen unserer Gesellschaft. Sie waren schon immer eher Postulate als Realität. Aber solange man sich in den unteren und mittleren Schichten darauf verlassen konnte, dass es die eigenen Kinder einmal besser haben werden, ließen sich ungerechte Verhältnisse legitimieren – so war es noch in den 1970er-, 1980er- und 1990er-Jahren. Im Jahr 2020 sind es nicht nur ökonomische und arbeitsmarktpolitische Gründe – Stichwort Fachkräftemangel und demografischer Wandel –, die diese uralten Zusammenhänge zwischen sozialer Herkunft und Bildungschancen hochproblematisch erscheinen lassen, sondern auch normative: Es ist schlichtweg ungerecht, Kinder mit ungleichen Chancen in eine hochkomplexe und ungewisse Zukunft zu entlassen, in der sie die Folgen ihrer Benachteiligung persönlich verantworten sollen.

Derzeit existiert also eine seltene Allianz zwischen ökonomischen und normativen Argumenten, und die hat der Bildungspolitik einen hohen Stellenwert eingeräumt – einen zu hohen.

Bildung hat bei Eltern und Lehrern, bei Regierung und Opposition, bei Arbeitnehmer- und Arbeitgebervertretern höchste Priorität. Alle sind sich einig, und genau das ist Anlass zur Skepsis. Denn für nahezu jedes gesellschaftliche Problem wird Bildung als die Lösung präsentiert. Wenn man nicht mehr weiterweiß, wird Bildung als Zauberformel und Allheilmittel, als Lückenfüller oder als Totschlagargument ins Spiel gebracht. Bildung ist ein Mythos, ein kaum bestimmbarer Begriff, den man über jedes gesellschaftliche Problem stülpen kann. Das Bildungssystem soll es richten. Dabei ist das Bildungssystem selbst das zentrale Problem.

Der kritische Blick, der in diesem Buch auf Bildung,

Bildungschancen und Bildungsinstitutionen geworfen wird, leitet sich aus drei miteinander zusammenhängenden Grundproblemen ab, die in einem deutlichen Spannungsverhältnis zueinander stehen:

Erstens ist es die Gesellschaft, die Ungleichheiten zulässt und produziert, die ohne das Bildungssystem, insbesondere die Schulen, noch viel größer wären. Denn in keinem Teilbereich der Gesellschaft werden Menschen derart gleichbehandelt wie im Bildungssystem. Die Chancenungleichheit bleibt jedoch bestehen, weil ungleiche Startchancen im Bildungssystem nicht systematisch ausgeglichen werden. Sie werden aber nicht primär im Bildungssystem produziert. Aber: Wo Ungleiches gleichbehandelt wird, reproduziert sich Ungleichheit. Vielmehr bedeutet eine ungleichheitssensible Bildung: Ungleiches gezielt ungleich behandeln.

Zweitens wird durch die Bildungsinstitutionen, die diese Ungleichheiten nicht ausgleichen, soziale Ungleichheit überhaupt erst legitimiert. Wenn am Ende »nur« ein Hauptschulabschluss steht, dann rechtfertigt diese Bildungslaufbahn geringere Lebenschancen – und zwar auch für die Betroffenen selbst. Ungleiche Chancen reproduzieren sich selbstverständlich auch dann, wenn Privilegien gewahrt werden.

Drittens gibt es keinen anderen gesellschaftlichen Bereich, in dem dieser Kreislauf durchbrochen werden könnte. Das Bildungssystem ist der einzige »Ort«, an dem Kompetenzen und Leistungsfähigkeit systematisch entwickelt – und nicht nur bewertet – werden. Nur durch das Bildungssystem, insbesondere die Schulen, können alle Menschen gleichermaßen erreicht werden. Daher ist die

Forderung an das Bildungssystem, systematisch auf Ungleichheit einzuwirken und sozialer Benachteiligung entgegenzuwirken, berechtigt. Hier werden die Weichen für alle anderen gesellschaftlichen Bereiche gelegt.

Gleichzeitig haben wir ein in vielerlei Hinsicht über Jahrzehnte hinweg unverändertes Bildungssystem, in dem sich extrem viel gewandelt hat, sodass man es kaum wiedererkennt. Heute gehen die meisten Kinder auf ein Gymnasium, die wenigsten auf eine Hauptschule. Mehr junge Erwachsene beginnen ein Studium als eine duale Ausbildung. Dadurch hat sich klammheimlich – man sollte eigentlich sagen: strategielos – das Wesen von Bildungsgängen und -institutionen verändert, ohne dass sich im Hinblick auf Chancengleichheit Wesentliches verbessert hätte. Die Bildungsexpansion hat Ungleichheit deshalb kaum reduziert, weil es lediglich ein Mehr vom Gleichen ist. Es kommt aber darauf an, etwas anders zu machen.

Etwas anders machen bedeutet aber weder Revolution noch Restauration des Schulsystems und des Unterrichts. Notwendig wäre ein Umdenken. Das Bildungssystem darf nicht auf Lehrkräfte und ihren Unterricht oder abstrakte Schulsystemfragen reduziert werden. Erst über diesen Perspektivwechsel – so die hier verfolgte These – kann das Bildungssystem, insbesondere das Schulsystem, so aufgestellt werden, dass es zum einen die hohen Erwartungen in ganz unterschiedlichen Bereichen zukünftig auch erfüllen kann und zum anderen soziale Ungleichheiten systematisch bekämpft.

Wenn man sich mit sozialer Benachteiligung von Kindern beschäftigt, stellt man nämlich fest, dass diese ziemlich wenig mit dem Unterricht zu tun hat und entsprechend auch kaum durch Unterricht und Lehrkräfte (allein) ausgeglichen werden kann. Vielmehr unterscheiden sich die Lebenswelten der Kinder enorm und damit die Erfahrungshorizonte und die Entwicklungsmöglichkeiten.

Kitas und Schulen müssen zu Orten werden, in denen Kinder alles erleben und lernen können, was diese Welt zu bieten hat. Dafür muss der Ganztag ausgebaut werden, dessen Potenziale noch nicht ansatzweise ausgeschöpft sind. Ein multiprofessionelles Team an jeder Schule aus ganz unterschiedlichen Bereichen (Gesundheit, Soziale Arbeit, Psychologie, Kunst und Kultur) könnte die Kinder und Jugendlichen betreuen, ein anregendes und auf ihre Bedürfnisse ausgerichtetes Ganztagsprogramm entwickeln sowie zusätzliche Förderprogramme koordinieren. Die Lehrkräfte konzentrieren sich auf den Unterricht, entwickeln aber gemeinsam mit dem multiprofessionellen Team Strategien zur Kompensation von Defiziten sowie zur Begabungs- und Exzellenzförderung unter systematischer Berücksichtigung von ungleichen Startvoraussetzungen. Denn Armut und prekäre Lebenslagen verdecken Potenziale von Kindern, die mühsam entdeckt werden müssen. Lehrkräfte allein sind dazu nicht in der Lage.

Hierfür müsste nichts ganz neu erfunden werden. Die ohnehin bestehenden Entwicklungstrends hin zu mehr Ganztag müssten aufgegriffen und mit einer neuen Ausrichtung enorm verstärkt werden. Denn bisher hat man sich bei Begründung und Ausgestaltung des Ganztags daran orientiert, die Berufstätigkeit beider Elternteile zu ermöglichen. Ein bisschen Ganztag zu diesem Zweck hat auf ungleiche Chancen keinen Effekt. Mehr Chancengleichheit bedarf eines anderen Ganztags, der mit einer anderen

Intention und aus einer anderen Perspektive gedacht wird, was grundlegende Veränderungen der Organisation der Institutionen impliziert.

Von gehaltvollen und systematisch durchdachten Ganztagsprogrammen profitieren alle, auch bildungsbürgerliche Familien. Allerdings muss man dort beginnen, wo die Benachteiligung besonders stark ausgeprägt ist, also an sogenannten sozialen Brennpunkten sowie dort, wo die Benachteiligung am wirksamsten bekämpft werden kann, also bei Kitas und Grundschulen. Mittelfristig sollten alle Institutionen von der frühkindlichen Bildung bis zur Sekundarstufe I berücksichtigt werden. Eine solche Expansion in Breite und Tiefe wird viel Geld kosten. Reformen sind bisher allerdings nicht an Geldmangel, sondern am mangelnden Problembewusstsein oder Handlungsdruck gescheitert.

Unsere Gesellschaft ist ungerecht zu Kindern. Das ist keine Übertreibung. Etwa 20 % aller Kinder in Deutschland wachsen in Armut auf. Damit ist das Risiko, arm zu sein, in keiner Altersgruppe so groß wie bei Kindern. Sie sind arm, weil ihre Eltern arm sind. Um selbst nicht arm zu bleiben, ist das Bildungssystem ihre einzige Chance. Das Bildungssystem macht aber eher den Anschein, als würde das niemanden interessieren.

Kleine Gebrauchsanweisung für ungeduldige Leserinnen und Leser

Dieses Buch vereint viele Perspektiven. Das liegt zum einen an mir als Autor: Ich habe das Bildungssystem sowohl als Schüler und Student als auch als Berufsschullehrer und

Hochschullehrer als auch als Ministerialbeamter und Bildungsforscher sowie nicht zuletzt auch als Vater kennengelernt. Dadurch habe ich einen breiten und tiefen Einblick, auch im Hinblick darauf, was sinnvolle und realistisch umsetzbare Veränderungen angeht. Zum anderen zwingt das Thema selbst zu Perspektivwechseln. Jedes Kapitel steht für sich und verfolgt jeweils einen eigenen Zugang zum Thema. Alle gemeinsam ergeben ein Gesamtbild. Jedoch ist die Reihenfolge variabel. Insofern können Sie die Kapitel wie Module nach Belieben anordnen.

Im gesamten Text steht die soziale Herkunft von Kindern und Jugendlichen im Mittelpunkt. Der Umgang mit Migrantenkindern sowie mit Kindern mit Behinderung wird an verschiedenen Stellen thematisiert, stellt aber nicht den Schwerpunkt der Analyse dar. Für die Grundlagen und Strukturen im Bildungswesen spielt dies – so die hier verfolgte These – eine nachgeordnete Rolle. Denn: Ein System, das soziale Ungleichheiten systematisch berücksichtigt, ausgleicht und produktiv nutzt, kann sich auch auf die Inklusion, Mehrsprachigkeit und so weiter einstellen. Für die am Ende dargestellten Zukunftsideen ist handlungsleitend, dass jede Institution aus dem laufenden Betrieb heraus alte und neue Herausforderungen eigenständig bewältigen können muss. (Januar 2020)

Zur Taschenbuchausgabe

Kurz nach Erscheinen dieses Buchs im Frühjahr 2020 wurde deutlich, wie wenig flexibel und innovativ das Bildungssystem auf neue Herausforderungen reagiert. Auch die Formulierung, dass die Ungleichheiten ohne Schule viel größer wären, hat durch die Coronapandemie eine ganz neue Relevanz bekommen. Aus einem analytisch korrekten Gedankenexperiment wurde leidvolle Realität. Aufgrund dieser extremen Entwicklungen wurde für die Taschenbuchausgabe (2021) das Kapitel VII »Die Coronapandemie und ihre Bildungskrise« ergänzt, in dem die besonders kritische Phase von März 2020 bis Juli 2021 mit Lockdowns, Quarantäne-Schließungen und vielen weiteren Einschränkungen für Kinder und Jugendliche (vorläufig) analysiert und reflektiert wird. Der restliche Text ist ansonsten unverändert geblieben. Was vor der Coronakrise richtig war, bleibt es auch danach. (Juni 2021)

Zur überarbeiteten Taschenbuchausgabe

Seit dem Sommer 2021 gab es erfreuliche und weniger erfreuliche Entwicklungen. Die erfreulichen zuerst: Mit dem Ganztagsförderungsgesetz (GaFöG) vom 2. Oktober 2021 hat die Bundesregierung den Anspruch auf Ganztag in der Grundschule rechtlich verankert. Dieser Rechtsanspruch gilt ab August 2026 für alle Kinder in der 1. Klassenstufe und wird sukzessive bis 2029 auf die Klassenstufen 1 bis 4 ausgeweitet. Das Bundesgesetz sieht vor, dass die Kinder von Montag bis Freitag jeweils acht Stunden betreut werden (Unterrichtszeit wird angerechnet), wobei der Ganztag maximal 4 Wochen im Jahr schließt, womit sich der Anspruch auf Ganztag auch auf den größten Teil der ca. 12 Wochen Schulferien erstreckt. Damit ist ein zentraler Reformvorschlag aus Kapitel VI »Bildung der Zukunft«

rechtlich umgesetzt. Der Text ist dennoch unverändert geblieben, weil es bisher noch kaum erkennbar ist, wie dieses Bundesgesetz im gesamten Bundesgebiet umgesetzt werden soll. Die Herausforderungen im Hinblick auf Fachkräftemangel, räumliche Rahmenbedingungen, Kooperation zwischen verschiedenen schulischen und außerschulischen Akteur:innen sind enorm. Vor diesem Hintergrund hat sich der Charakter dieses Kapitels etwas verändert: Aus einer Forderung bzw. Empfehlung ist nun eine Umsetzungshilfe geworden.

Von daher kann festgehalten werden, dass meine Vermutung, die Covid19-Pandemie vergrößere die Bereitschaft für bildungspolitische Reformen, richtig war. Wesentlich weniger erfreulich ist die Tatsache, dass sich auch alle anderen Vermutungen im Zusatzkapitel zur Coronakrise vollumfänglich bestätigt haben. Was bis Juni 2021 noch kaum empirisch belegt werden konnte, kann nun als gesichert gelten: Kinder, also diejenigen, die durch das Virus am wenigsten gefährdet sind, wurden durch die Pandemiemaßnahmen am stärksten eingeschränkt und hatten dadurch (unnötig) große Gesundheits- und Bildungsnachteile; und ohnehin Benachteiligte wurden besonders stark zusätzlich benachteiligt. Der Text bleibt dennoch unverändert, lediglich zwei Anmerkungen (258 und 259) wurden ergänzt. (Februar 2023)

I. BLACKBOX BILDUNG

Bildung gilt als Allheilmittel für fast alle gesellschaftlichen Missstände. Was dabei unter Bildung verstanden wird, bleibt in der Regel unklar. In diesem Kapitel möchte ich mich deshalb auf verschiedene Deutungen des Begriffs Bildung konzentrieren. Zum Ersten wird Bildung als Humankapital, also als wirtschaftlich und gesellschaftlich verwertbare Fähigkeiten und Kenntnisse des Menschen, vorgestellt. Zum Zweiten beschreibe ich Bildung als umfassende Persönlichkeitsbildung, bei der sich der Mensch seiner selbst und der Welt bewusst wird. So unterschiedlich beide Perspektiven auch sind, sie haben eins gemeinsam: Sie sind weitgehend blind für soziale Ungleichheiten. Daher werden in einem dritten Schritt mit dem Begriff Habitus milieu- und klassenspezifische Voraussetzungen für Kompetenzentwicklung und Persönlichkeitsbildung in den Vordergrund gestellt. Alle drei Begriffsbestimmungen sind für ein umfassendes Verständnis sinnvoll und wichtig. In keinem Fall ist Bildung eine Lösung, sondern eher ein eigenständiges Problemfeld.

1. Ein rätselhafter Begriff

Wann ist jemand gebildet? Ist ein Professor für Philosophie, der sich mit den existenziellen Fragen der Welt auf hohem Abstraktionsgrad intensiv beschäftigt, seine Gedanken und jene von Dutzenden anderen Philosophen geordnet und systematisiert hat, sich aber bei seiner Steuererklärung oder mit dem Smartphone völlig überfordert fühlt, besonders gebildet? Oder ist eine Informatikerin, die in der digitalen Welt wie ein Fisch im Wasser schwimmt und dabei Tschaikowsky hört, gleichzeitig aber fast jeder Verschwörungstheorie Glauben schenkt, gebildet? Ist hingegen ein Handwerksmeister, der erfolgreich seinen Betrieb führt und dabei die traditionelle Handwerkskunst pflegt, weniger gebildet als der Philosoph und die Informatikerin?

Bildung ist ein seltsamer Begriff. Häufig wird er verwendet, um eine »Veredelung«, eine Rangerhöhung des Menschen zu umschreiben. Der Mensch wäre demnach ohne Bildung »roh« und müsste sich erst zu einem richtigen Menschen bilden. Oder muss er nicht viel eher gebildet werden? Da fängt das Problem schon an. Ist Bildung ein aktiver oder passiver Prozess? Oder ist es ein Zustand, kann man (fertig) gebildet sein?

Wir können uns wahrscheinlich schnell darauf einigen, dass jemand als gebildet gilt, wenn er oder sie durch Zeugnisse und Urkunden den Erwerb von Qualifikationen und Kompetenzen dokumentieren kann. Oder? Damit würde unterstellt, dass überall dort, wo systematisch nach Lehrplan unterrichtet und gelernt wird, Bildung stattfindet. Wer diesem Lehrplan nicht folgt oder sich ihm entzieht, wäre demnach bildungsfern. Schön wäre es, wenn es so einfach wäre und die Veredelung des Menschen tatsächlich und vor allem in den Institutionen stattfände.

Ist ein gebildeter Mensch jemand, der viel weiß, viel liest, sich toll ausdrückt und mit einer gewissen Selbstverständlichkeit, vielleicht sogar mit Eleganz, komplexe Sachverhalte klar beschreiben, erklären und deuten kann? Bezeichnen wir nicht recht häufig Menschen als gebildet, die Sachverhalte eher kompliziert beschreiben – ganz unabhängig davon, ob sie es sind oder nicht? Ist ein Fachidiot gebildet, oder muss man breit aufgestellt sein mit der eigenen Bildung, um diese Zuschreibung zu »verdienen«?[1]

Bildung ist ein unmöglicher Begriff. Es ist ein sehr deutscher Begriff und zudem ein ursprünglich theologischer. Bildung bedeutet, sich ein Bild von etwas machen oder etwas bilden, also: einer Sache Gestalt geben. Es geht um eine innere Formgebung. Aber was soll geformt werden – und wie?

Die Deutungen des Begriffs haben sich im Zeitverlauf enorm gewandelt. Im Spätmittelalter ging es um die menschliche Seele und die Nähe zu Gott. Gott schuf den Menschen nach seinem »Bilde«, steht in der Bibel. Der Theologe Meister Eckhart konstruierte daraus die Vorstellung, dass in der Seele eines jeden Menschen ein Bild Gottes bereits eingeschrieben sei. Bildung meinte für ihn dementsprechend, dass Gott im Menschen heimisch wird, wenn sich die Seele des Menschen in Gott (ab)bildet.[2]

Gemeinsam mit der Gesellschaft säkularisierte sich im Zeitverlauf auch der Bildungsbegriff. Vom Gottesbild bewegte sich die Deutung des Begriffs hin zum Selbstbild, zur Bildung der Persönlichkeit, also zu der Idee, dass man sich selbst eine Gestalt geben muss. Und zugleich muss man der Welt, in der man selbst verortet ist, eine Gestalt geben. Selbstbild und Weltbild und die Verhältnisse zwischen diesen beiden – es geht nicht mehr um Gott und dessen Wirken im Menschen, aber immer noch um das große Ganze.

Tatsächlich haben alle moderneren Bildungsbegriffe und Bildungstheorien diese beiden Komponenten im Blick: eine aktive Aneignung von Welt durch Lernen und Erfahrungen sowie das Sich-selbst-in-Beziehung-Setzen zu einem Thema, zu einem Kontext oder zu einer Erkenntnis. Die Dinge bekommen erst so eine Bedeutung, einen Wert.

Bildung hat also ganz zentral etwas mit Wissen und Wissensaneignung zu tun, aber auch mit Auseinandersetzung, mit dem Erkennen von Zusammenhängen, mit Urteilsvermögen, also dem Fällen eines begründeten Urteils, mit einer kritischen Distanznahme und damit natürlich auch mit Reflexion. Alles Fähigkeiten, die in Bildungsinstitutionen regelmäßig eingeübt werden (sollen). Es gibt jedoch ein substanzielles Element eines Bildungsprozesses, das in den Einrichtungen nicht immer gelingt: das Berührt- und Bewegt-Werden. Oder genauer, dass eine Erkenntnis mein Selbst-Welt-Verständnis berührt und bewegt. Etwas Äußeres, Fremdes wird zum Inneren, Eigenen – und somit verändert man sich selbst beziehungsweise verändert sich das Selbst.

Wir sind uns dennoch meist einig: In Schulen und Hochschulen, selbst in Kindertageseinrichtungen findet regelmäßig Bildung statt. Es ist praktisch ausgeschlossen, dass das dort Gelehrte und Gelernte uns nicht beeinflusst. Zudem kann dies auch durchaus unerkannt und von außen nicht sichtbar geschehen. Klar ist: Man kann diesen inneren Prozess nicht steuern. Man kann sich sehr wohl fragen, unter welchen Voraussetzungen und wann er eher gelingt, wie man bessere Bedingungen schaffen kann. Hier ist weniger wahrscheinlich mehr. Von Montag bis Freitag im 45-Minuten-Takt berührt zu werden, hält niemand aus.

Die entscheidende Funktion des Bildungssystems ist jedoch, dass alle Grundlagen für Bildungsprozesse geschaffen werden: das Erlernen zentraler Kulturtechniken, insbesondere Lesen, Schreiben und Rechnen, die Aneignung analytischer Fähigkeiten sowie der systematischen Auseinandersetzung mit dem als relevant bewerteten Ausschnitt des verfügbaren geprüften Wissens innerhalb einer Kultur. Es geht um Kompetenzentwicklung und Wissenserwerb. Damit werden in den Bildungsinstitutionen auch die wichtigen Grundlagen für außerinstitutionelle Bildungsprozesse gelegt. Denn klar ist, dass Bildungsprozesse auch außerhalb der dafür vorgesehenen Orte stattfinden: in Familien, Vereinen, sozialen Bewegungen, in Peergroups, über Medien, autodidaktisch und so weiter.

Die jeweilige Gesellschaft spielt also in mehrfacher Hinsicht eine entscheidende Rolle. Zum einen organisiert sie das Bildungssystem und damit die Rahmenbedingungen für Bildung. Aber nicht nur das Bildungssystem ist in die Gesellschaft eingebettet. Die Kinder und Jugendlichen sind es selbst auch. Ihre Familien, ihr Wohnort, ihr soziales Umfeld und ihr Stadtteil: Der soziale Kontext, die Zugehörigkeit zu einer sozialen Klasse oder einem sozialen Milieu, spielt eine enorme Rolle, weshalb soziale Ungleichheiten, Benachteiligung und Diskriminierung zentrale Themen im Bildungswesen (geworden) sind, die für die folgenden Analysen von zentraler Bedeutung sein werden.

Der Bildungsbegriff bewegt sich in dem Spannungsfeld beziehungsweise Wechselspiel zwischen intendierter Anleitung, allgemeiner und zwischenmenschlicher Anregung und einer selbsttätigen Aneignung. Alles in allem geht es um das große Ganze, und dennoch ist dies keine wirklich zufriedenstellende Begriffsbestimmung.

Der Bildungsbegriff lässt sich tatsächlich nicht allgemeingültig definieren, zumindest nicht mit einem wünschenswerten Maß an inhaltlicher Substanz und Konkretheit. Er ist in dieser Hinsicht rätselhaft. Aber er ist somit auch ein gestaltbarer Begriff, oder genauer ausgedrückt: ein durch die Gesellschaft bestimmter Begriff. Das Zukunfts- oder Idealbild einer Gesellschaft nimmt Einfluss auf das, was unter Bildung verstanden wird. Eine Gesellschaft ohne Zukunftsidee treibt dahin und mit ihr ihr Bildungsbegriff.

Derzeit dominiert sowohl in der Bildungspolitik als auch in der Bildungsforschung ein Begriffsverständnis, das auf ökonomische Verwertbarkeit, Messbarkeit und gesellschaftlichen Nutzen ausgerichtet ist, das heißt, Bildung hat zunehmend den Charakter einer Ware und einer Währung. Es wäre ein Irrtum zu glauben, dass diese gesellschaftlichen Setzungen neu sind. Sie waren immer präsent, sind heute aber expliziter und dominanter denn je.

2. Humankapitalismus: Bildung als Ware und Währung

Bildung als Ware und Währung zu betrachten – das würden viele Menschen intuitiv ablehnen. Aber bereits Anfang der 1980er-Jahre hat der Soziologe Pierre Bourdieu genau hierzu eine Theorie entwickelt.[3] Es handelt sich also keineswegs um eine neue Sichtweise oder einen aktuellen Trend.

Das Kapital als rein ökonomische Ressource (Einkommen und Vermögen) zu begreifen, wie es noch bei Karl Marx definiert war, wird laut Bourdieu den vielfältigen wechselseitigen Austauschprozessen innerhalb einer Gesellschaft nicht mehr gerecht. Entsprechend definiert er Kapital als gesellschaftlich relevante Ressourcen, die imstande sind, die Stellung eines Menschen innerhalb der Hierarchie einer Gesellschaft zu bestimmen, zu erhalten oder zu verändern. Neben dem ökonomischen Kapital nennt er zwei weitere Sorten von Kapital, die vom Prinzip her gleichwertig sind: kulturelles Kapital (Bildung) und soziales Kapital (Netzwerke). Sie sind deshalb Kapital, weil sie gleichermaßen nützlich sein können. Und sie sind grundsätzlich gleichwertig, weil sie austauschbar sind, also die Funktion einer Währung haben können. Aber der Reihe nach …

Das klassische ökonomische Kapital garantiert nach wie vor die Sicherung des Lebensstandards und eine gewisse Unabhängigkeit. Allerdings reicht es allein nicht mehr aus, um gesellschaftliche Macht auszuüben oder bestimmte Positionen einzunehmen. So öffnet beispielsweise ein großer Lottogewinn keineswegs die Türen in die gehobenen Kreise oder in bestimmte Machtsphären. Zudem wissen wir heute, dass ein Lottogewinn bei zuvor ärmeren Menschen häufig nicht nachhaltig zu Wohlstand führt. Vielmehr sind es auch neue beziehungsweise wichtiger gewordene immaterielle Ressourcen, die die soziale Stellung mitbestimmen.

Das kulturelle Kapital könnte auch als Bildungskapital bezeichnet werden. Es drückt sich nach Bourdieu in Objekten (objektiviertes kulturelles Kapital), in Körper und Geist (inkorporiertes kulturelles Kapital) sowie in institutionalisierter Form (institutionelles kulturelles Kapital) aus. Objektiviertes kulturelles Kapital ist dabei am engsten an Geld gebunden. Hierzu zählt insbesondere der Besitz von Kunstgegenständen (beispielsweise ein Gemälde), Kulturgütern (beispielsweise Bücher) und Kulturwerkzeugen (beispielsweise ein Klavier), die zwar materielle Objekte sind, aber deren Wert vordergründig immaterieller Natur ist – die also auf gewisse Weise Bildung beziehungsweise Gebildetsein vorführen. Und mal ehrlich: Wenn wir jemanden zu Hause besuchen und im Wohnzimmer ein wohlplatziertes Kunstgemälde, Hunderte Bücher im Regal und einen Flügel sehen, steht für uns schon (fast) fest: Dieser Mensch ist gebildet.

Die Verinnerlichung dieser Objekte erfordert, dass ich sie mir einverleibe. Inkorporiertes kulturelles Kapital meint die sich stetig vollziehende Aneignung, also die geistige, körperliche und emotionale Verinnerlichung des Kulturellen. Es geht um Wissen und Fähigkeiten, heute würde man von Kompetenzen sprechen, wobei nicht nur kognitive, sondern auch soziale, emotionale und methodische Fähigkeiten gemeint sind. Wenn nun unser Gastgeber auch noch kunstinteressiert und belesen wirkt, vielleicht sogar auf dem Flügel etwas vorspielt und dabei zwischendurch einen Schluck Rotwein trinkt – dann ist die bildungsbürgerliche Aura vollkommen.

Die Verinnerlichung des Kulturellen ist die zeitintensivste Ausprägung der kulturellen Kapitalformen und findet insbesondere, aber nicht nur im Bildungssystem statt. Klavier spielen etwa hat unser Gastgeber sicherlich nicht auf dem städtischen Gymnasium gelernt.

Das Hoheitsgebiet des Bildungssystems liegt im institutionellen kulturellen Kapital. Die Institutionalisierung kulturellen Kapitals findet ihren Ausdruck vor allem in (hoch)schulischen Abschlüssen und Titeln. Diese Papiere sind im tiefsten Wortsinn »Zeugnisse« kultureller Kompetenz und garantieren ihren Inhabern einen dauerhaften Wert. Und dies relativ unabhängig vom tatsächlichen Besitz von Kompetenzen. Wenn also unser Gastgeber einen

Doktortitel hat, ist das Bild vollends rund: Er ist sehr gebildet.

Die Wirksamkeit dieser Zeugnisse ist herausragend. Ähnlich wie bei einem Geldschein hängt der Wert dieser Papiere von ihrem Urkundenstatus ab. Daher ist institutionalisiertes Bildungskapital die gesellschaftlich legitimste Form kulturellen Kapitals. Bildungstitel sind das Produkt einer Bildungsinvestition, einer Umwandlung von ökonomischem in kulturelles Kapital: Die Bildungsphase bis zum Abschluss hat nicht nur Mühen, sondern auch Geld gekostet. Wer viele Jahre dafür aufbringt, einen Bildungstitel zu erlangen, der hatte direkte, aber durch entgangene Einkünfte auch indirekte Kosten. Die Investition ergibt nur dann Sinn, wenn ihre Rekonvertierbarkeit (zumindest teilweise) garantiert ist, mit anderen Worten: Das muss sich auszahlen. Der Abschluss muss einen Wert haben, der auf dem Arbeitsmarkt Einkünfte generiert.

Der Zusammenhang zwischen den drei Formen kulturellen Kapitals gilt mittlerweile als derart gesichert, dass es in internationalen Studien üblich geworden ist, die Anzahl von Büchern im Haushalt oder das Beherrschen eines Musikinstruments als Indikator für die Bildungsnähe und die Schichtzugehörigkeit zu verwenden und daraus Hypothesen für die Forschung zu generieren (bspw. IGLU-Studien). Es ist also tatsächlich so, dass Gegenstände, Kompetenzen und Zeugnisse miteinander in Zusammenhang stehen. Inwiefern im Zeitalter der Digitalisierung diese historisch gewachsenen Formen von kulturellem Kapital Bestand haben werden, ist durchaus fraglich. Bereits die Materialität von gebundenen Büchern verliert dramatisch an Bedeutung (E-Books), aber auch das Lesen an sich: Selbst in intellektuellen Kreisen konkurrieren Bücher, egal ob gedruckt, digital oder als Hörbuch, zunehmend mit Serien und Social-Media-Angeboten.

Damit kommen wir zur letzten Kapitalsorte: dem sozialen Kapital. Es lässt sich auch als Vitamin B(eziehungen) oder Vitamin C(onnections) bezeichnen. Soziale Beziehungen entstehen durch fortwährende Aufnahme und Pflege sozialer Kontakte. Nicht umsonst wird dem ›Netzwerken‹ – wie man dies umgangssprachlich formuliert – in der analogen und in der digitalen Welt eine zunehmend wichtige Rolle beigemessen. Aber auch Nachbarschaftshilfe, Familienzusammenhalt oder andere solidarische Formen gehören dazu. Dabei hängt das Ausmaß des sozialen Kapitals, über das eine Person verfügt, sowohl von der Größe des sozialen Netzwerks als auch von der Kapitalausstattung der anderen Personen im Netzwerk ab.

In der digitalen Welt lässt sich die besondere Rolle sozialen Kapitals in eindrucksvoller Weise erkennen und sie ist quantifizierbar und quasi öffentlich: Welche und wie viele Freunde und Follower habe ich auf Facebook, Twitter, YouTube oder Instagram? Ab einer kritischen Masse an »Freunden« lässt sich damit sogar Geld verdienen. Mittlerweile werden die persönlichen Profile und Netzwerke im digitalen Netz auch bei Bewerbungsverfahren mitberücksichtigt. Umfang und Qualität des sozialen Kapitals bestimmen also in gewisser Weise mit, wie ein Mensch wahrgenommen und bewertet wird.

In zweifacher Hinsicht besteht dennoch prinzipiell eine Gleichwertigkeit zwischen allen Kapitalsorten: Zum einen dienen sie dazu, eine bestimmte Stellung in der Sozialstruktur der Gesellschaft einzunehmen. Zum anderen lassen sich alle Kapitalsorten ineinander umwandeln, um wiederum die Positionen zu erhalten oder zu verbessern: Durch Investitionen in Bildung kann ökonomisches Kapital in kulturelles Kapital umgewandelt werden; das daraus entstandene Bildungskapital kann zu einem beruflichen Aufstieg führen und damit wiederum in ökonomisches Kapital transformiert werden; dadurch, dass soziale Beziehungen bei der beruflichen Etablierung enorm hilfreich sein können, lässt sich auch soziales Kapital in ökonomisches umwandeln und so weiter. Dem Kapital, in welcher Form auch immer, wohnt also eine gewisse Tauschfunktion inne.

Bildung hat insofern schon lange eine gewisse kapitalistische gesellschaftliche Funktion. Bildung wird zunehmend als Humankapital verstanden. Damit ist die Gesamtheit der wirtschaftlich und gesellschaftlich verwertbaren Fähigkeiten und Kenntnisse von Personen gemeint. Bereits der Ökonom und Philosoph Adam Smith und nach ihm eine ganze Reihe von Wirtschaftsnobelpreisträgern beschäftigten sich mit dem ökonomischen Nutzen (insbesondere im Verhältnis zu den Kosten) von Bildung. Bildung ist eindeutig eine wichtige Ressource – für den Einzelnen und für die Gesellschaft insgesamt. Das kann man alleine daran festmachen, dass im Zusammenhang mit Bildung neue, ökonomisch geprägte Begriffe alltagstauglich werden: Bildungsnachfrager und Bildungsanbieter, Bildungsgüter und Bildungsmärkte, Bildungsrendite und Bildungsinflation. Bildungsdienstleister müssen sich in Bildungsmanagement üben und so weiter. Bildung ist also auch ein wirtschaftliches Gut. Entsprechend interessiert sich die Organisation für wirtschaftliche Zusammenarbeit und Entwicklung (OECD) derart stark für das Bildungswesen, dass die deutsche Bildungsforschung mittlerweile in beträchtlichem Maße durch die OECD finanziert wird – PISA ist hierfür nur ein prominentes Beispiel.[4] Der Fokus auf die gesellschaftliche und individuelle Verwertung von Bildung rechtfertigt es, von einem Humankapitalismus zu sprechen. Im Humankapitalismus kennzeichnet sich der dominante Bildungsbegriff durch eine Reduzierung auf die ökonomisch nützlichen und wissenschaftlich messbaren Aspekte von Bildung auf der einen Seite sowie durch einen enormen Bedeutungszuwachs dieses schmalen Bildungsverständnisses auf der anderen Seite. Das kann man gut oder schlecht finden – in jedem Fall lässt sich die Entwicklung nicht mehr übersehen, dass die mit Humankapital bezeichnete Waren-, Währungs- und Wettbewerbsförmigkeit von Bildung derzeit die Diskurse und Praktiken im Bildungssektor dominiert. Tatsächlich sind Bildungsabschlüsse zunehmend von Bedeutung für berufliche Etablierung und Karrieren – und damit für das Einkommen. Dagegen ist auch zunächst nichts einzuwenden.

Allerdings führt dies dazu, dass Eltern in die Bildung ihrer Kinder Zeit und Geld investieren, früh und umfassend fördern, wodurch ein enormer Wettbewerb entsteht, der sich als Leistungsdruck für Eltern und Kinder äußern kann. Diese Entwicklung ist nicht zuletzt auch ein (wahrscheinlich unbeabsichtigtes) Ergebnis der PISA-Studien: Durch das zunächst sehr mäßige Abschneiden Deutschlands wurde das Bildungssystem kritischer betrachtet und dadurch indirekt den Eltern eine stärkere Verantwortung bei der Platzierung ihrer Kinder im Bildungssystem übertragen. Die OECD fokussiert nachweislich die höhere und akademische Bildung, zulasten der in Deutschland traditionell starken und weltweit einzigartigen beruflichen Bildung.

Es mag kein Zufall sein, dass im Jahr 2002 – also ein Jahr nach Erscheinen von PISA I – eine Kommission eingesetzt wurde, die das entwickelte, was seit dem Jahr 2005 unter den Stichworten Agenda 2010 und Hartz IV in aller Munde ist: einen enormen Umbau des Sozialstaats. In kürzester Zeit mussten also zwei zentrale deutsche Selbstbilder (gefühlt) begraben werden: Das Land der Dichter und Denker ist genauso Historie wie der robuste Sozialstaat, auf den immer Verlass ist.

Auch wenn diese vermeintlichen »Niedergänge« vor allem gefühlte und weniger tatsächliche Wirklichkeiten sind: Sie haben Folgen. Denn das ewige Reden von »Fördern und Fordern«, davon, dass der Einzelne mehr Verantwortung übernehmen muss, stärker, flexibler und leistungsfähiger werden und der Gesellschaft nicht zur Last fallen soll, hat den Bildungsmarkt enorm erstarken lassen – und zwar von der Wiege bis ins hohe Alter. Ein Wettbewerb wurde ausgerufen: Deutschland gegen China, Deutsche gegen Chinesen, der einzelne Mensch gegen alle anderen. Jeder stehe im Wettbewerb zu jedem. Es gilt, Kapital – im Sinne Bourdieus – anzuhäufen, um im Wettbewerb zu bestehen.[5]

Im Übrigen haben sich zeitgleich auch die Wirtschaftsverbände in den Bildungsdiskurs eingeschaltet und eine kürzere Verweildauer im Bildungssystem gefordert, damit die ausgebildeten Menschen den Betrieben zur Verfügung stehen – und nebenbei schneller zu Steuer- und Beitragszahlern werden. Das Ergebnis ist eindrücklich: Die frühere Einschulung, das Abitur nach 12 Schuljahren oder

»G8«, das Aussetzen der Wehrpflicht und die Verkürzung der Regelstudienzeit bis zum ersten Hochschulabschluss konnten zumindest rein rechnerisch die Bildungsphase von Akademikerinnen und Akademikern bis zum Berufseinstieg um mehr als 4 Jahre verkürzen – Reformen, die in Rekordgeschwindigkeit umgesetzt wurden. Im Ergebnis haben wir heute Minderjährige, die ihr Studium beginnen, 20-Jährige mit Bachelor- und 22-Jährige mit Master-Abschluss. Absurderweise sind viele Arbeitgeber heute noch unzufriedener als vorher. Was soll man mit so jungen Leuten anfangen?

Der Steigerungs- und Beschleunigungszwang in unserer Gesellschaft hat das Bildungswesen in Gänze erschlossen. Bildung ist eine enorm relevante Ressource, Wirtschaftsgut und Währung zugleich. Entsprechend entsteht der ausgeprägte Drang, Bildung messbar zu machen. Die Quantifizierung von Bildung gewinnt an Bedeutung, bestimmte Qualitäten treten in den Hintergrund. Reformen beziehen sich sehr stark auf die »Hardware« von Bildung – auf die Alters- und Zeitdimension, auf die Bezeichnung von Abschlüssen und Institutionen – und weniger auf die »Software«. Und es ist ein besonderes Gut: Bildung – egal ob Zeugnisse oder Kompetenzen – kann man nicht so einfach verlieren wie materielles und ökonomisches Kapital. Dafür lässt sich materielles Vermögen direkt vererben, Bildung lediglich indirekt.

Solche schmaleren Bildungsauffassungen, die auf bestimmte Kompetenzen sowie Zertifikate abzielen, betonen insbesondere die gesellschaftliche Funktion und den gesellschaftlichen Nutzen von Bildung. In relativ kurzer Zeit hat diese verwertbare Bildung enorm an Bedeutung gewonnen und bestimmt den bildungspolitischen Diskurs zunehmend – zulasten der umfassenderen klassischen Bildungsbegriffe und -ideale. Letztere könnten als Persönlichkeitsbildung zusammengefasst werden und fokussieren auf das Subjekt und auf die Individualität des einzelnen Menschen. Bildung wird hier also gerade nicht von der Gesellschaft, sondern vom Kinde her gedacht, weshalb es nicht überrascht, dass ausgehend von diesem Bildungsbegriff regelmäßig Kritik am Humankapital(ismus), an PISA und der Kompetenzorientierung geübt wird.

3. Persönlichkeitsbildung: Bildung als Aneignung von Welt und Formung des Selbst

Was fast alle umfassenden idealistischen und philosophischen Bildungstheorien gemeinsam haben, ist die besondere Bedeutung von Selbst-Welt-Verhältnis und Selbst-Welt-Verständnis. Besonders für den deutschsprachigen Raum hat Wilhelm von Humboldt die Entwicklung des Bildungsdiskurses geprägt – und zwar sowohl als Bildungstheoretiker als auch als Bildungspolitiker im Staatsdienst. Sein Bildungsideal entsteht in direkter Anlehnung an die sich im Zuge der Aufklärung etablierenden Vorstellungen vom autonomen Individuum als Weltbürger. Der Einzelne soll selbstbestimmt und mündig sein, indem er sich an der Welt abarbeitet und dadurch entfaltet. Für von Humboldt stand also nicht der Nachweis von bestimmten Kompetenzen und das Zeigen von überprüfbaren Leistungen im Vordergrund – auch wenn er Prüfungen und Bewertungen eine besondere Bedeutung beigemessen hat, weil gerade dadurch Leistung und nicht Herkunft zählt. Dennoch ging es ihm insbesondere um die Entfaltung der Persönlichkeit, deren Gestalt man nicht im Voraus erkennen kann, und eben nicht um einen zielgerichteten oder zweckgebundenen Prozess. Auch klassen- und standesspezifische Unterschiede wollte er nicht machen und zeigte so einen auf Bildung bezogenen Idealismus.

»Bildung sei die Anregung aller Kräfte eines Menschen, damit diese sich über die Aneignung der Welt in wechselseitiger Ver- und Beschränkung harmonisch-proportionierlich entfalten und zu einer sich selbst bestimmenden Individualität oder Persönlichkeit führen, die in ihrer Idealität und Einzigartigkeit die Menschheit bereichere.«[6]

Und da sind wir wieder: beim großen Ganzen. Jeder Mensch ist also zur Bildung fähig und der Bildung bedürftig. Bildung ist ein aktiver Prozess, der zu Selbstbestimmung führt. Der Mensch bildet sich zu einem Unikat, das zugleich nicht nur ein soziales Wesen ist, sondern auch der Menschheit dienen soll. Dies geschieht, indem er sich die Welt mit allen Sinnen zu eigen macht und Schritt für Schritt seine Persönlichkeit bildet. Er hat eigene Talente und Potenziale (Kräfte), die lediglich angeregt werden müssen.

Sich die soziale und natürliche Welt aneignen, sich selbst bilden und wieder der sozialen und natürlichen Welt dienen. Veredelung des Geistes, die sich in einer Veredelung des Handelns niederschlägt. Wow.

Viele aktuelle Bildungstheoretiker vermeiden es, dem Bildungsbegriff derart normative, idealistische Ausrichtungen zu geben.[7] In der empirischen Analyse wird als Bildungsprozess zunehmend eine Veränderung von Selbst-Welt-Verhältnissen verstanden. Dabei geht es darum, zu rekonstruieren, wie sich diese Veränderung vollzieht. Man sucht nach Änderungen des Selbstbildes, des Gesellschafts- oder Weltbildes sowie der Handlungsweise – ohne sie als gut oder richtig zu bewerten.[8] Dabei geht es also nicht um die Ergänzung oder Erweiterung der Selbst- und Weltauslegung, sondern um die grundlegende Veränderung derselben.

Der Prozess der Veränderung von Selbst-Welt-Verhältnissen ist wahrscheinlich am stärksten ausgeprägt bei Radikalisierungsprozessen. Religiös-fundamentalistische oder politische Radikalisierungen können kaum anders beschrieben werden. Irgendwann, durch irgendeine Situation, Erkenntnis oder Erfahrung, die als Anregung dient, verwandeln sich Selbst- und Weltbild und verändern die Handlungsweise. Diese Verwandlung als Bildung anzusehen, damit haben sehr viele – nicht ganz unbegründet – ein Problem.

Das Problem löst sich aber leider nicht dadurch, dass wir darauf verweisen, dass Bildung eine Bereicherung der Menschheit beinhalten müsse. Denn typisch für Radikalisierungsprozesse ist ja gerade die Vorstellung, der Menschheit direkt politisch zu dienen, oder indirekt etwa durch die »Rückkehr auf den Weg des Schöpfers«. Gerade in Radikalisierungen drückt sich das große Ganze besonders verdichtet aus.

Brutale Gewalt und Hass als Resultat von Bildungsprozessen zu verstehen, lassen wir hier außen vor – diese Extremform in einen Zusammenhang mit Bildung zu setzen, erscheint inakzeptabel. Aber Radikalisierung muss nicht zwingend mit Gewalt und Hass zu tun haben. Inwieweit können radikale Ansichten und Lebensentwürfe, die aber nicht zu Gewalt oder Hass führen, unter den Oberbegriff Bildung gefasst werden? Wir wissen nur zu gut, dass manche radikalen Ansichten im Laufe der Zeit Allgemeingut wurden. Man denke etwa an den Liberalismus oder an die Gleichstellung der Geschlechter.

Inwieweit Radikalisierung Bildung ist, kann nicht abschließend beantwortet werden – was erneut deutlich macht, dass wir es nicht mit einem zufriedenstellend abgrenzbaren Begriff zu tun haben. Aber es erscheint sinnvoll, sowohl die Handlungsebene als auch die Prüfung der Grundlagen der Veränderungen, also die Richtigkeit der Erkenntnisse beziehungsweise die wissenschaftliche Fundierung, in den Blick zu nehmen. Die Handlung (etwa Gewaltausübung), weil sie auf die Welt und die Mitmenschen wirken kann. Die Grundlagen der Veränderungen, damit nicht jede Beliebigkeit und Verwirrung als Bildung missverstanden wird, weil sich Welt- und Selbstbild etwa aufgrund unwahrer Aussagen transformierten.

Ein rein verkopftes Bildungsverständnis, also die rein kognitivistische Wissensanhäufung, wird weder allen Sinnen und Kräften des Menschen gerecht, noch ermöglicht es uns, ein wirklich umfassendes Selbst-Welt-Verständnis zu generieren. Es würde sich im Nachdenken über Bildung und dem Erzählen vom eigenen Gebildetsein erschöpfen. Das käme dem nahe, was Theodor W. Adorno als Halbbildung bezeichnet hat.

Bildung hat zwingend damit zu tun, dass man Wissen und Erfahrung hat. Es sind die Steine, mit denen man das Haus baut. Das Wissen muss aber prüfbar und die Erfahrung bewährt sein. Und: Man muss dem Wissen und der

Erfahrung Sinn und Bedeutung geben. Alles andere wäre Halbbildung, halb verdautes Wissen, die Erkenntnis bliebe äußerlich. Es muss also einverleibt und damit lebendig werden. Das Wissen muss mich berühren und bewegen. Wissen und Erfahrung müssen in ein Verhältnis gesetzt werden, nicht ausschließlich durch Reflexion, aber auch.

Dies ist zugleich ein in höchstem Maße sozialer Prozess. Denn Wissen, Erfahrungen und insbesondere Relevanzsetzung, Kritik und die Geschichtlichkeit der eigenen Existenz, soziale Eingebundenheit und die Standortgebundenheit der eigenen Perspektive sind zutiefst sozial, also nicht ohne andere Menschen denkbar. Bildung hat kompetitiven Charakter: Wir suchen nach Neuem und Besserem im Wettbewerb mit uns selbst und anderen. Und es hat einen kooperativen Charakter: denn wir können es nicht ohne andere. Bildung ist durchaus eine Form der Selbstbefähigung, aber sie erschöpft sich nicht in Selbstgenügsamkeit.

Es entsteht ein Arbeitsmodell von der Welt und vom Selbst, das der Deutung von Gelerntem, von Beobachtungen und von Erfahrungen dient und in das zugleich Altes und Neues integriert wird. Bildung berührt und bewegt den Menschen, weil sie sich auf Denken, Fühlen und Handeln und damit auf alle Bereiche des menschlichen Wesens bezieht – im Sinne der »alten Griechen«: Geist, Moral, Ästhetik und Körper. Es handelt sich auch, aber nicht nur um ein Zusammenspiel von kognitiven, emotionalen, sozialen und methodischen Kompetenzen. Es geht also auch um Können, Wollen und Handeln, aber nicht ausschließlich. Bildung geht nicht ohne Kompetenzen, aber Kompetenz ist noch lange nicht Bildung.

Alles, was bisher als wichtige Grundelemente von Bildung im engeren Sinne dargestellt wurde, findet in Schulen statt, außer zwei zentralen und sehr zusammenhängenden Punkten: Selbstbestimmung und sich berühren lassen. Man erschließt sich durch die Fächer Physik, Chemie, Biologie, Erdkunde/Geografie, Geschichte, Politik, Kunst, Musik, Sport, Deutsch, Mathematik und Fremdsprachen einen großen Bereich des verfügbaren relevanten Wissens. Man übt die Analyse, Interpretation, Bewertung, Abstraktion, Urteilsbildung und Kritik an vielen Beispielen ein. Man erfährt davon, wie es heute hier und anderswo ist, wie es dazu geworden ist und in Zukunft sein könnte. Es wird im Wettbewerb und in Kooperation gelernt. All das sind wichtige grundlegende Elemente für Bildung im engeren Sinne, also Persönlichkeitsbildung.

Man kann nun viel darüber diskutieren, ob das in der Schule nicht besser gemacht werden könnte, ob es nicht auch noch andere Fächer geben sollte (Recht, Ernährung/Gesundheit, Wirtschaft, Rhetorik, Glück etc.) oder ob es günstig ist, im 45-Minuten-Takt zu unterrichten, und ob die Lehrpläne nicht entrümpelt werden sollten. Genau diese Diskussionen werden geführt. Aber es bleibt dabei, dass die Schule die Grundsteine für Bildung legt. Die Aspekte der Selbstbestimmung und des Berührtwerdens lassen sich nicht ohne Weiteres umsetzen. Sie sind nicht systematisch im Schulleben verankert, aber auch nicht ausgeschlossen.

Ich war selbst mehrere Jahre Lehrer im Schuldienst und konnte erleben, wie bestimmte Themen oder auch nur Aspekte eines Themas Jugendliche berührt und beschäftigt haben. Und gleichzeitig hat es mich nicht selten überrascht, denn gerade diese Berührung hatte ich überhaupt nicht im Blick. Bildung ist nicht steuerbar. Aber sie ist dennoch nicht ohne eine gewisse Anleitung möglich. Bildung ohne Erziehung und Sozialisation ist nicht denkbar.

Ein Bildungsprozess lässt sich auch als ein Sich-fremd-Werden bezeichnen. Man entwickelt eine Distanz zu einer Sache, zur Welt und zu sich selbst. Dies gelingt nicht, wenn man schon weiß, wohin die Reise geht. Bildung ist nie abgeschlossen. Es ist ein Streben, ein nie endender Prozess mit einem unerreichbaren, weil nicht vorhandenen Ziel. Bildung ist Veredelung, aber es geht immer auch noch etwas edler. Indem man sich die Welt aneignet, muss man eine Beziehung zur Welt einnehmen, entwickelt gleichsam ein Selbstbild, eine Positionierung seiner selbst in der Welt – und damit gibt der Mensch sich einen Wert. Sie ist Persönlichkeitsbildung, hat immer auch kreative und spontane Momente, kann auch zu Krisen führen, etwa wenn das Selbstbild erschüttert wird.

So wichtig dieses Bildungsverständnis ist, so blind ist es für die sozial ungleichen Realitäten. Ein idealistisches Verständnis ist für sich genommen wenig wert. Welt- und Gesellschaftsvergessenheit im Hinblick auf sozialstrukturelle Rahmenbedingungen und gesellschaftliche Funktionen – und nicht zuletzt auch auf die Institutionen – versperren dann den Blick auf das, was zwischen Ideal und Realität steht.

Deshalb reicht ein idealistischer Bildungsbegriff bei Weitem nicht aus. Er symbolisiert das Potenzial und auch die Widersinnigkeit des Einzelnen gegenüber der Gesellschaft. Aber die Gesellschaft ermöglicht und beschränkt zugleich. Wir sind keine Wesen, die im luftleeren Raum darüber sinnieren, was die Welt ist und wer wir sind. Zu sehr sind wir in gesellschaftliche Zwänge und Logiken verstrickt.

4. Habitus: Bildung als klassenspezifische Prägung

Humankapital und Persönlichkeitsbildung schließen sich nicht zwingend aus, stehen aber mindestens in einem gewissen Spannungsfeld zueinander. Durch eine einseitige Schwerpunktsetzung, also entweder auf die gesellschaftliche Funktion und Verwertbarkeit oder auf das Individuum und seine Veredelung, weisen beide Bildungsauffassungen blinde Flecken auf, insbesondere hinsichtlich der Berücksichtigung sozialer Ungleichheiten. Daher gilt es zu fragen, inwieweit die gesellschaftlichen Verhältnisse auf den Menschen wirken – auf seine Kompetenzentwicklung und Persönlichkeitsbildung. Hierfür steht der Begriff Habitus – wiederum maßgeblich geprägt durch Pierre Bourdieu. Der Begriff lässt sich in zweierlei Hinsicht auf Bildung übertragen: zum einen als Resultat von Bildung im Sinne von sichtbarer Kultiviertheit, zum anderen als Ausgangsbedingung für Bildung.

»Habitus« ist ein Grundbegriff der Soziologie.[9] Er beschreibt eine dauerhafte verinnerlichte Grundhaltung, die die Art und Weise prägt, wie Menschen ihre Umwelt, die Welt und sich selbst wahrnehmen, wie sie fühlen, denken und handeln. Diese Grundhaltung wird bereits früh im jeweiligen sozialen Umfeld eines Menschen – auch in der sozialen Schicht beziehungsweise im Milieu – ausgebildet und hilft ihm, sich darin zu orientieren. Auf die Trägerin oder den Träger, aber auch auf ihr oder sein Umfeld, wirkt der Habitus wie angeboren, natürlich, das Wesen dieses Menschen charakterisierend, und erzeugt nicht nur einzelne Verhaltensweisen, sondern ist als ganzheitliches Wahrnehmungs-, Denk- und Handlungsmuster zu verstehen. Der Habitus ist ein Muster, das bestimmt, *wie* sich die Aneignung von Welt und die Formung des Selbst vollzieht.

Mit dem Habitus-Begriff werden also jenseits ihrer individuellen Besonderheiten vor allem die Gemeinsamkeiten von Menschen, die in einem ähnlichen sozialen Kontext aufwachsen und leben, herausgestellt. Denn sie teilen gemeinsame Erfahrungen und handeln nach ähnlichen sozialen Logiken. Man kann daher auch von schichtspezifischen Milieus, Kulturen oder auch Subkulturen sprechen. In ihnen funktioniert der Habitus »reibungslos«, denn alle denken auf eine ähnliche Weise und verstehen sich damit spielend. Mögliche Handlungssituationen sind allen bekannt oder zumindest artverwandt. Die dadurch entstehenden Routinen lassen jede Handlung »natürlich« erscheinen.

Gemeint ist also so etwas wie das Hineinwachsen in ein Milieu, in dem man dann imstande ist, intuitiv zu handeln. Dabei geht es aber nicht nur um Gewohnheiten und Routinen, sondern auch um Geschmack, Ästhetik und Stil bis hin zu einer bestimmten Weltsicht. Es geht um die Aneignung einer gewissen Kultur, um Kultiviertheit. Am anschaulichsten lässt sich dies in starken Kontrasten zeigen, in einer plakativen Gegenüberstellung des Alltags und des Lebensstils von »Oberschicht« und »Unterschicht«.

In der elitären Oberschicht lässt sich eine Entfunktionalisierung der gesamten Alltagspraxis zeigen. Man speist von großen Tellern, die weitgehend leer sind. Man benötigt viel Besteck, das präzise auf das wenige, aber wohlkomponierte Essen abgestimmt ist. Die große, relativ wertvolle Stoffserviette wird idealerweise gar nicht benutzt – sie sollte weiß bleiben. Das Sättigungsgefühl steht nicht im Vordergrund dieser Form der Nahrungsaufnahme. Satt wird man bestenfalls nach 2 Stunden und 5 Gängen – wenn man Glück hat. Ein solches Essen dauert insgesamt recht lange und folgt einer vielschichtigen Choreografie, die jeden funktionalen Sinn überlagert.

Demgegenüber wird am anderen Ende der Sozialstruktur ein funktional optimierter Alltag gelebt: Man isst von mittelgroßen, dafür aber gut gefüllten Tellern, sodass man nach einer Portion satt ist. Dafür benötigt man wenig, unter Umständen gar kein Besteck (man denke an Pizza, Bratwurst, Döner). Man braucht mindestens eine Papierserviette – und die wird extensiv genutzt. Diese Form der Nahrungsaufnahme folgt keinem bestimmten oder besonderen Stil und ist auch keine zeitaufwendige Angelegenheit. Sie ist Mittel zum Zweck, man isst, weil man Hunger hat und satt werden will – das ist gar nicht komplex.

Was hat diese nüchterne Darstellung eines – zugegebenermaßen – überzeichneten Schwarz-Weiß-Bildes nun mit Bildung zu tun? Eine ganze Menge. Denn in beiden Handlungsweisen zeigt sich der Habitus als äußere und damit sichtbare sowie als innere und damit unsichtbare Gestalt.

Sichtbar wird hier im ersten Fall ein sehr kultiviertes Verhalten, das nahezu umweglos auf ein hohes Gebildetsein hindeutet oder zurückgeführt wird. Im zweiten Fall würde man eher die Adjektive derb, grob oder sogar prollig verwenden. Nun könnte man meinen, es handele sich nur um die Art der Nahrungsaufnahme – es geht ja gar nicht darum, was gegessen und getrunken wird, sondern nur wie.[10] Das Wie des Alltags und damit die sichtbaren Spuren des Habitus lassen sich in allen Lebensbereichen zeigen:

Die Oberschicht wohnt in großen, weitgehend leeren Räumen, Designer und Stararchitekten lieben es klar und karg. Die geschriebene und gesprochene Sprache zeichnet sich im Hinblick auf Satzlänge, Grammatik und Wortwahl durch einen hohen Komplexitäts- und Abstraktionsgrad aus, in der Regel unabhängig vom thematisierten Inhalt; man hört komplexe Musik, zu der man nicht tanzen und bei der man nicht mitsingen kann (u. a. klassische Musik, Opern, bestimmte Formen des Jazz). Die Liste ließe sich leicht verlängern – man denke unter anderem an die *Haute Couture*, abstrakte Kunst, klassisches Ballett, bestimmte Formen der Architektur und so weiter. Diese Entfunktionalisierung korrespondiert mit einer starken Formalisierung. Während die Funktion von Alltagshandlungen in den Hintergrund rückt, gewinnt die Art und Weise und damit die Form an Bedeutung, wobei hier zunehmend individualistische und kreative Variationen typisch sind und damit zum Teil auch zur Norm werden. Die Funktion einer Sache beziehungsweise Handlung wird durch die Funktion der Distinktion durch die Sache beziehungsweise Handlung substituiert: Es geht um mehr oder weniger feine Unterschiede.

Die unteren Schichten leben in kleineren, eher funktional eingerichteten und vollgestellten Räumen; man spricht in kurzen Sätzen und in einer insgesamt funktionalen Sprache, die nicht in jeder Hinsicht korrekt, sondern lediglich verständlich sein muss; es wird einprägsame Musik gehört, zu der man tanzen und singen kann und so weiter. So weit die überzeichnete Charakterisierung.

Beschrieben ist hiermit lediglich die sichtbare Oberfläche, der Lebensstil. Die unsichtbare innere Logik lässt sich aus dem Muster dieser Praxis herausarbeiten. Für die einen geht es um Stil, Abstraktion und Komplexität. Für die anderen um Funktionalität, das Praktische und das Einfache. Die Milieu- oder Klassenzugehörigkeit prägt also in weiten Teilen das, was gemeinhin der Individualität oder der Persönlichkeit eines Menschen zugeschrieben wird.

Das hat natürlich enorm viel mit Bildung zu tun, und zwar sowohl in Hinsicht auf Überlegenheitsanspruch und Herstellung oder *Bildung* sozialer Hierarchien als auch in Hinsicht auf die Formung oder *Bildung* von Selbst- und Weltbild. Das geht deutlich weiter als die Tatsache, dass der Habitus auch mitbestimmt, wann, was und wie man am besten lernt.

Das Problem ist nun: Ein einmal ausgebildeter Habitus ist – der Definition nach – nicht mehr ohne Weiteres grundlegend veränderbar. Das liegt auch daran, dass er dort am besten funktioniert, wo er gebildet wurde. Das heißt, es handelt sich gewissermaßen um eine »zweite Natur« oder einen »Instinktersatz« – wie es Bourdieu bezeichnet. Wenn wir frei wählen können, dann suchen wir uns in der Regel solche Menschen, Situationen und Umgebungen aus, die zu uns und damit zu dem passen, was wir bereits verinnerlicht haben. Dadurch entsteht ein Zusammenspiel, das wechselseitige Resonanz erzeugt. Demgegenüber verursachen soziale Kontexte mit großer sozialer Distanz zum Herkunftsmilieu Unsicherheit, Unwohlsein oder gar Vermeidungshandeln – man geht solchen Situationen, wenn es möglich ist, aus dem Weg. Denn in ihnen fühlt man sich »fehl am Platz« oder hat das Gefühl, »das ist nichts für mich/uns«, weil Intuition und Automatismen für das richtige Verhalten fehlen. Weil man keinen Zugang findet, empfindet man keine Freude, erlebt keinen Flow und auch keinen Sinn. Man spürt dann gewissermaßen den Habitus.

In diesen Dissonanzen, wenn der Habitus nicht mehr funktioniert, hat man aber gleichzeitig – zumindest potenziell – einen bewussten Zugang zu ihm. Normalerweise wirkt unser Habitus hinter unserem Rücken. Erst wenn er irritiert wird, tritt er in den Vordergrund. Dadurch wird eine Energie erzeugt, die zu Hemmungen und Schamgefühl oder aber zu Experimentierfreude und Kreativität führen kann – unter Umständen zu intimer Selbstreflexion.[11] Irritationen des Habitus müssen also überhaupt nichts Schlechtes sein. Aber ob sie zu Kreativität oder zu einem Schamgefühl und damit zu Hemmungen führen, hängt nicht unwesentlich von sozialen Faktoren und der Situation selbst ab.

Der Habitus wird nicht nur durch die Prägung in der Familie und dem unmittelbaren Umfeld ausgebildet (Prägungseffekt), sondern auch durch die Biografie insgesamt (Laufbahneffekt). Aus der Herkunft entwickelt sich ein »sense of one's place«. Insbesondere aus dem, was in den Bildungsinstitutionen dann ausgeprägt wird, entsteht ein »sense of one's way«.[12] Wenn also etwas systematisch den Effekt der sozialen Herkunft und der Milieuzugehörigkeit abzuschwächen imstande ist, dann sind es die Institutionen der Erziehung und Bildung. Auf den Prägungseffekt können die Institutionen nur bedingt einwirken, aber umso größer ist ihr Einfluss auf den Laufbahneffekt. Und selbst der Prägungseffekt kann abgeschwächt werden, etwa durch frühkindliche Bildung und eine Ausweitung des Erfahrungshorizonts von Kindern aus unteren Schichten.

Mit dem Habitusbegriff wird – mit Karl Marx gesprochen – der Zusammenhang von Sein und Bewusstsein, also der Zusammenhang zwischen den sozialen Lebensumständen der Menschen (ihr gesellschaftliches Sein) auf der einen Seite und den Vorstellungen und Konstruktionen der Menschen (ihr Bewusstsein) auf der anderen Seite beschrieben.[13] Denn ein entscheidendes Kennzeichen moderner Gesellschaften ist es, dass ehemals äußere Herrschaftsverhältnisse und soziale Grenzen zunehmend unsichtbar werden und sich in die Individuen und die Institutionen verlagern.

Der Habitusbegriff füllt die Lücke dort, wo man weder von einem vollständig autonomen Subjekt noch von der alles determinierenden Gesellschaft ausgehen möchte. Und gleichzeitig weist er darauf hin, dass beides gleichermaßen eine Rolle spielt und sich wechselseitig bedingt: die gesellschaftlichen Realitäten, die Auswirkungen auf das Denken und Handeln des Einzelnen haben, und der widerständige, zur Autonomie fähige Mensch, der die gesellschaftliche Realität herstellt. Sein und Bewusstsein bedingen sich also wechselseitig. Damit vermittelt der Habitusbegriff gewissermaßen zwischen den Bildungsverständnissen, die entweder die Gesellschaft oder das Subjekt betonen. In Kapitel IV wird dies weiter ausgeführt, wenn es um das Aufwachsen eines Kindes in Armut (oder in Reichtum) und insbesondere den Zusammenhang von Habitus und schulischem Lernen geht.

Für das Folgende ist wichtig: Der Habitus stiftet einen Orientierungsrahmen für unser Denken, Fühlen und Handeln. Dadurch ermöglicht er es uns, in der Begegnung mit der Welt ein Gefühl innerer Geschlossenheit zu bewahren.[14] Wir erfahren uns – bei aller Veränderung – als dieselbe Person, als stabile Einheit. Diese unheimlich wichtige Funktion, die uns zu einem Identitätsgefühl befähigt, bildet den Rahmen, also Möglichkeiten und Grenzen, sowohl für die Kompetenzentwicklung und Humankapitalbildung als auch für Persönlichkeitsbildung.

5. Mythos: Bildung als Lösung aller Probleme

Die hier vollzogene Darstellung der Möglichkeiten, Bildung (be)greifbar zu machen, bleibt nicht zufriedenstellend. Das liegt nicht daran, dass sie unvollständig ist, auch wenn sie das tatsächlich ist. Nein, der Gegenstand selbst entzieht sich einer substanziellen Bestimmung. Es lassen sich lediglich strukturelle Merkmale klassifizieren, die drei unterschiedliche Zugänge ermöglichen:

Erstens: Bildung in ihrer gesellschaftlichen Funktion als Währung sowie als Medium der Eigenverantwortung und Flexibilisierung des Einzelnen. Zweitens: Bildung im engeren Sinne verstanden als stetige Entfaltung von Selbst-Welt-Bild und Persönlichkeitsentwicklung. Drittens: Die sozialen Rahmungen und Spielräume, die in besonderer Weise durch die soziale Klasse und das soziale Milieu geprägt sind. Der Habitus kann als Sozialisation in und durch ein Milieu verstanden werden, er bildet die Grundlage für die Möglichkeiten der Anhäufung von Bildungskapital und der Persönlichkeitsentwicklung – und kann sie entsprechend auch einschränken.

Gesellschaftliche Funktion, selbsttätige Entfaltung der inneren Kräfte sowie die soziale Rahmung des Möglichen – das sind die drei Achsen, die (mindestens) für eine systematische Untersuchung von Bildung notwendig sind. Diese drei Zugänge zum Bildungsbegriff fokussieren jeweils andere Aspekte und ermöglichen dadurch eine umfassende Analyse.

Zweifelsfrei ist die Auseinandersetzung mit diesen drei Zugängen zum Bildungsbegriff spannend. Aber die Frage sei erlaubt: Für welches gesellschaftliche Problem kann Bildung die Lösung sein? Mir fällt tatsächlich kein in Deutschland relevantes Problem ein, für das Bildung eine Lösung sein könnte. Aber erstaunlicherweise wird Bildung als ein Allheilmittel gesehen. Bildung soll die Lösung für gesellschaftliche Orientierungsprobleme, soziale Spaltung, fehlenden gesellschaftlichen Zusammenhalt und den Rechtsruck, für Digitalisierung, Armut und die Probleme des Sozialstaats sein, und selbst gegen den Klimawandel soll Bildung helfen. An die bestenfalls abstrakt füllbare Worthülse »Bildung« knüpfen sich unzählige Erwartungen und Anforderungen. Oder genauer ausgedrückt: Immer, wenn man nicht mehr weiterweiß, kommt Bildung ins Spiel. Sie ist Lückenfüller und Allheilmittel. Und das ist völlig absurd.

Der Teil der jungen Menschen, die gemeinsam die Bewegung »Fridays for future« bilden, führt uns das wunderbar vor. Denn da fordern überwiegend Gymnasiasten und Studierende von recht gut gebildeten Politikern, dass sie die wichtigen Probleme endlich in Angriff nehmen. Es mangele weder an Erkenntnissen noch Möglichkeiten zur Problemlösung. Was würden wir eigentlich dazu sagen, sollten gebildete Menschen nach reichlicher Überlegung zu dem Ergebnis kommen, dass man den Planeten auf demokratische Weise nicht wird retten können, und sich entsprechend einem antidemokratischen Klimaschutz widmen? Dies ist kein völlig abwegiger Gedanke. Und je länger es dauert, bis man beginnt, konsequent Klimapolitik zu betreiben, und sich stattdessen der Bildungsmythologie hingibt, desto plausibler wird der Gedanke.

Der gut gebildete Einzelne kann das Problem eben nicht lösen. Im Gegenteil: Der ökologische Fußabdruck eines Menschen hängt relativ eng mit seinem Bildungsniveau zusammen. Aber genau andersherum, als man glaubt – wenn man denn an die Allheilkräfte von Bildung glaubt: Je höher das formale Bildungsniveau, desto größer der ökologische Fußabdruck. Nun könnte man einwenden, dass durch das formale Bildungsniveau noch nichts über das ökologische Bewusstsein gesagt ist, was im Übrigen nur zum Teil stimmt, denn das formale Bildungsniveau hängt tendenziell mit dem Klimabewusstsein zusammen. Und so lässt es sich auch belegen, dass das ökologische Bewusstsein stark mit dem ökologischen Fußabdruck zusammenhängt, aber – Sie ahnen es – auch hier andersherum, als man glaubt: Je größer das Klimabewusstsein, desto größer der ökologische Fußabdruck. Bildung ist aus dieser Perspektive nicht die Lösung, sondern eher ein Teil des Problems. Der beschriebene Effekt lässt sich sowohl global als auch national nachweisen![15]

Nicht nur Greta Thunberg wächst in privilegierten Verhältnissen (in einer traditionsreichen Künstlerfamilie) auf, sondern auch die allermeisten Aktivistinnen und Aktivisten. Sie sind der (formal) gebildetere Teil ihrer Generation, und sie stammen aus den privilegierteren Milieus. Ist es nun die Bildung, die zu klimapolitischem Engagement inspiriert, oder sind es die sozialen Verhältnisse?

Es war schon immer so, dass sich eher die Gebildeten für progressive Politik und eine andere Gesellschaft einsetzen. Sie streben nach einer besseren Gesellschaft, denn das kann man eher, wenn man in umfassender Weise an der bestehenden Gesellschaft partizipiert. Wer nicht partizipiert, strebt nach einem besseren Leben oder besseren Rahmenbedingungen innerhalb der bestehenden Gesellschaft und nicht nach einer anderen Welt.

Oder anders ausgedrückt: Man muss ein Stück vom Kuchen haben, um beurteilen zu können, ob es nicht ein besseres Rezept geben könnte. Wer (noch) nichts vom Kuchen abbekommen hat, will ein Stück von genau diesem Kuchen – und könnte aggressiv werden, wenn diejenigen, die schon reichlich hatten, darüber reden, ob nicht ein anderer Kuchen besser für die Allgemeinheit wäre (und auch besser für den armen Teil der Bevölkerung, der gar nicht erst von diesem unvollkommenen Kuchen essen sollte).

Genau das ist die Tragik – nicht nur – in der Klimapolitik: Diejenigen, die den kleineren ökologischen Fußabdruck hinterlassen, würden den wahrscheinlich gerne vergrößern, aber ihnen fehlen die Mittel. Und die Klimabewussten sind die deutlich stärkeren CO_2-Erzeuger, auch dann, wenn sie verzichten, also deutlich weniger konsumieren, als sie könnten. Wer die Welt erkunden möchte und sich jährlich drei Fernreisen leisten könnte, aber nur eine macht, übt tatsächlich Verzicht. Zugleich ist die CO_2-Differenz zu jemandem, der sich nie eine Fernreise leisten kann, nach einigen Jahren gravierend.

Abgesehen davon, dass das Klimabewusstsein des Einzelnen den Klimawandel nicht wird aufhalten können, ist selbstbestimmter Verzicht aufgrund dieses Bewusstseins sinnstiftend, geht aber nur, wenn man konsumieren könnte, aber nicht möchte. Wer sich weder Auto noch Urlaub, weder eine große Wohnung noch eine aufwendige Ausstattung leisten kann und zudem noch an den Heiz- und Stromkosten sparen muss, kann kaum ein Klimabewusstsein entwickeln – und braucht auch keins.[16]

Auf Bildung übertragen können wir festhalten: Bildung im engeren Sinne braucht Gelegenheiten, Zeit und die Möglichkeit, zu den Themen und zu sich selbst eine Distanz zu schaffen. Bildung braucht also ein gewisses Maß an Wohlstand. Entsprechend stimmt beides: Bildung kann Wohlstand erzeugen, aber genauso hängt Bildung vom Wohlstand ab.

Zurück zu den Mythen, denn Bildung gilt auch als Waffe gegen den Rechtsruck in der Gesellschaft. Aber waren die gebildeten Nationalsozialisten weniger inhuman als die weniger gebildeten? Sind die Wähler von populistischen Parteien ungebildeter als die Wähler anderer Parteien? Ähnliche Fragen ließen sich über Nationalisten verschiedener Länder oder auch Terroristen stellen. Die Antwort wäre immer gleich: Mit dem Schulabschluss allein lassen sich diese Orientierungen nicht erklären. Ein Blick auf die Anzahl der Doktor- und Professoren-Titel in den AfD-Fraktionen deutet ebenfalls darauf hin. Erinnert sei auch daran, dass etwa ein Björn Höcke Oberstudienrat und Gymnasiallehrer für Geschichte ist, für deutsche Geschichte. Die Überrepräsentanz von Akademikern (und seltener Akademikerinnen) unter den aktiven Populisten, Extremisten und Terroristen zeigt eher, dass es enttäuschte Erwartungen und erlebte Abwertungen sein können, die zu Radikalität führen. Hohe Erwartungen weckt man gerade durch Bildung. Wer selbst in Bildung investiert, aber keine adäquate Beschäftigung findet (Bildung als wertloses

Kapital) oder mit seinem Weltbild nicht dem Zeitgeist entspricht (entwertetes Selbst-Welt-Verständnis), radikalisiert sich unter Umständen stärker als jemand, dessen Erwartungen gar nicht durch Bildung geweckt wurden. Für die soziale Ordnung einer Gesellschaft gibt es nichts Gefährlicheres als Massen gut Gebildeter mit einem ausgeprägten Ungerechtigkeitsgefühl.

Und mal ehrlich: Die großen Herausforderungen unserer Zeit, sei es der strategische Umgang mit globaler Migration und mit der europäischen Außengrenze, insbesondere dem Mittelmeer, oder mit den Umwälzungen durch Digitalisierung oder mit dem Klimawandel, lassen sich durch Bildung nicht im Ansatz lösen.

Bildung ist also ein nicht zufriedenstellend bestimmbarer Begriff, der immer dann ins Spiel gebracht wird, wenn man nicht mehr weiterweiß. Gerechtigkeit, Humanität und Nachhaltigkeit sollen durch sie gedeihen. Dabei muss jedoch die Frage erlaubt sein, ob Bildung überhaupt gerechter, humaner und nachhaltiger sein kann als die Gesellschaft, in die sie verstrickt ist. Das Bildungssystem kann jedenfalls nicht wesentlich gerechter, humaner oder nachhaltiger sein als die Gesellschaft selbst. Es ist Teil der Gesellschaft, Erwachsene, die selbst mit all den Herausforderungen unserer Zeit überfordert sind oder sich mit ihnen abgefunden haben, organisieren den Alltag der Kinder und Jugendlichen, unterrichten sie, gestalten Lehrpläne und Richtlinien. Und die Kinder und Jugendlichen wachsen in diese Gesellschaft hinein, die sie sich aneignen sollen. Bildung kann nur insofern kreatives und veränderndes Potenzial haben, wie es eine Gesellschaft ermöglicht oder zulässt.

Bildung ist weniger eine Lösung als ein eigenständiges Problem. Als Kapital ist sie dem Wettbewerb und ausgiebigen Machtkämpfen ausgesetzt. Diese Machtkämpfe beziehen sich auf den Wert von Abschlüssen, aber insbesondere sowohl auf die Bewahrung als auch auf den Abbau von Privilegien. Bildung kann zur Auflösung oder Entgrenzung von sozialen Milieus beitragen, zu Flexibilisierung und zu Entsolidarisierung.

Genauso konkurrieren aber auch die Selbst-Welt-Verständnisse und führen zum Teil zu heftigen Konflikten: kosmopolitische gegen konservative Identitäten. Bildung im engeren Sinne beinhaltet im Kern das Politische selbst. Hier sind die Achsen rechts und links sowie weltoffen und verwurzelt von zentraler Bedeutung. Bildung führt keineswegs per se zu einem klaren Ergebnis, zu einem logischen Gesellschaftsentwurf, zu mehr Weltoffenheit oder gar zu einem stärkeren gesellschaftlichen Zusammenhalt.

In einem Wohlfahrtsstaat mit einem relativ hohen Bildungsniveau in der gesamten Bevölkerung reicht es eben nicht mehr aus, dass sich der kleine Kreis der Eliten einig ist und bestimmt, wohin sich die Gesellschaft entwickelt.[17] Dadurch steigert sich die Komplexität, und alte (politische) Mechanismen greifen nicht mehr. Mehr Menschen beteiligen sich, das Konfliktpotenzial steigt, denn auch durch ein Mehr an Bildung werden jene Zwänge und Unterdrückungsverhältnisse aufgebrochen, die vormals die Grundlage für den sozialen Zusammenhalt und den Kitt der Gesellschaft bildeten. Das ist die große Parallele zwischen Integration und Bildung: Beides schafft mehr Teilhabe und dadurch neue Probleme, Konflikte sind dabei unausweichlich.[18] Und bei beiden verwechselt man zum Teil Ursache und Wirkung: Haben wir die Krisen, Konflikte und Probleme wegen der Zunahme von Bildung oder aufgrund von zu wenig Bildung?

Wenn man dies nun abstrahiert, dann gibt es zwei Konfliktlinien, die unsere Gesellschaft spalten und mit Bildung zu tun haben: einen Verteilungskonflikt, der im Spannungsfeld zwischen Gleichheit und Wettbewerb steht (Kapital), und einen Kulturkonflikt, bei dem sich unterschiedliche Vorstellungen vom »guten Leben« und von einer »guten Gesellschaft« gegenüberstehen (Selbst-Welt-Bilder). Diese beiden Konfliktlinien hängen miteinander zusammen, lassen sich aber durchaus klar unterscheiden.

Beim Verteilungskonflikt spielt eine zentrale Rolle, dass es zwei Prinzipien gibt, die in unserer Gesellschaft von einer breiten Mehrheit getragen werden: das Prinzip der Chancengleichheit und das Leistungsprinzip. Das kann man tatsächlich als gesamtgesellschaftlichen Konsens begreifen – ein Konsens, der hier und heute durchaus Seltenheitswert genießt und entsprechend besonders gewürdigt werden muss. Gleichzeitig gibt es die Realität, dass diese beiden Prinzipien nicht realisiert sind.

Der Kulturkonflikt, der ein Charakteristikum eines Epochenwandels darstellen könnte[19], kann auf keinen tragfähigen Konsens bauen. Hier scheint sich eine neue gesellschaftliche Konfliktlinie herauszubilden, für die es derzeit keine grundlegenden Prinzipien gibt, auf die man sich gemeinhin verständigen könnte. An anderer Stelle habe ich darauf hingewiesen, dass eine konstruktive Streitkultur derzeit die einzige Bewältigungsstrategie dieses Konflikts zu sein scheint.

II. MYTHOS CHANCEN-GLEICHHEIT

Chancengleichheit und Leistungsgerechtigkeit legitimieren soziale Ungleichheit, weil sie sich an gesellschaftlich weitgehend akzeptierten Gerechtigkeitsvorstellungen orientieren. Aber: Das Bildungssystem bietet keine gleichen Chancen – auch nicht bei gleicher Leistung. Wo entsteht soziale Ungleichheit? Welche Rolle spielen jeweils Familie, Schule oder der Wohnort? Welchen Effekt hat ein Migrationshintergrund? Diese Fragen möchte ich in umfassender Weise beantworten und dabei auch deutlich machen, dass es keine einfachen Antworten und erst recht keine Schuldigen gibt. Vielmehr sind es vielschichtige Zusammenhänge und Mechanismen, die dazu führen, dass Chancenungleichheit die Realität ist.

6. Chancengleichheit ist nicht Gleichmacherei

Zunächst zur Beruhigung: Soziologinnen und Soziologen wollen nicht, dass alle Menschen das Abitur machen und studieren. Der Begriff der Chancengleichheit meint nicht, dass alle das Gleiche machen oder gar gleichgemacht werden. Vielmehr geht es darum, dass für alle die Chance gleich groß ist, ihre Fähigkeiten zu entwickeln, um in und an der Gesellschaft zu partizipieren. Chancengleichheit ist dabei ein zentrales Versprechen in modernen Gesellschaften. Jeder soll unabhängig von Klasse, Hautfarbe und Geschlecht den gleichen Zugang zu Lebenschancen haben –

und man muss ergänzen: unabhängig von körperlichen und seelischen Beeinträchtigungen. Gleichzeitig ist das Leistungsprinzip eine der wichtigsten Grundlagen unserer Gesellschaft, nämlich, dass jeder Mensch – wiederum jenseits von Stand und Klasse, Geschlecht und Hautfarbe – aus eigener Kraft, mit Fleiß und Geschick »seines Glückes Schmied« werden kann. Leistung, Kompetenz und Mühe sollen sich schließlich lohnen.

Es handelt sich um zwei zentrale Prinzipien in unserer Gesellschaft, die mit zentralen Gerechtigkeitsbegriffen korrespondieren: Verteilungsgerechtigkeit (im Hinblick auf die Chancen) und Leistungsgerechtigkeit. Beide Gerechtigkeitsbegriffe stehen in einem Spannungsverhältnis, stellen aber gleichzeitig zwei wichtige Wertevorstellungen dar.

Entsprechend wird soziale Ungleichheit, also die ungleiche Verteilung von Ressourcen, gesellschaftlich weitgehend akzeptiert, wenn diese nach dem Leistungsprinzip legitimiert wird und gleichzeitig prinzipielle Chancengleichheit vorliegt.[20] Alle sollen einen gleichen Zugang zu Lebenschancen haben, wer dann mehr kann und schafft, der oder dem soll auch mehr zustehen. Hier liegt ein ganz breiter gesellschaftlicher Konsens vor – und das ist keine Selbstverständlichkeit in unseren Zeiten. Es sind normative Postulate, also Ansprüche, an denen sich die Gesellschaft selbst messen will. Gestritten wird lediglich darüber, wie beide Prinzipien jeweils konkretisiert und bemessen werden.

Aus diesen Prinzipien beziehungsweise Gerechtigkeitsbegriffen haben sich zwei wissenschaftliche Modelle etabliert, um soziale Be(nach)teiligung zu identifizieren: das

Proporz-Modell (Verteilung) und das meritokratische Modell (Leistung).[21]

Nach dem Proporz-Modell ist von Benachteiligung die Rede, wenn die Verteilung von gesellschaftlich relevanten Ressourcen (Abschlüssen, Einkommen, Berufspositionen etc.) nicht (annähernd) proportional zwischen verschiedenen Gruppen verteilt ist (insbesondere nach den Merkmalen Geschlecht, ethnische und soziale Herkunft, Region). Nach dem meritokratischen Modell spricht man dann von Benachteiligung, wenn die Verteilung von gesellschaftlichen Ressourcen nachweisbar nicht (ausschließlich) durch Kompetenzen und Leistungen legitimiert ist.

Beide Modelle erlauben also lediglich einen sehr makroskopischen Blick auf soziale Ungleichheiten und betrachten nicht den Einzelfall. Der Einzelfall ist für die pädagogische Praxis (und für Kinder) natürlich enorm wichtig. Ungerechtigkeiten finden jeden Tag statt, auch und insbesondere in der Schule. Die Soziologie interessiert sich allerdings für systematische Ungerechtigkeiten. Während es für eine Schülerin entrüstend sein kann, wenn sie vom Deutschlehrer ungerecht benotet wird, interessiert sich die Soziologie erst dann dafür, wenn beispielsweise Mädchen systematisch – also über alle Einzelfälle hinweg – schlechter benotet werden als Jungen (Verteilung), und fragt idealerweise anschließend, ob die Mädchen auch im Durchschnitt weniger kompetent und leistungsbereit sind (Leistung).

Die beiden Modelle haben sich Soziologinnen und Soziologen nicht im luftleeren Raum ausgedacht. Es handelt sich hierbei nicht um Egalitarismus, also ideologische Gleichmacherei, sondern um immanente Kritik, also das

Messen der gesellschaftlichen Realität an den gesellschaftlichen Ansprüchen.[22]

Beide Modelle haben Vor- und Nachteile. Ein auf Proporz, also Verteilung ausgelegtes Modell geht davon aus, dass gesellschaftlich relevante Begabungen und Potenziale der Menschen nach den kollektiven Merkmalen Geschlecht, ethnische und soziale Herkunft annähernd gleichverteilt sein müssten, und definiert eine systematische Abweichung beim Schulformbesuch (bei der Verteilung auf Gymnasium, Real- und Hauptschule) und den Bildungsabschlüssen entsprechend als Benachteiligung im Sinne von nicht realer Chancengleichheit. Es geht entsprechend nicht um einen theoretisch möglichen Zugang, das Recht, dass der Zugang zu allen Institutionen unabhängig von Herkunft und Geschlecht gewährleistet ist – Gleichberechtigung ist weitgehend realisiert. Vielmehr wird die Realität beziehungsweise die reale Abweichung vom theoretisch gleichen Zugang betrachtet. Also: Da Mädchen und Jungen in jedem Geburtsjahrgang etwa gleich verteilt sind, wäre zu fragen: Sind an den Gymnasien 50 % Schülerinnen und 50 % Schüler? Wenn ja, dann liegt Chancengleichheit zwischen Mädchen und Jungen beim Gymnasialbesuch vor. Oder: Etwa ein Drittel aller Schülerinnen und Schüler hat einen sogenannten Migrationshintergrund, daher wäre zu fragen: Hat ein Drittel der Gymnasiastinnen und Gymnasiasten einen Migrationshintergrund und zwei Drittel keinen? Wenn das (annähernd) so wäre, dann würde man von Chancengleichheit zwischen Kindern mit und ohne Migrationshintergrund sprechen. Oder: Etwa 30 % aller Kinder sind Akademikerkinder, haben also mindestens einen Elternteil mit Hochschulabschluss, und 70 % aller Kinder sind Nicht-Akademikerkinder. Entsprechend würde die Frage lauten: Sind 70 % aller Gymnasiasten Nicht-Akademikerkinder und 30 % Akademikerkinder? Wenn ja, dann wäre der reale Zugang zum Gymnasialbesuch im Hinblick auf das Bildungsniveau der Eltern chancengleich. Das Gleiche ließe sich auch auf andere Schulformen und Hochschulen sowie Bildungsabschlüsse beziehen. Die Beispiele zeigen, dass es hier überhaupt nicht um die Kompetenzen geht, sondern lediglich um die Anteile.

Demgegenüber fokussiert das meritokratische Modell die tatsächlich entwickelten Kompetenzen und messbaren Leistungen. Hier spricht man dann von Chancengleichheit, wenn »jeder Mensch nach seinen Fähigkeiten und Leistungen« in der Gesellschaft positioniert ist. Man würde fragen: Sind die kompetentesten Kinder auf dem Gymnasium, die mit mittlerer Kompetenz auf der Realschule und die mit der geringsten Kompetenz auf der Hauptschule? Wenn ja, dann entspricht dies dem Leistungsprinzip. Wie und warum sich Leistungsfähigkeit unter Umständen unterschiedlich entwickelt, ist hierbei nicht relevant. Inwieweit also wirklich gleiche Startchancen vorlagen, wird nicht gefragt. Allerdings könnte man die Fähigkeiten der Kinder vor der Einschulung ermitteln und damit auch die unterschiedlichen Startvoraussetzungen berücksichtigen.

Beide Modelle spielen in der Ungleichheitsforschung eine Rolle, bieten eigenständige Erkenntnisse und werden immer häufiger auch kombiniert, etwa wenn nach der Verteilung von Kompetenzniveaus gefragt wird oder wenn analysiert wird, ob Akademikerkinder und Arbeiterkinder bei gleicher Leistung auch die gleiche Wahrscheinlichkeit haben, ein Gymnasium zu besuchen. Diese Fragestellungen werden im Folgenden noch zu diskutieren sein.

In verschiedenen Gesellschaften wird ganz unterschiedlich auf diese beiden Prinzipien zurückgegriffen. Unter dem Titel *Affirmative Action* werden in den USA etwa Quotenregelungen nach den Merkmalen *race* und *gender* an Universitäten praktiziert oder ein Nachteilsausgleich (durch geringere Leistungsanforderungen) gewährt. Auch in der DDR gab es eine Quote für höhere Bildungsgänge. Quoten-Regelungen stellen das Verteilungsprinzip über das Leistungsprinzip. Dennoch gilt weiterhin das Leistungsprinzip, wenn auch nachgeordnet, denn die Besetzung der Plätze wird innerhalb der Quote dann nach dem Leistungsprinzip vollzogen. In Bezug auf eine Geschlechterquote würde das bedeuten: die »besten« Frauen besetzen die Hälfte der Plätze, die »besten« Männer die andere Hälfte.

Anders ist es bei der sogenannten Bestenauslese, die vollständig dem Leistungsprinzip folgt. Der Numerus clausus etwa folgt im Grunde diesem Prinzip (wenn die Ziffernnoten denn aussagekräftig wären – dazu später). Auf die Kommastelle genau werden hier die Plätze vergeben – ohne dabei Herkunft oder Geschlecht zu berücksichtigen. In Deutschland steht das Leistungsprinzip über dem Verteilungsprinzip.[23] Allerdings werden Ungleichverteilungen thematisiert und über Umwege auszugleichen versucht, etwa durch Förderprogramme. Man kennt folgenden Zusatz aus Stellenausschreibungen im öffentlichen Dienst: »Bei gleicher Leistung, Eignung und Befähigung sind Frauen bei Einstellungen und Beförderungen in den Bereichen zu bevorzugen, in denen sie unterrepräsentiert sind.«[24]

Das Leistungsprinzip ist in Deutschland im Großen und Ganzen also deutlich relevanter als das Verteilungsprinzip. Nun ist das Bildungssystem ein spezieller gesellschaftlicher Bereich. Aus mindesten 5 Gründen wird an das Bildungssystem ein höherer Anspruch gestellt. Erstens: Es handelt sich um Institutionen und Orte, in denen Kompetenzen und Leistungsfähigkeit überhaupt erst entwickelt – und nicht nur bewertet – werden sollen. Entsprechend sind die Institutionen der elementaren, primären und sekundären Bildung geradezu prädestiniert, systematische soziale Benachteiligungen auszugleichen. Zweitens: In keinem anderen gesellschaftlichen Bereich werden Chancen derart eröffnet oder eingeschränkt. Kompetenzentwicklung und Bildungsabschlüsse sind imstande, gesellschaftliche Türen zu öffnen oder zu schließen. Hier werden die Weichen für alle anderen gesellschaftlichen Bereiche gelegt. Drittens: Das Bildungssystem ist – anders als etwa Arbeits- und Wohnungsmarkt – staatlich und damit demokratisch legitimiert und über Steuergelder finanziert. Entsprechend kann der Anspruch begründet werden, dass es allen Menschen gleichermaßen dienen *soll.* Viertens: Bildungsinstitutionen, insbesondere Schulen, sind die einzigen gesellschaftlichen Institutionen, die alle Menschen gleichermaßen erreichen *können.* Hier und nur hier könnte eine Gesellschaft systematisch und präventiv auf Ungleichheit einwirken und Benachteiligungen entgegenwirken. Über Sozialpolitik und Steuerpolitik kann bestenfalls nachträglich umverteilt werden. Fünftens: Die soziale Ungleichheit in der Gesellschaft wird weitgehend durch den Bildungserfolg legitimiert. Abschlüsse und Zugangsberechtigungen strukturieren in besonderem Maße die ungleichen Lebenschancen – und rechtfertigen diese. Es ist dann hochproblematisch, wenn ungleiche Startchancen über den Bildungserfolg entscheiden. An das Bildungssystem werden entsprechend höhere Ansprüche im Hinblick auf die Bekämpfung von sozialer Benachteiligung gestellt als an jedes andere System.

Im Bildungssystem soll das Leistungsprinzip gelten. Aber der Auftrag des Bildungssystems ist es zunehmend auch, Chancengleichheit herzustellen (ohne auf Quoten zurückzugreifen). Chancengleichheit im Bildungssystem ist also nicht Realität, aber dennoch ein normatives Postulat, ein Anspruch, den die Gesellschaft in einem breiten Konsens hat.[25]

Die beiden soziologischen Modelle basieren also nicht nur auf philosophischen Gerechtigkeitsbegriffen, sondern auch auf gesellschaftlich akzeptierten Formen der Legitimation von Ungleichheit.[26] Es geht ganz dezidiert darum, die geltenden marktwirtschaftlichen und grundrechtlich verankerten Grundsätze legitimer Ungleichverteilung in den Blick zu nehmen: »Wer viel leistet, soll mehr haben« sowie »Die Herkunft und das Geschlecht dürfen keinen strukturellen Unterschied machen«. Nach diesen Prinzipien werden zum Teil enorme Unterschiede bei Einkommen und Lebensverhältnissen akzeptiert.[27] Es wird unterstellt, dass wer viel hat, vorher auch viel geleistet hat. Anders sieht es bei Kindern und Jugendlichen aus. Hier soll in Kindertageseinrichtungen und Schulen ein Ausgleich geschaffen werden.

Im Folgenden wird gezeigt, dass Chancengleichheit nach wie vor nicht annähernd realisiert ist. »Jeder ist seines Glückes Schmied« steht also in einem beharrlichen Spannungsverhältnis zu: »Der Apfel fällt nicht weit vom

Stamm«. Beide Redensarten stimmen nicht ganz, sind aber auch nicht ganz falsch. Das nicht realisierte Ideal kann auch dann als Legitimation gesellschaftlicher Verhältnisse dienen, wenn es zumindest zu einer Annäherung kommt oder diesbezügliche Bemühungen feststellbar sind.

Es reicht also bei Weitem nicht aus, festzustellen, dass Chancengleichheit nicht herrscht. Die Entwicklungen müssen differenziert nach Personengruppen, Bildungsbereichen und im Zeitverlauf betrachtet werden.

7. Ungleiche Chancen abhängig von Herkunft und Geschlecht

Die Herkunft eines Menschen lässt sich im ursprünglichen Wortsinn als Abstammung verstehen. Für die soziologische Analyse unterscheidet man insbesondere zwischen sozialer Herkunft, also Bildungsniveau, Klassen- oder Schichtzugehörigkeit der Eltern, und ethnischer Herkunft, also nationale und kulturelle Herkunft, insbesondere gemessen an der Staatsangehörigkeit und einem Migrationshintergrund.[28] Die Herkunft – so sind sich alle weitgehend einig – soll nicht über die Zukunft entscheiden.

Alle Studien zeigen aber unmissverständlich auf, dass die Herkunft sehr starken Einfluss auf die Bildungschancen hat. Dabei wird deutlich, dass die soziale Herkunft einen wesentlich stärkeren Effekt hat als ein Migrationshintergrund. Aus diesem Grund soll zunächst die soziale Herkunft (class) und dann die ethnische Herkunft (race) thematisiert werden. Zuletzt werden Unterschiede zwischen den Geschlechtern (gender) betrachtet. Fokussiert wird institutionalisiertes kulturelles Kapital, also Bildungsabschlüsse.

Häufig wird zur Ermittlung der sozialen Herkunft der Kinder das Bildungsniveau ihrer Eltern herangezogen. Dabei hat sich die Unterscheidung zwischen Akademikerkindern (mindestens ein Elternteil hat einen Hochschulabschluss) und Nicht-Akademikerkindern (kein Elternteil hat einen Hochschulabschluss) etabliert, die sich für einen ersten Zugang durchaus eignet. Über alle Bildungsetappen unterscheidet sich die Bildungslaufbahn der beiden Gruppen folgendermaßen[29]:

100 Akademikerkinder werden geboren. Fast alle gehen in den Kindergarten, alle zur Grundschule. Bis in die gymnasiale Oberstufe schaffen es beachtenswerte 83, nur 17 besuchen nach der 10. Klasse eine berufsbildende Schule. An die Hochschule schaffen es dann 79. Also: 79 % der Akademikerkinder machen eine akademische Ausbildung.

100 Nicht-Akademikerkinder werden geboren. Fast alle gehen in den Kindergarten, alle in die Grundschule. Bis in die gymnasiale Oberstufe schaffen es nur noch 46, die meisten (54) besuchen nach der 10. Klasse eine berufsbildende Schule. An die Hochschule schaffen es dann nur noch 27. Also: 27 % der Nicht-Akademikerkinder machen eine akademische Ausbildung.

79 zu 27. Das ist fast das Dreifache. Oder anders ausgedrückt: Akademikerkinder werden in der Regel Akademiker, Nicht-Akademikerkinder werden in der Regel nicht Akademiker. Diese Darstellungsweise wird als »Bildungstrichter« bezeichnet, weil in der grafischen Darstellung eine Trichterform entsteht – allerdings nur, wenn man lediglich die Nicht-Akademikerkinder betrachtet.

Nun muss man wissen, dass die Unterscheidung zwischen Akademikerkindern und Nicht-Akademikerkindern noch eine relativ moderate Differenz ergibt. Denn: Die Kinder von Uli Hoeneß (Millionär, Abitur, Studium begonnen und abgebrochen), Franz Beckenbauer (Millionär, Volksschulabschluss, gelernter Versicherungskaufmann) oder Heiner Kamps (Millionär, Bäckermeister) würden hier genauso unter Nicht-Akademikerkinder fallen und als »benachteiligt« gelten wie die Kinder eines Zeugwarts oder einer ungelernten Bäckereiverkäuferin – um nur wenige Beispiele zu nennen. Die zuvor dargestellte Kapitaltheorie Bourdieus macht deutlich, dass eine ausschließliche Betrachtung von kulturellem Kapital (Bildung) genauso wenig zielführend ist wie die ausschließliche Betrachtung von ökonomischem Kapital (Einkommen/Vermögen).[30]

Hinzu kommt, dass die Zusammenhänge viel zu komplex sind, um in einer Zweiteilung nach Bildungsniveau zwischen akademisch Gebildeten und »Sonstigen« aufzugehen. Daher lohnt eine differenziertere Betrachtung der »Sonstigen«:

Von 100 Kindern, bei denen beide Elternteile über keinen beruflichen Abschluss verfügen (man könnte sie ungelernte oder angelernte Arbeiter nennen), nehmen nur 12 Kinder ein Hochschulstudium auf. Bei Kindern aus Facharbeiterhaushalten (also mit beruflichem Abschluss) sind es 24 %, bei Haushalten von Facharbeitern mit Abitur 48 %. Und 79 % der Akademikerkinder.[31]

79 zu 27 kann man also nochmals aufschlüsseln in: 79 zu 48 zu 24 zu 12. Das ist relativ symmetrisch. Akademikerkinder haben gegenüber den Kindern von un- oder angelernten Arbeiterinnen und Arbeitern die 6,6-fache

Wahrscheinlichkeit, ein Studium aufzunehmen. Und im Übrigen geht die Schere während und nach dem Studium weiter auseinander: Akademikerkinder brechen ihr Studium deutlich seltener ab und absolvieren häufiger nach dem Bachelor- auch ein Masterstudium als Nicht-Akademikerkinder. Bei den Promotionsabsolventen, also dem höchsten akademischen Grad, ist das Verhältnis 10 zu 1.[32] Die intuitiv plausible Annahme, dass die sozial Benachteiligten, die den Aufstieg schaffen, besonders robust sein müssten, lässt sich empirisch nicht halten. Im Gegenteil: In jeder Etappe des Bildungswegs von der Grundschule bis zum Doktortitel geht die Schere weiter auseinander.

Der Herkunftseffekt zieht sich durch alle Lebens- und Bildungsphasen: von der frühen Kindheit, über verschiedene Phasen der Schulzeit bis zu Hochschulzugang und Studium. Die ungleiche Bildungsbeteiligung wirkt sich dann entsprechend auf die Chancen auf dem Ausbildungsmarkt sowie auf dem Arbeitsmarkt aus. Und auch auf dem Arbeitsmarkt gilt: Im Laufe des beruflichen Werdegangs geht die Schere weiter auseinander. Entsprechend sind die Unterschiede beim Zugang zu Spitzenpositionen je nach Elternhaus eklatant und betreffen alle Branchen: die Wirtschaft, die Verwaltung, die Wissenschaft, den Journalismus oder den Kunst- und Kulturbereich. Diese Zusammenhänge lassen sich international zeigen, sind aber unterschiedlich stark ausgeprägt.[33]

Es scheinen also gesellschaftliche Strukturen vorzuliegen, die Aufstiegsprozesse verhindern – gleichzeitig scheinen Menschen ihre Herkunft über verschiedene biografische Etappen »mit sich zu führen«. In Kapitel IV wird dieser nachhaltige Effekt sozialer Benachteiligung, der auch nach dem Bildungssystem wirksam bleibt, ausführlich erläutert.[34]

Alle Studien zeigen also, dass die Klassenzugehörigkeit und das Bildungsniveau der Eltern den benachteiligenden Effekt für die Schul- und Berufslaufbahn von Kindern weitgehend erklären. Arbeiterkinder, Kinder aus der Unterschicht und der unteren Mittelschicht haben wesentlich schlechtere Bildungschancen als Kinder sozial privilegierter Familien, diese Regel gilt für »Biodeutsche« wie für jene mit internationaler Familiengeschichte.[35] Ein Migrationshintergrund hat dabei lediglich einen nachrangigen Effekt. Allerdings gibt es gute Gründe, diesen (möglichen) Effekt eines Migrationshintergrunds nicht ganz aus dem Blick zu nehmen.[36]

Einerseits: Es ließe sich durchaus plausibel begründen, dass Menschen mit Migrationshintergrund aus einer benachteiligten Familie begabter und erfolgreicher sein müssten als Menschen ohne Migrationshintergrund unter gleichen sozialen Rahmenbedingungen. Denn in vielen Herkunftsländern der Zugewanderten hat eine Bildungsexpansion wie in den westlichen Industriestaaten nicht stattgefunden. Dies könnte zu dem Schluss führen, dass Migrantinnen und Migranten bei gleichem formalem Bildungsniveau tendenziell intelligenter, talentierter und entsprechend auch bildungserfolgreicher sein müssten als die Vergleichsgruppe der Personen ohne Migrationshintergrund – so zumindest eine Hypothese. Außerdem wurde in nationalen und internationalen Studien mehrfach gezeigt, dass die Bildungsaspirationen – Bildungsmotivation und Erwartungen an den Bildungserfolg der Kinder – in Migrantenhaushalten im Durchschnitt wesentlich höher sind als bei Einheimischen. Und hohe Bildungsaspirationen hängen relativ stark mit Bildungserfolg zusammen.[37]

Andererseits sind im Zusammenhang mit Migration weitere Aspekte zu berücksichtigen: Unter den nach Deutschland migrierten Eltern ist der Anteil jener, die nie oder nur einige Jahre eine Schule besucht haben, wesentlich höher als unter den in Deutschland Aufgewachsenen. Entsprechend werden unter »Nicht-Akademikerkindern« und selbst in der Kategorie »Kinder von ungelernten und angelernten Arbeitern« Bildungsniveaus zusammengefasst, die bei genauerer Betrachtung kaum vergleichbar sind. Zudem kann der Bildungserfolg von Migrantenkindern durch fehlende Sprachkenntnisse, mangelhafte Förderangebote oder ethnische Diskriminierung gehemmt werden.[38]

Also: Dass die Wahrscheinlichkeit für Bildungserfolg von Arbeiterkindern mit Migrationshintergrund dennoch genauso gut (oder besser: genauso schlecht) ist wie bei Arbeiterkindern ohne Migrationshintergrund, erweist sich vor diesem Hintergrund als erstaunlich. Wie in Kapitel IV noch gezeigt wird, bedeutet eine ähnlich schlechte Wahrscheinlichkeit nicht, dass es sich um die gleichen Problemstellungen oder Herausforderungen handelt.

Alles deutet darauf hin, dass die soziale Herkunft, also die Kapitalausstattung der Eltern, den größten Einfluss auf die Bildungschancen hat. Ein Migrationshintergrund ist nicht gänzlich irrelevant, aber nicht entscheidend.

Wie aber sieht es mit der Chancenverteilung zwischen Jungen und Mädchen aus? Mädchen und Frauen sind die großen Gewinnerinnen der letzten Jahrzehnte. Die Verhältnisse zwischen Jungen und Mädchen haben sich umgekehrt. Mädchen haben die Jungen nicht nur eingeholt, sondern überholt. Sie sind häufiger an Gymnasien und Universitäten als die Jungen. Selbst bei Promotionen sind sie mittlerweile gleichauf. Lediglich auf dem Arbeitsmarkt und in Spitzenpositionen ist der ungleiche Zugang noch deutlich messbar.

Seit Anfang der 1980er-Jahre erlangen Mädchen häufiger das Abitur und bauen seitdem ihren Vorsprung gegenüber Jungen kontinuierlich aus.[39] Gleichzeitig sind sie wesentlich seltener auf Förder- und Hauptschulen als Jungen. Aber womit sind die gestiegenen Bildungschancen zu erklären? Zwei Thesen sind naheliegend: Erstens, dass Mädchen durch gezielte Förderung einfach kompetenter gemacht wurden. Zweitens, dass sich der Frauenanteil im Lehrberuf immer stärker erhöhte und dadurch ein Vorteil für Mädchen und ein Nachteil für Jungen entstand. Kurz und knapp: Beide Thesen sind schlichtweg falsch.

Die richtige Antwort lässt sich in einem Satz zusammenfassen: Mädchen waren schon immer kompetenter und hatten schon immer bessere Noten als Jungen.[40] Dass sich die besseren Noten und Kompetenzen auch in besseren Abschlüssen niederschlagen, hat mit »schulfremden« Themen zu tun: Die zunehmende Gleichstellungspolitik, die deutliche Abschwächung des Idealbildes eines männlichen Familienernährermodells und die Möglichkeiten der Familienplanung (Verhütung) haben dazu geführt, dass die immer schon besseren Noten nun auch in längere und höhere Bildungslaufbahnen umgemünzt werden. Früher erschien es einfach nicht »sinnvoll«, Mädchen auf ein Gymnasium zu schicken, weil ihnen doch ein Leben als Hausfrauen und Mütter vorherbestimmt war.[41]

Am Beispiel der Geschlechterdifferenzen lässt sich gut zeigen, dass die reine Betrachtung von Abschlüssen kein vollständiges Bild der Bildungsbenachteiligung ermöglicht. Es müssen auch die Kompetenz- und Notenunterschiede betrachtet werden und insbesondere die Bildungschancen bei gleicher Leistung.

8. Aber gleiche Chancen bei gleicher Leistung?

Die soziale Klassen- oder Schichtzugehörigkeit macht im Hinblick auf die Chancen auf höhere Bildungsabschlüsse (institutionalisiertes kulturelles Kapital) einen großen Unterschied. Im Folgenden wird das inkorporierte kulturelle Kapital fokussiert, also die Kompetenzen und ihre Bewertung. Und dabei wird insbesondere relevant sein, inwiefern das Leistungsprinzip trägt, also: Sind die Chancen für Kinder bei gleicher Leistung unabhängig von der Herkunft ebenfalls gleich?

Bleiben wir zunächst bei den Geschlechterdifferenzen. So viel vorab: Es ist die große Ausnahme, dass eine benachteiligte Gruppe kompetenter ist als der Durchschnitt. Das heißt also, dass der Präzedenzfall »Mädchen« kein Modell für die Ausweitung der Bildungschancen auf andere Gruppen sein kann. Bei Mädchen mussten gewissermaßen die gesellschaftlichen Fesseln gelöst werden, die Fähigkeiten waren schon vorhanden. Bei Kindern aus unteren Schichten ist es nicht so.

Bei einer genaueren Betrachtung sind Mädchen im Durchschnitt deutlich besser im sprachlichen Bereich – der Unterschied beträgt bei 15-Jährigen laut PISA ein ganzes Schuljahr –, in Mathematik und Naturwissenschaften liegen die Jungen etwas vorne. Wie ist nun das Verhältnis zwischen Kompetenzniveau und Schulnote? Bei gleicher Schulnote im Fach Mathematik weisen Jungen im Mittel höhere Kompetenzen auf. Im Fach Deutsch ist es umgekehrt: Haben ein Mädchen und ein Junge die gleiche Schulnote in Deutsch, dann ist das Mädchen tendenziell kompetenter. Dies gilt für jede Schulnote, ist also ein systematischer Befund. Oder anders ausgedrückt: Bei gleicher Leistung werden in dem einen Fach Mädchen besser bewertet, in dem anderen Fach Jungen.[42]

Mädchen und Jungen scheinen also jeweils in den Fächern tendenziell »milder« benotet zu werden, in denen sie tendenziell schlechter sind – und damit werden systematische Kompetenzunterschiede »ausgeglichen«.[43] Aus pädagogischer Sicht – etwa zur Stärkung der Motivation oder zur Vermeidung von Demotivation – kann dieses Beurteilungsmuster als gezielte Nutzung eines »pädagogischen Spielraums« sinnvoll sein. Wenn beispielsweise ein übergewichtiger Junge im Sportunterricht durch viel Mühe seine Leistungen verbessert, kann diese Verbesserung durch die Lehrkraft so stark gewichtet werden, dass eine ausreichende Leistung (Note 4) attestiert wird, obwohl die Werte – etwa die gemessene Zeit beim 1000-Meter-Lauf – eigentlich noch mangelhaft sind.

Wie ist es nun bei Kindern aus ärmeren Verhältnissen und mit formal gering gebildeten Eltern? Diese Kinder sind im Durchschnitt weniger kompetent. Der Abstand zwischen sozial privilegierten und sozial benachteiligten Kindern kann enorm sein. Am Ende der Grundschule lässt sich zeigen, dass sozioökonomische Statusunterschiede zwischen Kindern aus privilegierten Elternhäusern und Kindern aus armutsgefährdeten Haushalten oder Arbeiterfamilien zu Leistungsunterschieden von bis zu zwei Lernjahren führen können.[44] Kinder mit Migrationshintergrund sind im Durchschnitt auch weniger kompetent, allerdings schwächt sich dieser Effekt wesentlich ab, wenn die soziale Herkunft kontrolliert wird. Es gilt also auch im Hinblick auf die Kompetenzen, dass die soziale Herkunft entscheidend ist. Zu den Ursachen hierfür komme ich gleich.

Zunächst steht die Frage im Raum: Wie sind die Chancen bei gleicher Leistung? Nun, anders als bei den »milderen« Bewertungen für das jeweils schwächere Geschlecht werden die ohnehin benachteiligten Kinder durch die Notengebung und Schulformempfehlung nochmals benachteiligt. Sie werden strenger bewertet. Diesen Effekt konnte man in ganz unterschiedlichen Studien nachweisen, und er durchzieht sich von der Grundschulzeit, der Übergangsempfehlung bis zur gymnasialen Oberstufe.

Bei all diesen Studien wird ein repräsentativer Ausschnitt der Kinder und Jugendlichen eines Jahrgangs untersucht (IGLU: Viertklässler und -klässlerinnen, PISA: 15-Jährige, TIMSS: Viert- und Achtklässler und -klässlerinnen, LAU: von der 5. bis zur 13. Jahrgangsstufe/Vollerhebung). Dabei werden standardisierte Leistungstests eingesetzt. Die hier »objektiv« gemessenen Kompetenzen werden dann den Lehrerurteilen (Noten und Übergangsempfehlungen) sowie der sozialen Herkunft der Kinder und Jugendlichen gegenübergestellt. Man kann einwenden, dass dem Lehrerurteil umfassendere Kenntnisse über das Kind vorliegen und ein standardisierter Test nicht alles erfassen kann. Aber: All diese unterschiedlichen großen

Studien kommen vom Grundsatz her zum gleichen Ergebnis. Und diese Studien werden jeweils regelmäßig wiederholt: Die Ergebnisse bleiben auch im Zeitverlauf und nach mehrmaliger Wiederholung stabil.[45]

Kinder mit einer niedrigen sozialen Herkunft werden bei gleicher Kompetenz sehr viel seltener für ein Gymnasium empfohlen als Kinder mit einer höheren sozialen Herkunft. Es liegen sogar Studien vor, die zeigen, dass auch bei gleichem Notendurchschnitt (also gleicher Beurteilung der Leistung) die Wahrscheinlichkeit einer Gymnasialempfehlung nach sozialem Status der Eltern erheblich divergiert. Es lässt sich auch ein relativ großer Herkunftseffekt beim Übergang von der Grundschule auf ein Gymnasium nachweisen, wenn man nur Kinder mit gleicher Kompetenz und gleicher Intelligenz vergleicht – zulasten von Kindern aus unteren Schichten.[46]

Die Studien TIMSS und PISA zeigen entsprechend in verschiedenen Kompetenzbereichen enorme Überlappungen zwischen Hauptschülern, Realschülern und Gymnasiasten – im mittleren Kompetenzbereich sind gleich kompetente Schüler in diesen sehr unterschiedlichen Schulformen. Bei gleicher Kompetenz wird hier also sehr unterschiedlich und gerade nicht unabhängig von der sozialen Herkunft »sortiert«. Auf den möglichen Schulformwechsel gehe ich später noch genauer ein. Aber vorweg lässt sich sagen: Die Durchlässigkeit zwischen den Schulformen ist kaum gegeben, und die wenigen Wechsel sind überwiegend von oben (etwa vom Gynnasium) nach unten (zur Realschule).

Das ist kein Naturgesetz. Denn die große Stärke der vielen Kompetenzvergleichsstudien – die man ansonsten durchaus kritisch sehen kann – ist es, international vergleichend zu forschen. Aus diesen Studien lässt sich ablesen, dass die Koppelung zwischen sozialer Herkunft und Bildungserfolg in Deutschland wesentlich stärker ist als in anderen Ländern – und zwar sowohl im Hinblick auf die Fähigkeiten als auch bezüglich der erworbenen Schulabschlüsse.[47]

Der Herkunftseffekt beschränkt sich nicht auf das Schulsystem. Auch nach dem Schulabschluss geht es nach einem ähnlichen Muster weiter. Bei der Vergabe von Stipendien für ein Studium kommen privilegierte Studierende eher zum Zug als jene aus unteren Schichten. Und selbst wenn man nur noch studierte oder sogar promovierte Personen betrachtet, also Menschen auf dem gleichen höchsten Bildungsniveau, und sich fragt, warum die einen Karriere machen und die anderen nicht, warum die einen sehr viel verdienen und andere deutlich weniger, dann – Sie ahnen es – spielt die soziale Herkunft immer noch eine große Rolle.[48]

Fassen wir zusammen: Kinder aus unteren Schichten haben wesentlich geringere Bildungschancen. Gleichzeitig sind sie im Durchschnitt weniger kompetent in den für Schule wichtigen Bereichen. Sind sie aber genauso kompetent wie Kinder aus privilegierten Familien, haben sie dennoch schlechtere Chancen. Man kann also durchaus sagen, sie sind doppelt benachteiligt.

9. Alle sind beteiligt: Wo und warum entsteht Bildungsungleichheit?

Soziale Ungleichheit ist ein gesamtgesellschaftliches Phänomen und daher in allen Bereichen messbar. Im Bildungssystem ist sie deshalb so verheerend, weil es ein gesellschaftlicher Teilbereich ist, durch den soziale Ungleichheiten der Gesellschaft überhaupt erst legitimiert werden, und es gleichzeitig ein Teilbereich sein könnte, in dem Benachteiligungen abgebaut werden. Hingegen lässt sich nachweisen, dass im Bildungswesen soziale Ungleichheiten reproduziert werden. Womit genau hängen die Unterschiede in den Bildungschancen je nach sozialer Herkunft zusammen?

Zunächst muss man erkennen, dass immer dann, wenn Ungleichheiten sichtbar werden, sie in der Regel schon eine längere Geschichte aufweisen. Bisher ging es um Bildungsbeteiligung (Schulformbesuch), Kompetenzerwerb (Leistungen) und Bildungserfolg (Abschlüsse). Die Bildungsbenachteiligung lässt sich hieran gut dokumentieren, allerdings entsteht sie zum Großteil schon viel früher.

Es lassen sich drei Bereiche festmachen, durch die soziale Benachteiligung entsteht. Erstens die Familie und das soziale Umfeld. Zweitens das Bildungssystem und seine Institutionen. Drittens das »individuelle« Entscheidungsverhalten je nach sozialer Klasse.

Die Familien und die sozialen Umfelder, in denen Kinder aufwachsen, sind außerordentlich ungleich, weil unsere Gesellschaft ein hohes Maß an sozialer Ungleichheit zulässt. Das ökonomische Kapital in den Familien variiert erheblich, insbesondere das Vermögen, aber auch das Einkommen. Über das kulturelle Kapital in den Familien wurde schon viel gesagt. Das soziale Umfeld kann als soziales Kapital des Kindes verstanden werden und unterscheidet sich je nach sozialer Lage enorm, dazu später mehr. Dass diese ungleichen Startbedingungen ungleiche Chancen implizieren, ist kein spektakulärer Befund. Aber was kennzeichnet genau diese ungleichen Ausgangsbedingungen?

Unter dem Begriff »primärer Herkunftseffekt« werden die vielen Facetten ungleicher Startbedingungen zusammengefasst.[49] Die schulischen Leistungen unterscheiden sich je nach sozialen Rahmenbedingungen, weil die Förderung des Kindes in Ausmaß und Qualität unterschiedlich stark ausgeprägt ist. Zahlreiche Studien haben einen Herkunftseffekt bereits vor der Einschulung nachgewiesen. Öffentliche frühkindliche Erziehungsangebote werden von unteren Schichten zudem seltener angenommen. Dabei ist deutlich messbar, dass die Lernentwicklung von Kindern mit jedem Jahr vorschulischer Bildung positiver verläuft.[50] In der Schule können Eltern ihre Kinder bei Verständnisproblemen oder Lernschwierigkeiten je nach sozialer Herkunft mehr oder weniger gut unterstützen – diese »Mitarbeit« der Eltern wird in der Schule aber zugleich vorausgesetzt. Zudem unterscheiden sich die Freizeitaktivitäten deutlich, denn Eltern organisieren weitgehend das außerschulische Rahmenprogramm ihrer Kinder: Musikunterricht, Sportvereine oder Sprachkurse werden je nach sozialer Herkunft unterschiedlich häufig besucht – die Unterschiede sind zum Teil beträchtlich.[51]

Dass dieser primäre Herkunftseffekt eine große Bedeutung hat, zeigt folgender Befund: Die Leistungsunterschiede zwischen Grundschulkindern aus benachteiligten Milieus und privilegierten Familien werden während der Sommerferien messbar größer. Die einen haben ein anregendes Umfeld und lernen auch außerhalb der Schule weiter, in der Familie, in Vereinen oder im Urlaub, die anderen haben ein deutlich weniger lernfreundliches Umfeld.[52]

Aber auch das Bildungssystem und seine Institutionen tragen zum Herkunftseffekt bei. Ein häufig vorgebrachter Vorwurf ist, dass in der Schule primär selektiert und nicht hinreichend gefördert würde, um ungleiche Startchancen auszugleichen. Relativ klar messbar ist, dass während der Grundschulzeit die herkunftsbedingten Kompetenzunterschiede nicht vergrößert, aber auch nicht verkleinert werden. Anders sieht es bei den Bewertungen der Kompetenzen und beim Übergang in die weiterführende Schule aus: Wie schon gezeigt, müssen Kinder aus bildungsfernen Familien (mit und ohne Migrationshintergrund) im Vergleich zu ihren Altersgenossen deutlich bessere Leistungen zeigen, um von den Lehrkräften eine Gymnasialempfehlung zu erhalten.[53]

Bei der Notenvergabe und bei der Übergangsempfehlung hat die soziale Herkunft einen Effekt – zum Nachteil der ohnehin Benachteiligten. Das ist mehr als erklärungsbedürftig. Statt Ausgleich zu schaffen, folgt die Selektion eher dem etwas modifizierten Matthäus-Prinzip. Aus »wer hat, dem wird gegeben« wird hier »wer's schwer hat, wird strenger bewertet«. Üblicherweise wird dies damit begründet, dass in der Notengebung und der Prognose der zukünftigen Lernentwicklung (beides zentrale Aspekte für die Übergangsempfehlung) nicht nur Fakten, also die Kompetenzen, sondern auch Fleiß, kontinuierliche

Mitarbeit, Motivation, Engagement und Sorgfalt eine Rolle spielen. Abgesehen davon, dass man hier Dinge bewertet, die man offensichtlich gar nicht systematisch in der Schule trainiert, gibt es Studien in nennenswerter Anzahl, die auch unter Berücksichtigung dieser »weichen« Faktoren noch einen Herkunftseffekt bei der Lehrerbeurteilung feststellen.[54] Denn auch die Einschätzung der Begabung, die die Lehrkräfte implizit vornehmen, spielt eine Rolle – und diese ist regelmäßig verzerrt, aber nicht zufällig, sondern tendenziell zum Nachteil der ohnehin Benachteiligten.

Lehrkräfte haben natürlich ein Bild davon, wie gesegnet ein Kind mit Potenzial und Begabung ist. Ich war selbst Lehrer und kann das nur bestätigen. Schließlich arbeitet man täglich mit diesen jungen Menschen und entwickelt ein Gefühl dafür, zu was sie imstande sind und zu was nicht. Gleichwohl wurde ich gar nicht darin ausgebildet, die Begabungen oder Defizite professionell zu erkennen. Die Lehrerausbildung ist im Hinblick auf die Diagnose des individuellen Potenzials eines Kindes – optimistisch ausgedrückt – mangelhaft, vielleicht sogar nah am Dilettantismus. Und noch entscheidender: Die soziale Herkunft spielt bei dem wenigen, was man im Bereich Diagnostik lernt, praktisch keine Rolle. Die Ausbildung diagnostischer Kompetenzen ist blind für die soziale Herkunft. Wo man blind ist, kann man auch nicht fördern.

Was man dann nämlich nicht sieht, sind die Voraussetzungen. Ein Beispiel aus der Praxis: Ein 9-jähriges Kind, das durchschnittliche Leistungen erbringt, aber durch die Rahmenbedingungen ein »großes Päckchen« zu tragen hat, weil es sich den halben Tag um den kleinen Bruder mit einer Behinderung kümmern muss, da die Mutter vor einem Jahr verstorben, der Vater arbeitslos und suchterkrankt, der Alltag durch Armut im Hinblick auf jede Kapitalart geprägt und Resignation aller Erwachsenen in seinem Umfeld spürbar ist: Was machen wir jetzt mit der Erkenntnis, dass dieses Kind »durchschnittlich« ist? Ich glaube, der Grundverdacht, dass dieses Kind, das unter diesen Voraussetzungen durchschnittliche Leistungen bringt, unter Umständen ein überdurchschnittliches Potenzial, vielleicht sogar große Begabungen hat, ist nicht abwegig. Wenn man nun blind ist für diese familiären und sozialen Rahmenbedingungen, dann sieht man nur, dass dieses Kind häufig abwesend wirkt, unsicher, wenig souverän, und wenn man ehrlich ist, manchmal auch schlicht seltsam. Man ist also zwar blind für die sozialen Rahmenbedingungen, nicht aber für deren Folgen, insbesondere im Hinblick auf das Sozialverhalten. Dann kann es schnell dazu kommen, dass bei der Begabungseinschätzung und den »weichen« Faktoren soziale Verzerrungen auftreten, vielleicht sogar der Habitus bewertet wird.

Brutal ist der bereits ausgiebig geschilderte Befund, dass die Kinder aus unteren Milieus selbst dann, wenn sie die gleichen Schulnoten und die gleichen Kompetenzen vorweisen, eine deutlich geringere Wahrscheinlichkeit haben, von den Lehrkräften für ein Gymnasium empfohlen zu werden.

Dazu muss man wissen, dass selbst die Kultusministerkonferenz (KMK) in ihrer Empfehlung neben leistungsbezogenen Kriterien auch »weiche« Faktoren explizit wünscht. Dort heißt es:

> »*Für die Entscheidung über die Aufnahme eines Kindes in eine weiterführende Schule sind die für eine erfolgreiche Bildungsarbeit unentbehrlichen Kenntnisse und Fertigkeiten festzustellen; es sind aber auch* Eignung, Neigung *und* Wille *des Kindes zu geistiger Arbeit insgesamt zu werten.*«[55]

Im Kapitel IV müssen wir uns dieses Zitat nochmals aus habitustheoretischer Perspektive genauer anschauen. Für die Vorwegnahme der zukünftigen Entwicklung des Kindes spielen Erfahrungen und Haltungen der Lehrkraft also eine entscheidende Rolle. Aus verschiedenen, auch eigenen Studien können neben den beobachtbaren Kompetenzen und den Noten der Kinder mehr oder weniger stark sowie mehr oder weniger explizit drei weitere Faktoren eine Rolle spielen: der Familienhintergrund, die Persönlichkeit des Kindes und der regionale Bildungsmarkt. Diese drei Faktoren seien hier exemplarisch mit »Glaubenssätzen« von Lehrkräften illustriert:

Erstens: »*Eltern können ihr Kind auf einem Gymnasium (nicht) unterstützen*«. Dieses Motiv entspricht keineswegs den meritokratisch legitimierten Grundsätzen der Selektion, allerdings können Lehrkräfte die Ressourcen der Familie kaum unberücksichtigt lassen. Eltern mit hohen Ambitionen und genug kulturellem und ökonomischem Kapital können auf die Entscheidung der Lehrkraft – selbst bei verbindlichen Übergangsempfehlungen – stärker Einfluss nehmen als solche, die ihre Kinder auf einem Gymnasium kaum unterstützen können.[56] Ambitionierte und ressourcenstarke Familien können ihre Kinder effektiver unterstützen, was für eine Grundschullehrkraft durchaus ein wichtiges Kriterium darstellen kann, da die Mitarbeit der Eltern im Schulsystem strukturell vorausgesetzt wird.[57] Um zu einem frühen Zeitpunkt eine Entwicklungsprognose[58] abgeben zu können, müssen verschiedene Daten berücksichtigt werden – und dazu gehört auch der Familienhintergrund, also Status und Bildungsaspirationen, der Eltern. Zudem können Lehrkräfte die Erfahrung gemacht haben, dass es benachteiligte Kinder auf dem Gymnasium nicht geschafft haben und am Ende bis zur Hauptschule durchgereicht wurden. So wird erst mal die Realschule anvisiert, denn aufs Gymnasium könne man später ja immer noch gehen. Mit guter Absicht und gutem Gewissen kann die Lehrkraft also unterschiedliche Empfehlungen für gleich gute Kinder vergeben. Aber: Diese Erfahrungen entsprechen nicht den empirischen Befunden, auf die ich gleich noch eingehen werde.

Zweitens: Manchmal wird auch die Persönlichkeit des Kindes – das 9 bis 10 Jahre alt ist – mitbewertet: *»Das Kind ist zu sensibel und zu unsicher, es würde auf dem Gymnasium untergehen.«* Dieses häufig von Lehrkräften (aber auch von Eltern) genannte Motiv erscheint als eine merkwürdige Erweiterung der Richtlinie, »Eignung, Neigung und Wille des Kindes zu geistiger Arbeit insgesamt« zu berücksichtigen. Es hat ganz den Anschein, als wären nicht nur leistungsbezogene Deutungen der Begriffe Eignung, Neigung und Wille möglich. Vielmehr scheint es hier um Durchsetzungsfähigkeit, Belastbarkeit und Standfestigkeit zu gehen – als wäre das Gymnasium ein Haifischbecken. Auch wenn diese Interpretation (vielleicht) nicht der Intention der KMK entspricht, so basiert sie dennoch auf Insiderwissen und praktischen Erfahrungen.

Und drittens: Für die Bildungschancen »... *war es schon gut, dass zwei Hauptschulen geschlossen wurden*«.[59] Wenn es keine objektiven und flächendeckend gültigen Leistungsstandards für den Zugang zu Schulformen gibt, ist es durchaus plausibel, dass das regionale Bildungsangebot bei der Empfehlung eine Rolle spielt. Wenn es in einem bestimmten Zeitraum oder in einem Stadtteil relativ wenige Plätze an Haupt- und Förderschulen und dafür relativ viele an Realschulen und Gymnasien gibt, erhöht sich ohne jedes Zutun des Schülers seine Chance auf einen qualifizierten Schulabschluss – und umgekehrt.[60] Dies wäre beispielsweise dann der Fall, wenn eine Schule schließt oder neu eröffnet wird, aber auch durch geburtenstarke bzw. -schwache Jahrgänge und nicht zuletzt auch aufgrund einer nicht gleichmäßigen Verteilung der Schulformen in der Fläche. Auf räumliche Unterschiede in den Bildungschancen (Bundesland, Stadt/Land, Stadtteil) komme ich noch an verschiedenen Stellen zurück, denn diese sind für die Analyse von Bildungschancen kaum zu überschätzen.

Alles in allem kann also gesagt werden, dass *auch* jene Aspekte eine Rolle spielen, die mit Strukturen, dem Elternhaus (insbesondere soziale Herkunft), der Kindespersönlichkeit (Habitus) und dem Sozialraum (unter anderem der Stadtteil) zusammenhängen. Man kann etwas zugespitzt formulieren, dass die Realität sozialer Ungleichheit im Lehrerurteil nicht ausgeglichen, sondern teils unbewusst, teils bewusst berücksichtigt und verstärkt wird.[61]

Wenn dann der Übergang in die weiterführenden Schulen vollzogen wurde, sind die Kinder mehr schlecht als recht nach Kompetenzen und Begabungen sortiert. Dadurch werden nicht nur die Chancen auf Abschlüsse eingeschränkt, sondern auch die Kompetenzentwicklung. Nachweislich sind die Entwicklungsmöglichkeiten an den Schulformen unterschiedlich.[62] Zwei gleich gute Viertklässler, die unter ähnlichen Rahmenbedingungen aufwachsen, entwickeln sich sehr unterschiedlich, wenn der eine auf das Gymnasium, der andere auf die Hauptschule geht. Diese Entwicklungsmilieus widersprechen der Vorstellung vieler Lehrkräfte, ein Kind nicht überfordern zu wollen, indem sie es in eine untere Schulform empfehlen.

Auch die Vorstellung, dass man während der Sekundarstufe I die Schulform wechseln könne, entspricht nicht der Realität. Denn Bildungsgangwechsel sind theoretisch möglich, finden aber relativ selten statt und sind meist Wechsel nach »unten« – etwa von der Realschule zur Hauptschule. Selbst wenn festgestellt wird, dass etwa ein Hauptschüler »zu gut« für die Hauptschule ist oder bei seiner Lernentwicklung derart außergewöhnliche Fortschritte gemacht hat, dass er auf eine Realschule gehen könnte, führt dies in der Praxis nicht dazu, dass er von den Lehrkräften dazu gedrängt wird, zur Realschule oder sogar zum Gymnasium zu wechseln. Ein Hauptschullehrer dazu:

> *»Martin ist ein super Schüler. Er könnte es auf der Realschule schaffen. […] Wenn wir die Besten abgeben, werden wir die neue Sonderschule.«*[63]

Dieser Sachverhalt lässt sich durchaus ›rational‹ erklären: Lehrkräfte an Hauptschulen wollen auf die leistungsstärksten Schüler nicht verzichten, da ansonsten das Lernumfeld an den Hauptschulen weiter verarmen und der Unterrichtsablauf erschwert würde. Darüber hinaus entwickeln sich an Hauptschulen bedingt durch die »gut gemeinte« spezifische Schulkultur und die pädagogischen Besonderheiten starke »Haltekräfte«.[64] Damit die Hauptschule nicht vollends zur »Restschule« wird, werden solche Übergänge nach hinten verschoben, was für die betroffenen Schüler mit großen Nachteilen verbunden sein kann.

Nicht zuletzt deshalb wird als Ursache für die hohe Chancenungleichheit das Schulsystem selbst gesehen, insbesondere der frühe Übergang in die hierarchisch gegliederten weiterführenden Schulen. In nationalen und international vergleichenden Studien wurde gezeigt, dass eine frühe Selektion Chancenungleichheit erhöht, weil die ungünstigen Startbedingungen relativ früh zu institutionellen Folgen führen. Wenn feststeht, dass ein Läufer bei einem Wettrennen gegenüber den anderen Läufern einen Vorsprung von 10 Metern hat, macht es einen extrem großen Unterschied, ob es sich um einen 50- oder einen 100-Meter-Lauf handelt. Im gegliederten Schulsystem mit früher Selektion werden soziale Ungleichheiten eher verstärkt, als dass sie abgemildert werden.[65]

Lehrkräfte erfüllen also zum Teil Wünsche und Ambitionen der Eltern. Da in den meisten Bundesländern die Übergangsempfehlung nicht verbindlich ist und die Eltern beim Übergang auf die weiterführende Schule die Entscheidung treffen, muss auch auf das jeweilige »individuelle« Entscheidungsverhalten geachtet werden. Das Wort individuell ist deshalb in Anführungszeichen gesetzt, weil die Entscheidungspraxis auch hier mit der sozialen Herkunft zusammenhängt, also gar nicht so individuell ist.

Die Entscheidungen der Eltern verstärken nämlich die herkunftsbedingten Unterschiede weiter. Genau genommen ist das Lehrerurteil sogar fairer als das Elternhandeln. Wenn ein Kind aus unteren Schichten eine Gymnasialempfehlung erhält, dann ist die Wahrscheinlichkeit, dass es die Eltern auch wirklich an einem Gymnasium anmelden, weniger als 40 % – in den ärmsten Familien nur 20 %. In den mittleren Milieus liegen die Werte bei 40–80 %, in den höchsten Milieus sind es 90–100 %. Bekommt ein Kind keine Gymnasialempfehlung, dann ist die Entscheidung genauso von der sozialen Herkunft abhängig: Eltern aus unteren Schichten schicken ihr Kind nicht aufs Gymnasium, in der Mittelschicht steigt der Wert leicht, in den privilegierten Familien liegt der Wert bei 40–60 % – in den reichsten Familien bei etwas über 60 %.[66] Eine verbindliche Übergangsempfehlung wäre also leistungsgerechter und weniger sozial selektiv als eine unverbindliche. Denn: Die Übergangsempfehlung wird je nach sozialer Klasse unterschiedlich »ernst« genommen. Interessanterweise stellt die Übergangsempfehlung selbst dort, wo sie verbindlich ist, lediglich eine Obergrenze dar. Kinder mit einer Realschulempfehlung dürfen nicht auf das Gymnasium, Kinder mit einer Gymnasialempfehlung können aber an einer Realschule angemeldet werden. Dieses Nach-unten-Abweichen wird von Arbeiterfamilien tatsächlich häufig praktiziert, von akademisch gebildeten Eltern nicht.[67]

Die soziale Herkunft spielt also auch bei den Entscheidungen in den Familien eine große Rolle.[68] Die Eltern verstärken den Herkunftseffekt also ganz entscheidend mit. Dies ist auf verschiedene Abwägungen zurückzuführen, insbesondere schichtspezifische Kosten-Nutzen-Kalkulationen, bei denen die Erfolgswahrscheinlichkeit, der Nutzen und die Kosten in ein Verhältnis gesetzt werden.[69] Alle drei Größen müssen von den Eltern vor dem Hintergrund ihrer Erfahrungen eingeschätzt werden. Eigentlich sind es drei Fragen: Bin ich mir sicher, dass es mein Kind auf dem Gymnasium schaffen kann? Was bringt es dem Kind (und uns), wenn es auf das Gymnasium geht? Was kostet es uns, wenn das Kind auf das Gymnasium geht?

Wenn die Eltern selbst noch nie ein Gymnasium von innen gesehen haben, können sie dies gar nicht wirklich einschätzen. Ehrfurcht und Sorge können entsprechend eine Rolle spielen. Wenn sie sich aber nicht ganz sicher sind, dass das Kind es schaffen kann, dann werden andere Fragen umso bedeutsamer. Können wir dem Kind helfen, wenn es Schwierigkeiten hat? Können wir uns Nachhilfeunterricht leisten? Sind diese Kosten (Geld, Zeit, Mühe) es wirklich wert, das Risiko einzugehen?[70]

Hinzu kommen tiefere Überlegungen: Können wir unserem Kind das Gleiche bieten wie die anderen Eltern? Wie wird der erste Elternsprechtag auf dem Gymnasium ablaufen? Wie werden die anderen Eltern reagieren? Scham ist eines der häufigeren Gefühle in unteren Schichten – selbstverständlich auch schon bei Kindern. Mögliche Unterlegenheitsgefühle können also in die Kalkulation einfließen.[71]

Ein Aspekt sticht besonders hervor, sodass diese Fragen gar nicht ergebnisoffen gestellt werden, nämlich der von den Eltern gewünschte zukünftige Status des Kindes. Eltern wollen, dass es den Kindern mindestens genauso gut geht wie ihnen, am besten etwas besser. Sowohl in unteren, aber ganz besonders in höheren Schichten gibt es häufig schon eine ganz klare Präferenz.[72] Für die einen steht fest, dass es das Gymnasium sein muss. Wenn Großeltern und

Eltern schon auf dem Gymnasium waren, ist der Gymnasialbesuch des Kindes selbstverständliche Pflicht. Es handelt sich lediglich um einen Statuserhalt innerhalb der Familie. Für diesen Statuserhalt muss aus Sicht der Eltern alles getan werden. Für andere steht fest, dass es kein Gymnasium sein muss. Wer selbst auf einer Förder- oder Hauptschule war, empfindet es als großen Erfolg, wenn das Kind auf eine Realschule oder eine Gesamtschule geht. Dann ist es ein Statusgewinn. Stolz auf die Gymnasialempfehlung kann man trotzdem sein. Und Abitur kann das Kind später ja auch noch machen – wenn es das will.

Diese statusbezogene Ausrichtung der Entscheidung ist maßgeblich. Und sie ist auch nachvollziehbar. Elternschaft bedeutet primär, alles »mir Mögliche« zu tun, um meinem Kind das Beste zu bieten. Da ist es das Mindeste, den eigenen Status auf das Kind zu übertragen. Statusverlust ist verheerend, Statuserhalt notwendig, Statusverbesserung prima. Extreme Statusverbesserungen können allerdings als zu riskant wahrgenommen werden, weil das Kind scheitern oder – im Falle eines Erfolgs – sich von den Eltern entfremden könnte.

Diese familiären Bildungsverlaufsentscheidungen – häufig als sekundärer Herkunftseffekt bezeichnet – spielen also eine große Rolle, werden allerdings durch das gegliederte Bildungssystem selbst erst notwendig. Wenn es gar kein gegliedertes Schulsystem gäbe oder das Lehrerurteil verbindlich wäre, dann würden die Eltern gar nicht entscheiden können. Und vielleicht würden die Entscheidungen der Eltern (und der Lehrer) sozial ausgewogener ausfallen, wenn der Übergang in unterschiedliche Bildungsgänge erst im Alter von 15 oder 16 Jahren – wie in den meisten OECD-Staaten – stattfände, anstatt wie derzeit in vielen Bundesländern im Alter von 9 Jahren.

Allerdings geht es auch nach der Schule ähnlich weiter. Denn trotz Hochschulzugangsberechtigung treten überproportional viele Abiturienten kein Studium an, wenn sie aus benachteiligten Verhältnissen kommen. Wenn sie studieren, dann überproportional häufig an Fachhochschulen und weniger häufig an Universitäten. Das Entscheidungsverhalten der Eltern, die nach der Grundschule maßgeblich die Schulformentscheidung verantwortet haben, geht auf ihre Kinder über, wenn diese das Schulsystem verlassen.[73] Der Herkunftseffekt wirkt also lange nach.

Fassen wir die drei Bereiche, in denen soziale Benachteiligung entsteht, zusammen: Kinder aus benachteiligten Milieus haben geringere Möglichkeiten, ihre Potenziale zu entfalten, was insbesondere in den Rahmenbedingungen in Familie und sozialem Umfeld begründet liegt. Familie und Umfeld stehen hierbei für die allgemeinen sozial ungleichen Verhältnisse in der Gesellschaft und zugleich für das nicht erfüllte Versprechen der Chancengleichheit unabhängig von der Herkunft.

Im Bildungssystem wird dies nicht ausgeglichen. Im Gegenteil, in den Schulen werden Ungleichheiten verstärkt, indem nachweisbar vom Leistungsprinzip abgewichen wird – zum Nachteil derer, die ohnehin schlechtere Startchancen hatten: Bei der Notengebung und bei Übergangsempfehlungen in die Sekundarstufe I werden sie »strenger« bewertet als ohnehin privilegiert aufwachsende Kinder.

Durch das Entscheidungsverhalten der Eltern und später der jungen Erwachsenen wird dieser Effekt nochmals verstärkt. Benachteiligte schließen sich, wenn sie einen

Zugang haben (Gymnasialempfehlung oder Abitur), selbst aus. Diese Entscheidungen spielen an allen Übergängen eine große Rolle, zunächst von der Grundschule in die Sekundarstufe I, dann in die Sekundarstufe II, später zur Hochschule, aber dann auch vom Studienabschluss in den Arbeitsmarkt oder auch zur Promotion. Das Fehlen von Leistungsgerechtigkeit hat also auch mit dem Entscheidungsverhalten der Benachteiligten selbst zu tun. Alle drei Ursachen und die ihnen zugrunde liegenden Mechanismen werden in Kapitel IV aus der Perspektive der Betroffenen vertieft.

Sehr unterschiedliche Startchancen und soziale Filter, die in jeder der vielen Bildungsetappen und -entscheidungen wirken, führen dann dazu, dass die soziale Schere zunehmend stärker auseinandergeht, je höher man bei Bildungsabschlüssen (Doktortitel) oder Arbeitsmarkt (Spitzenpositionen) schaut.

10. Kommt drauf an, wo man wohnt

Neben den bisher beschriebenen ungleichen Chancen je nach sozialer Herkunft, den sogenannten vertikalen Ungleichheiten im Bildungsverlauf, bestehen Differenzierungen in Bezug auf Schulabschlüsse und Kompetenzniveaus zwischen den Bundesländern. Diese horizontalen Ungleichheiten lassen sich zum Beispiel an unterschiedlichen Wahrscheinlichkeiten für einen Gymnasialbesuch oder für das Erlangen des Abiturs ablesen. Hier treten enorme Unterschiede zutage. Den Übergang von der Grundschule auf das Gymnasium schaffen bundesweit etwas mehr als

40 % der Schülerinnen und Schüler. Dieser Wert variiert zwischen unter 30 % und deutlich über 50 %. Die Abiturientenquote an allgemeinbildenden Schulen liegt bundesweit ebenfalls etwa bei 40 %. In den Bundesländern variiert dieser Wert wiederum zwischen 30 % und über 50 %.[74] Der jeweilige gesamtdeutsche Durchschnittswert sagt also relativ wenig aus – zu stark ist die Ungleichverteilung je nach Bundesland. Auch die Bedeutung der sozialen Herkunft auf die Bildungschancen variiert in den Bundesländern.[75]

Diese ungleichen Verteilungen entsprechen nicht den Unterschieden im Kompetenzniveau, sondern sind Resultat föderal diversifizierter Schulpolitiken. Denn auch, wenn die Kompetenzunterschiede zwischen den Bundesländern beträchtlich sind, weisen sie kaum einen Zusammenhang mit der Höhe der Gymnasial- oder Abiturquote auf.[76] Man kann also sagen: Jedes Bundesland hat ein anderes Schulsystem mit unterschiedlichen und nicht zusammenhängenden Wahrscheinlichkeiten im Hinblick auf Kompetenzentwicklung und Schulabschlüsse. Entsprechend wirkt sich der Herkunftseffekt in den verschiedenen Schulsystemen der Bundesländer unterschiedlich auf die Bildungschancen aus, was auch damit zusammenhängt, wie viele Kita- und Ganztagsschulplätze vorhanden sind.[77]

Innerhalb jedes Bundeslandes bestehen weitere regionale Unterschiede, die größer sind als die Unterschiede zwischen den Bundesländern. Dabei handelt es sich sowohl um Unterschiede in den Bildungsangeboten und Bildungschancen zwischen kreisfreien Städten und Kreisen (zugunsten der Großstädte) als auch um innerstädtische Unterschiede in Großstädten und Ballungsräumen.[78] Die

Schulministerien der Länder haben also weniger Einfluss, als es häufig angenommen wird.

Die größten Unterschiede bestehen jedoch aufgrund von Segregation innerhalb der Großstädte. Unter Segregation wird die räumliche Ungleichverteilung von Bevölkerungsgruppen innerhalb einer Stadt verstanden. Die Konzentration prekärer Lebenslagen, insbesondere von Armut und Arbeitslosigkeit, ist hier besonders problematisch.[79] Allerdings leben in den Städten die Reichsten am stärksten segregiert, also abgesondert von allen anderen Gruppen. Segregation ist im Ergebnis die räumliche Abbildung sozialer Ungleichheiten, ungleicher Lebenslagen, Lebensformen und Lebensstile der Menschen.

Segregation ist ein kombinierter Effekt von freiwilligen und unfreiwilligen Entscheidungen. Dabei geht es sowohl um die Kaufkraft auf einem zum Teil hart umkämpften Wohnungsmarkt als auch um symbolische Identifikationen und individuelle Vorlieben, denn Wohnen wird immer stärker symbolisch aufgeladen, wird ein Teil der Identität. Allerdings ist der Geldbeutel die entscheidende Größe. Die erste Frage ist: Wo kann ich es mir leisten zu wohnen? Wer diese Frage nicht stellen muss, entscheidet nach Image des Viertels, Struktur der Nachbarschaft und individueller Vorliebe (urban oder grün – mit sehr viel Geld geht sogar beides). Da die Einzigen, die eine vollkommen freie Wahl haben, die Reichen sind, erzeugen sie auch am stärksten die soziale Segregation. Arme Menschen haben keine freie Wahl. Entsprechend handelt es sich sehr häufig um die Konzentration von ökonomischem, kulturellem und sozialem Kapital oder um einen strukturellen Mangel an allem.[80]

Die durch diese Prozesse entstandenen sozialen Räume sind die Orte, an denen Kinder aufwachsen. Familie und soziales Umfeld, die Schule und die Möglichkeiten der Alltagsgestaltung sind ganz wesentlich durch den Sozialraum strukturiert. Verheerend ist nun, dass die kinderreichsten Stadtteile meist auch Armutskonzentrationen aufweisen. Man spricht dann auch schnell von Problembezirken, Brennpunktschulen oder von »No-go-Areas«. Gleichzeitig sind in den ärmeren Städten und insbesondere in den ärmsten Stadtteilen weniger Gymnasien als in den reicheren.[81]

Die Adresse eines Kindes ist daher ein extrem guter Indikator, um Prognosen für den Bildungserfolg abzugeben. Das reale Leben ist viel kleinräumiger differenziert, als es allgemeine Statistiken und insbesondere Durchschnittswerte offenbaren. Das gilt auch für die Bildungschancen und alle anderen damit zusammenhängenden Faktoren. Die Stadtteile weichen nicht nur im Hinblick auf Arbeitslosen- und SGB II-Quote um ein Vielfaches vom Durchschnittswert der Stadt ab, sondern auch hinsichtlich der Bildungschancen der Kinder, der Kindesgesundheit und dadurch in umfassendster Weise der Lebenschancen. Dadurch, dass sich vor Ort alle sozialen Problemlagen konzentrieren können, verstärken sie sich. Diese Stadtteile sind sozial benachteiligt, sie wirken aber zugleich auch sozial benachteiligend.[82]

Interessant ist zudem, dass diese Sozialräume zu Extremen tendieren: Es können Orte der Überraschung und der Diversität sein, wo sich Künstler und Kreative wohlfühlen, es können aber auch trostlose Orte der Resignation sein. Genauso ergeht es den Schulen: Es kann sein, dass ein geregelter Unterrichtsbetrieb an den Schulen kaum mehr möglich ist, oder sie sind besonders innovativ und erfolgreich. Soziale Segregation ist also ein Befund, mit dem man arbeiten kann, der gestaltbar ist.

Wer sich mit Bildungschancen beschäftigt, Verteilungs- und Leistungsgerechtigkeit verbessern sowie die Lebenschancen der am stärksten Benachteiligten erhöhen möchte, muss (auch) sozialräumlich denken. Ländliche Regionen und sozial segregierte Stadtteile sind hier die wichtigsten Handlungsfelder.[83]

11. Bildungsbenachteiligung ist Lebensbenachteiligung

Die Sozialisationsbedingungen in den Familien und im familialen Umfeld, insbesondere im Wohnumfeld, sind für die Erklärung der Diskrepanzen in der schulischen Leistungsentwicklung entscheidende Größen. Durch ungleiche Startbedingungen und Förderungen werden die Potenziale der Kinder unterschiedlich stark ausgeschöpft. In der Grundschule werden diese schichtspezifischen Unterschiede nicht größer und auch nicht kleiner. Durch den Übergang in die Sekundarstufe I und das gegliederte Schulsystem werden die sozial unterschiedlichen Chancen zusätzlich verstärkt. Schließlich wird durch das »individuelle« Entscheidungsverhalten benachteiligter Menschen, die auch dann, wenn sie könnten, höhere Bildungsverläufe und Berufspositionen seltener anstreben, die soziale Ungleichheit weiter verschärft. In Bezug auf das Bildungssystem sind diese drei Aspekte hinreichend belegt und seit 50 Jahren auch in diesem Zusammenhang erforscht.[84]

Es geht also nicht nur um eine bestimmte Form der Leistungsfähigkeit. Bildung scheint sich dem gesellschaftlichen Verständnis oder zumindest der sozialen Logik nach nicht (nur) in Fähigkeiten und Fertigkeiten auszudrücken. Kompetenz ist wichtig, aber das Verhalten und die Eleganz, der Stil und vieles mehr spielen ebenfalls eine Rolle. Es kommt offenbar auch auf eine ganz bestimmte Art der Performanz an. In der allgemeinen gesellschaftlichen Praxis geht es bei Bildung ganz offensichtlich nicht nur um die Fähigkeiten und das Wissen, sondern auch um den Habitus. Ich meine das ganz ernst. Der Herkunftseffekt bleibt entsprechend am Menschen kleben – lebenslänglich.

Über alle biografischen Etappen lassen sich soziale Selektionsprozesse auch nach dem Schulbesuch nachzeichnen: bei der Berufswahl, der Aufnahme eines Studiums, bei der Studienwahl und der Häufigkeit von Studienabbrüchen, aber auch beim Übergang von der Hochschule in den Arbeitsmarkt, beim Einkommen und bei den Karriereverläufen. Konkret bedeutet dies: Die soziale Herkunft hat nicht nur nach erfolgreichem Studienabschluss, sondern selbst bei Menschen mit Doktortitel noch einen Effekt im Hinblick auf die Karrierechancen. Zudem erben die einen ein Vermögen, die anderen nicht. Später verpartnern sich Menschen ganz überwiegend auf gleichen sozialen Statusniveaus, wohnen statusgerecht und so weiter. Gleich und gleich gesellt sich gern, Gegensätze ziehen sich nicht an, jedenfalls keine sozialen.

Die wenigen aus benachteiligten Milieus, die jeweils eine Etappe schaffen und mit der privilegierteren Konkurrenz mithalten können, sind nicht etwa besonders »robust«, was ja plausibel wäre. Nein, im Gegenteil: Nach jeder Etappe wird der Anteil derjenigen, die aus unteren Schichten stammen, kleiner und kleiner. Dafür kann man nicht mehr die Grundschullehrerin verantwortlich machen. Das macht deutlich, dass beruflicher Erfolg und sozialer Aufstieg nicht *nur* vom Bildungsniveau oder den Kompetenzen abhängen und dementsprechend die Ungleichheitsbedingungen nicht *nur* im Bildungswesen selbst zu finden sind. Vielmehr sind es gesellschaftliche Strukturen, in denen auf verschiedenen Ebenen soziale Filter wirksam sind und in die auch das Bildungswesen eingebettet ist. Es scheinen also unsichtbare Mechanismen zu wirken, die sich aus einem intuitiven Zugang kaum erschließen, sondern lediglich wissenschaftlich messbar und rekonstruierbar sind.

Unsere Gesellschaft ist durch soziale Ungleichheiten strukturiert. Deshalb ist Bildungsbenachteiligung Lebensbenachteiligung und Lebensbenachteiligung ist Bildungsbenachteiligung. Die allgemeinen Lebensbedingungen sind benachteiligend und erzeugen geringere Bildungschancen. Diese geringeren Bildungschancen führen zu geringeren Lebenschancen. Ursache und Wirkung lassen sich nicht auseinanderhalten, weil es sich um ein gesellschaftliches Strukturierungsprinzip handelt. Wenn in der Grundstruktur der Gesellschaft »die feinen Unterschiede« eingebaut sind, dann lassen sich nur Zusammenhänge und Mechanismen herleiten, nicht aber einfache oder klare Ursache-Wirkung-Ketten. Und noch schlimmer: Es ist niemand schuld im Sinne eines absichtsvollen Erzeugens dieser Ungerechtigkeiten. Das hört sich desillusionierend an.

Aber: Nur weil weder Chancengleichheit noch das Leistungsprinzip realisiert sind und über den längeren Verlauf von Bildungs- und Berufskarrieren enorme Herkunftseffekte messbar sind, die sich auf komplexe Gesamtzusammenhänge zurückführen lassen und keineswegs durch eine oder zwei Maßnahmen aufgelöst werden können, heißt das nicht, dass es einfach so bleiben muss, wie es ist. Denn erstens gibt es derzeit in unserer Gesellschaft keinen größeren Konsens als das Zusammenspiel von Chancengleichheit und Leistungsgerechtigkeit.[85] Überhaupt wird die ungleiche Realität nur akzeptiert unter der Bedingung dieser Postulate. Zweitens zeigen verschiedene international vergleichende Studien, dass die Diskrepanz zwischen Ideal und Realität in Deutschland ganz besonders groß ist und Hinweise vorliegen, dass die Differenzen in den Lebenschancen wieder größer werden und sich die Schere öffnet.[86]

Die Tatsache, dass nach beiden Prinzipien soziale Benachteiligung vorherrscht, wird erst dann gesellschaftlich problematisch, wenn nicht wenigstens das Bemühen um mehr Chancengleichheit und mehr Leistungsgerechtigkeit erkennbar ist.[87] Eine Gesellschaft, die auf soziale Ungleichheiten nicht verzichten kann und diese sozialen Ungleichheiten überwiegend durch ihr Bildungssystem legitimiert, muss dafür Sorge tragen, dass in ihrem Bildungssystem ungleiche Startchancen ausgeglichen werden.

Weltweit lässt sich – abgesehen von Quotenregelungen – eine zentrale Strategie zur Verbesserung der Bildungschancen erkennen: Bildungsexpansion. Diese hat mehrere Effekte, die meisten sind paradox.

III. PARADOXIEN DER BILDUNGSEXPANSION

In den vergangenen 6 Jahrzehnten hat eine enorme Ausweitung der Institutionen höherer Bildung stattgefunden. Dadurch hat sich die Verweildauer im Bildungssystem verlängert, und entsprechend haben sich die Bildungschancen für alle Bevölkerungsgruppen sowie das durchschnittliche Bildungsniveau in der Bevölkerung erhöht. Mit dieser Bildungsexpansion gehen jedoch verschiedene paradoxe Effekte einher, auf die ich in diesem Kapitel eingehe. Eins steht fest: Durch die Bildungsexpansion ist das Bildungssystem ganz sicher nicht gerechter geworden.

12. Immer mehr Bildung

Erstaunlich sind die bisher dargelegten Befunde zur immer noch existierenden Benachteiligung vor dem Hintergrund umfassender Bildungsreformen in den 1960er- und 1970er-Jahren. Die beiden prominentesten damaligen Kritiker des Bildungssystems waren der Philosoph Georg Picht, der 1964 in einer Reihe von Texten die »Bildungskatastrophe« und den »Bildungsnotstand« ausrief, und der Soziologe Ralf Dahrendorf, der 1965 in seinem »Plädoyer für eine aktive Bildungspolitik« forderte: »Bildung ist Bürgerrecht.« Von beiden wurden die Ungerechtigkeit des Schulwesens, die geringe Abiturienten-Quote und die großen Unterschiede zwischen Stadt und Land moniert. Sie forderten grundlegende Reformen des Schul- und Hochschulsystems, auch und nicht zuletzt, weil sie die Demokratie und die Wettbewerbsfähigkeit Deutschlands gefährdet sahen.[88]

Die Reaktion darauf war eine umfassende Bildungsexpansion.[89] Mit dem Begriff Bildungsexpansion wird der enorme Ausbau des sekundären und tertiären Bildungsbereichs in den vergangenen 6 Jahrzehnten ausgedrückt. Das führte dazu, dass immer mehr junge Menschen immer länger im Bildungssystem verweilen und dadurch im Laufe der Zeit höhere Bildungsabschlüsse erwerben. So hat sich der Anteil der Absolventinnen und Absolventen höherer Bildungsgänge vervielfacht und steigt auch weiterhin noch an. Diese Entwicklung lässt sich kontinuierlich seit den 1950ern zeigen. Allerdings gab es zwei kräftige Schübe: der erste ab Mitte der 1960er und der zweite kurz nach der Jahrtausendwende.[90]

Die heutige Situation soll exemplarisch anhand der Verteilung innerhalb des gegliederten allgemeinbildenden Schulsystems sowie der Differenzierung in beruflicher und akademischer Bildung dargestellt werden.

Zum allgemeinbildenden Schulsystem: Im Jahr 1960 gingen noch knapp 70 % eines Geburtsjahrgangs auf die Hauptschule, heute sind es nur noch etwa 10 %.[91] Der Anteil der Gymnasiasten hat sich von 16 % auf über 40 % fast verdreifacht.[92] Die hauptsächlich besuchte Schule ist das Gymnasium geworden. Anders als es der Name »Hauptschule« vermuten lässt, wird sie zunehmend zu einer »Restschule«, oder sie wird geschlossen. Um das Jahr 1990 herum lagen die Anteile von Hauptschule, Realschule und Gymnasium mit jeweils etwa 30 % gleichauf – alle anderen Schulformen (u. a. Sonderschule, Gesamtschule, Privatschule) ergaben nur etwa 10 %. Seither stagniert der Anteil der Realschule, die Hauptschule verliert deutliche Anteile, auf dem Gymnasium gibt es den deutlichsten Zuwachs, aber auch die Gesamtschule und neue Schulformen gewinnen an Bedeutung – häufig auch mit der Möglichkeit, dort das Abitur oder die Fachhochschulreife zu erlangen.[93] Die klassische Verteilung auf Hauptschule, Realschule und Gymnasium gilt nur noch für etwa drei Viertel aller Schülerinnen und Schüler. Die Expansion geht also einher mit einer Diversifizierung der Schulformen und damit der Schulsysteme insgesamt. Und sie erhöht den Anteil der Studienberechtigten (mit Abitur oder Fachabitur) enorm: Von ca. 6 % der jungen Erwachsenen (18–25 Jahre) im Jahr 1960 auf über 50 % heute.[94]

Zur beruflichen und akademischen Bildung: Das Hochschulsystem und das duale Ausbildungssystem nehmen jährlich in etwa gleich viele junge Menschen auf. Seit einigen Jahren gibt es etwas mehr Erstsemester an Hochschulen als neue Auszubildende in den Betrieben.[95] Weil ein Studium meist länger dauert – insbesondere, wenn auf das Bachelor- noch ein Masterstudium folgt, oder auch aufgrund von Studienfachwechseln –, gibt es mehr als doppelt so viele Studierende wie Auszubildende. Während die Zahl der Studierenden in den letzten 15 Jahren um 1 Million gestiegen ist, sinkt die Zahl der Auszubildenden leicht. Beeindruckend ist die Anzahl der Studierenden im Zeitverlauf: Von 1960 bis heute hat sich die Zahl mehr als verzehnfacht und liegt heute bei knapp 3 Millionen. Von 1960 bis 1980 wurden mehr als 40 neue Universitäten gegründet – und danach etwa 20 weitere. Zudem wurden von den 1960ern bis heute bundesweit über 250 Fachhochschulen eröffnet. Auch die Anzahl der Promotionen hat sich zwischen 1980 und 2000 verdoppelt und steigt weiter an.[96]

Diese Daten zeigen eindeutig, dass es auch in den letzten Jahren zu einer deutlichen Steigerung höherer Bildungsabschlüsse gekommen ist. Das schlägt sich auch im Bildungsniveau der Gesamtbevölkerung nieder: Innerhalb von 10 Jahren zwischen 2006 und 2016 ist der Anteil der Personen mit Hochschulreife von 23 % auf 31 % gestiegen, der Anteil von Personen mit Hauptschulabschluss von 41 % auf 31 % zurückgegangen, der Anteil der Akademiker von 12 % auf 17 % gestiegen. Der Anteil der Jugendlichen, die die Schule ohne Abschluss verlassen, ist rückläufig und liegt bei 6 %. Das Bildungsniveau in der Bevölkerung ist in relativ kurzer Zeit enorm gestiegen.

Diese Bildungsexpansion kann als die zentrale »Strategie« zum Ausgleich sozialer Ungleichheit innerhalb des Bildungssystems verstanden werden – in Deutschland und weltweit. Von dieser Expansion haben alle Bevölkerungsgruppen profitiert, allerdings sehr unterschiedlich. Männer und Frauen haben Zuwächse zu verzeichnen, Frauen überproportional stark. Im Hinblick auf die Geschlechtergerechtigkeit beim Bildungszugang hat die Bildungsexpansion zweifelsfrei eine enorme Wirkung entfaltet.

Aber welche Effekte hatte die Bildungsexpansion noch? Hier gibt es eine Reihe von Mythen: Soziale Ungleichheit wäre reduziert worden durch die Expansion seit den 1960er-Jahren, und heute wären die Chancen wieder schlechter, als sie damals waren. Zudem wäre es zu einem »Akademisierungswahn«[97] gekommen, der die akademische und berufliche Bildung beschädige. Außerdem wären früher das Niveau höher und die Menschen gebildeter gewesen. Das trifft alles in dieser Form nicht zu.

Denn mit der Bildungsexpansion gehen mindestens drei

paradoxale Zusammenhänge einher: Zum einen kann soziale Benachteiligung zunehmen, *weil* die Bildungschancen steigen. Zum anderen verlieren Bildungsabschlüsse an Wert, *weil* sie immer wichtiger werden. Zum Dritten werden tatsächlich alle schlauer, aber niemand bekommt es mit.

13. Bildungsungleichheit wächst, weil Bildungschancen steigen

Die Steigerung von Bildungschancen durch die Ausdehnung und -weitung der höheren Bildungsangebote muss keineswegs zwingend zu mehr Chancengleichheit führen. Ich möchte das an zwei Gedankenexperimenten verdeutlichen:

Stellen Sie sich vor, man würde das Einkommen aller verdoppeln. Die Professorin, die vor dieser Gehaltsexpansion 7500 Euro brutto bekam, verdient nun 15 000 Euro. Ihr wissenschaftlicher Mitarbeiter erhält statt 4000 nun 8000 und die Sekretärin steigert ihr Gehalt von 2500 auf 5000 Euro. Was ist hier mit der Einkommensungleichheit passiert? Während die Professorin früher 3500 beziehungsweise 5000 Euro mehr verdiente als ihre Teammitglieder, bekommt sie jetzt 7000 beziehungsweise 10 000 Euro mehr. Die Verdoppelung des Einkommens hat eine Verdoppelung des Unterschieds bewirkt. Immer noch verdient die Professorin das Dreifache der Sekretärin.[98] Das passiert im Übrigen genauso, wenn für alle das Gehalt prozentual gleich zuwächst, etwa, wenn für alle das Gehalt um 4 % steigt. Dann steigt der Gehaltsunterschied um 4 %.[99]

Analog dazu: Wenn sich für alle die Bildungschancen verdoppeln, dann verdoppelt sich auch der Unterschied in den Bildungschancen. So in etwa war es bei der Bildungsexpansion zwischen den 1960ern und den 1990ern. Der Soziologe Rainer Geißler verdeutlicht den Befund anhaltender ungleicher Chancen anhand der Daten für Erstsemesterstudierende an Universitäten im Jahr 1987/88:

»Ich greife hier nur einen Gesichtspunkt heraus, der die krassen Ungleichheiten drastisch verdeutlicht: Die universitären Studienchancen der Kinder von selbstständigen Akademikern liegen mit 82 % um das 41-Fache(!) höher als diejenigen der Kinder von Ungelernten, die häufiger eine Sonderschule (8 %) besuchen als ein Gymnasium (7 %) oder gar eine Universität (2 %).«[100]

Weitere 11 % der Kinder von selbstständigen Akademikerinnen und Akademikern schrieben sich im selben Jahr an einer Fachhochschule ein, bei den Kindern ungelernter Arbeiterinnen und Arbeiter waren es nur weitere 2 %. Insgesamt ist also der Anteil der Studierenden bei Ersteren 93 %, bei Letzteren 4 %. Zu Chancengleichheit hat die Bildungsexpansion also eindeutig nicht geführt.[101]

Es haben sich für alle die Chancen verbessert, deshalb hat sich die soziale Ungleichheit auf dem Weg zu höherer Bildung verstärkt. Wenn sich – wie in dem Eingangsbeispiel der Einkommen – die Chancen gleichmäßig erhöhen, verstärkt sich auch die Ungleichheit entsprechend. Das ist tatsächlich so eingetreten. Die Mittelschicht hat stärker profitiert, Arbeiterkinder und Kinder von Ungelernten deutlich weniger – sie haben relativ sogar an Boden verloren.[102] Diese Erkenntnis galt in der Soziologie bereits Anfang der 1990er-Jahre als gesicherter Befund. Man spricht vom Paradoxon der Bildungsexpansion. Mathematisch betrachtet ist es höchst logisch. Paradox ist der Befund nur deshalb, weil die Erwartung und insbesondere die Wahrnehmung vollständig davon abweichen. Warum geht ein großer Teil der Bevölkerung aber davon aus, dass es zwischen den 1970ern und 1990ern weniger Ungleichheit gegeben habe?

Die Antwort ist leicht: Weil es allen besser geht. Es handelt sich um den sogenannten Fahrstuhleffekt.[103] Die Kinder von Arbeitern ohne Schulabschluss haben mehrheitlich einfache und mittlere Schulabschlüsse erzielt – eine Verbesserung im Vergleich zu den Eltern. Die Kinder des Mittelstandes haben mittlere und höhere Abschlüsse gemacht – durchschnittlich ebenfalls eine Verbesserung. Kinder der höchsten Statusgruppen erlangen noch häufiger höhere Abschlüsse als ihre Eltern, können aufgrund des »Deckeneffekts« aber ihre Quote nicht mehr wesentlich erhöhen (sie sind schon nahe an 100 %). Für alle Familien hat sich die Situation durchschnittlich verbessert, alle sind eine Etage hochgewandert und haben einen schöneren Ausblick aus dem Gebäude, das wir Sozialstruktur nennen. Ähnliches kann in Bezug auf Berufspositionen und Einkommen gezeigt werden. Wenn es im Generationenverlauf in fast jeder Familie bergauf geht, dann fällt es gar nicht auf, dass der Unterschied in den Chancen oder der Abstand zu den anderen gleich geblieben ist oder sich sogar vergrößert hat.

Nun hat jedes Gebäude ein Erdgeschoss. Wenn alle aufsteigen, müsste das Erdgeschoss leer werden. Dem war aber nicht so. Die sogenannten »Gastarbeiter«, die seit Mitte der 1950er nach Deutschland eingewandert sind, füllten das Erdgeschoss auf. Diesen Effekt nennt man »Unterschichtung« der Sozialstruktur.[104] Und die Gastarbeiterkinder haben von der Bildungsexpansion zwischen den 1960ern bis Anfang der 1990er praktisch nicht profitiert. Sie gingen überwiegend auf Hauptschulen und zu einem relativ hohen Anteil auf Sonderschulen. Im Übrigen wurde das aus zwei Gründen nicht problematisiert: Die Öffentlichkeit, die Politik und selbst die Bildungsforschung ignorierten diese Gruppe, häufig tauchte sie sogar in den Statistiken nicht auf; die Gastarbeiter selbst besaßen zu extrem hohem Anteil keinen Schulabschluss, hatten häufig nur wenige Jahre die Schule besucht und waren nicht selten von (funktionalem) Analphabetismus betroffen. Die Gastarbeiter selbst erlebten, dass es ihnen ökonomisch besser ging als im Herkunftsland und ihre Kinder ein höheres Bildungsniveau erreichten als sie selbst.[105]

Vom Fahrstuhleffekt und der Unterschichtung innerhalb des Bildungssystems kann man bis Anfang der 1990er sprechen.[106] Grob gesagt: Die meisten deutschen Kinder steigen eine Stufe auf, die Gastarbeiterkinder füllen die unterste Stufe auf. Alle empfinden dies als Verbesserung der eigenen Situation, ohne dass dadurch die Chancenunterschiede kleiner wurden. Seit den 1990ern profitieren zunehmend auch Kinder mit Migrationshintergrund von der fortlaufenden Expansion.

Der Effekt, dass die Expansion des Bildungswesens nicht zu einer Verbesserung im Hinblick auf Chancengleichheit führte, wird mit dem Begriff der »selektiven Bildungsexpansion« gefasst.[107] Höhere Schichten profitierten stärker, die untersten Schichten wurden verhältnismäßig sogar noch stärker benachteiligt. Rainer Geißler resümiert 15 Jahre nach dem ersten Zitat, bei dem er noch »die krassen Ungleichheiten drastisch verdeutlicht(e)«, wesentlich moderater, die Bildungsexpansion habe »die Bildungschancen aller Schichten verbessert, ohne gleichzeitig gravierende schichttypische Ungleichheiten zu beseitigen«.[108] Ähnliche Mechanismen lassen sich entsprechend auch im Hinblick auf Berufsposition und Einkommen zeigen.[109]

Die Expansion hat dadurch zwei weitere problematische Effekte: Erstens wird der fehlende Bildungserfolg durch die Gesellschaft zunehmend individualisiert. Während es früher ein kollektives Schicksal war, dass Arbeiterkinder Hauptschüler werden, wird ein Hauptschulbesuch heute als individuelles Versagen klassifiziert. Aus einer wissenschaftlichen Perspektive handelt es sich früher wie heute um soziale Benachteiligung, die sich nur unterschiedlich ausdrückt. Zweitens gibt es immer mehr Akademiker, die wollen, dass ihre Kinder auch Akademiker werden, wodurch die Expansion eine Eigendynamik bekommt, die nicht mehr steuerbar ist.

14. Abschlüsse werden immer wichtiger und sind immer weniger wert

Die Bildungsexpansion führt also zu einem deutlich erhöhten Bildungsniveau in der Bevölkerung. Deshalb kommt es zu einer Bildungsinflation, also einer Entwertung von Abschlüssen. Bei einer starken Währungsinflation werden größere Geldscheine (z.B. 200-Euro-Banknoten) immer wichtiger, weil sie an Wert verloren haben, kleinere Geldscheine (z. B. 5-Euro-Banknoten) hingegen werden immer unwichtiger, weil sie keinen Wert mehr haben. Ähnlich ist es mit der Bildungsinflation, die sich wiederum negativ auf Menschen aus benachteiligten Milieus auswirken kann.

Wo früher kein Abschluss oder einfache Abschlüsse ausgereicht hätten, um eine berufliche Laufbahn einzuschlagen, benötigt man nun mittlere und höhere Abschlüsse. Dadurch werden höhere Bildungsabschlüsse immer wichtiger und zum Teil notwendige Voraussetzung, um eine bestimmte Laufbahn einzuschlagen (Aufwertungseffekt), während sich niedrigere Schulabschlüsse immer schlechter verwerten lassen. Höhere Bildungsabschlüsse garantieren aber nicht mehr Spitzenpositionen, sie sind lediglich ihre Voraussetzung. Bildungsabschlüsse sind zunehmend notwendige und immer weniger hinreichende Kriterien für eine berufliche Laufbahn oder gar Karriere. Dadurch, dass absolut und relativ immer mehr Menschen höhere Bildungsabschlüsse haben, sind diese Abschlüsse nichts Außergewöhnliches mehr, sie verlieren an Wert (Abwertungseffekt). Die gleichzeitige Auf- und Abwertung von Bildungsabschlüssen wird als weiteres Paradoxon der Bildungsexpansion bezeichnet.

Warum sind von beiden Effekten besonders die ohnehin Benachteiligten betroffen? Die Bildungsinflation hat sich auf den Wert der verschiedenen Abschlüsse unterschiedlich ausgewirkt.[110] Die einfachen Abschlüsse sind fast gar nichts mehr wert, während höhere Abschlüsse lediglich an Wert verloren haben. Der Befund ist also: Diejenigen, die heute ohne oder mit einem Hauptschulabschluss die Schule verlassen, haben es wesentlich schwerer als früher.

Wie dargestellt wurde, sind von dieser massiven Entwertung einfacher Abschlüsse insbesondere junge Menschen aus benachteiligten Milieus betroffen. Sie sind die durch die Bildungsexpansion Deklassierten.[111]

Dies ist das Resultat eines Verdrängungswettbewerbs: Jugendliche mit einfachen (zum Teil auch mit mittleren) Schulabschlüssen werden durch Jugendliche mit höheren Abschlüssen verdrängt. Etwa wenn Hochschulzugangsberechtigte kein Studium aufnehmen, sondern stattdessen eine Berufsausbildung anstreben. Für einige Ausbildungsberufe ist de facto ein (Fach-)Abitur notwendig geworden. Verheerend ist, dass viele dieser Auszubildenden dann anschließend ein Studium aufnehmen und damit Ausbildungsplätze besetzt haben, ohne anschließend in diesem Beruf zu bleiben. Verheerend für die Jugendlichen, die keinen Ausbildungsplatz finden, sowie für die Unternehmen, nicht aber für die »doppelt« ausgebildeten Kandidaten, die sich durch diese Strategie klare Wettbewerbsvorteile schaffen. Die gesteigerten Qualifikationsanforderungen auf dem Ausbildungs- und Arbeitsmarkt sind eine ungleichheitsverstärkende Nebenwirkung der Bildungsexpansion.

Aber auch für Bildungsaufsteiger kann die Entwertung einen nachteiligen Effekt haben. Wenn sehr viele das Abitur und viele einen Studienabschluss aufweisen können, dann sind diese Abschlüsse nicht mehr geeignet, sich von der Masse abzuheben.[112] Nun werden Aspekte wichtiger, die die Benachteiligung verstärken können: etwa ein Auslandsaufenthalt, der mit den finanziellen Möglichkeiten der Eltern zusammenhängt, oder Vitamin B, das deutlich ungleicher verteilt ist als die Bildungschancen. Andere Kapitalsorten, also ökonomisches und soziales Kapital, gewinnen an Bedeutung. Auch Dinge wie Selbstbewusstsein, souveränes Auftreten (Habitus) oder auch Alter beziehungsweise Dauer des Studiums können dann eine Rolle spielen. Und selbst im Hinblick auf kulturelles Kapital können bestimmte Distinktionsmerkmale an Bedeutung gewinnen, etwa die Vorliebe für Latein als Fremdsprache.[113] Kurzum: Es kann sein, dass leistungsfremde Kriterien wichtiger werden und die soziale Ungleichheit beim Zugang zum Arbeitsmarkt und bei beruflichen Karrieren verstärken.

Die Arbeitsplatzsicherheit, die Berufsposition oder der Einkommensunterschied zwischen akademisch Gebildeten und Fachkräften mit beruflicher Ausbildung werden durch die Inflation nicht geringer.[114] Denn auch das Angebot an mittleren und höheren Berufspositionen hat sich durch Veränderungen auf dem Arbeitsmarkt erhöht.[115] Daher kann nicht von einem Akademisierungswahn gesprochen werden.[116]

Zudem ist die Akademikerquote in Deutschland nach wie vor relativ gering. In der jüngeren Bevölkerung (25–34 Jahre) haben in Ländern wie Korea, Japan oder Kanada zwischen 60 % und 70 % einen Studienabschluss. Im OECD-Durchschnitt sind es etwa 40 %. Deutschland liegt – trotz Bildungsexpansion – mit etwa 30 % deutlich darunter (ähnlich wie übrigens auch Österreich). Es ist aufgrund der hohen Quote an Studienanfängern davon auszugehen, dass sich die Akademikerquote deutlich erhöhen und dem OECD-Durchschnitt angleichen wird.

Allerdings ist schon auffällig, dass die berufliche Ausbildung immer anspruchsvoller und wissenschaftlicher wird, die akademische Bildung immer praxisorientierter. Das mag vielen Hochschullehrern nicht gefallen, weil dies die Situation an den Universitäten verändert. Aber man kann diese Entwicklung auch als Verringerung einer zuvor viel zu großen Differenz zwischen beruflicher und akademischer Bildung verstehen.

Die Bedeutung höherer Bildung steigt also, und gleichzeitig sinkt der Wert aller Bildungsabschlüsse, selbst der akademischen Bildung.[117] Um überhaupt eine Chance auf einen hohen beruflichen Status oder gar eine Spitzenposition zu haben, *muss* man einen hohen Bildungsabschluss haben, dieser reicht aber nicht mehr als ausschlaggebendes Kriterium aus. Dadurch steigert sich der Druck, weitere Bildungserfolge zu verzeichnen. Der Wettbewerb wird größer, weil höhere Bildungsabschlüsse immer notwendiger werden. Dadurch steigert sich die gesamte Eigendynamik der Bildungsexpansion – nicht zuletzt auch deshalb, weil es immer mehr Akademikerfamilien gibt und die Eltern wollen, dass ihre Kinder auch Akademikerinnen und Akademiker werden. Fort- und Weiterbildung, zusätzliche Sprachkenntnisse und vieles mehr werden relevant. Und zudem steigt die Bedeutung von (analogen und digitalen) sozialen Netzwerken. Alles steigert sich, der Wettbewerb wird erhöht.

Diese Steigerungsspirale macht die politische Steuerung immer schwerer. Die PISA-Studien, mit denen die OECD sehr stark in die Bildungspolitik eingegriffen hat, haben diesen Prozess nicht erzeugt, sondern nur leicht beschleunigt. Es handelt sich um das Spannungsfeld zwischen Statuskonkurrenz, Expansion und Chancengleichheit:

Wenn sich bei einem Konzert jemand auf die Zehenspitzen stellt, sieht er etwas besser. Wenn dann andere und irgendwann jeder sich auf die Zehenspitzen stellt, bringt das nichts mehr. Auch nicht, wenn jeder sich auf einen Stuhl stellt. Auch nicht, wenn jeder sich auf dem Stuhl auf die Zehenspitzen stellt. Und so weiter. Es verbessert sich nichts für kleinere Menschen, und für diejenigen, die keinen Stuhl haben, wird es verheerend.[118]

15. Alle werden schlauer, und keiner kriegt es mit

Die beiden erstgenannten paradoxen Effekte wurden vielfach beschrieben und sind international beobachtbar. Der dritte paradoxale Effekt der Bildungsexpansion ist weitgehend ein Spezifikum in Deutschland und wurde bisher kaum reflektiert und systematisch untersucht. Gleichzeitig halte ich ihn für besonders wichtig, um die Widersprüchlichkeiten in wissenschaftlichen und öffentlichen Diskussionen nachzuvollziehen. Betont sei hiermit die Thesenhaftigkeit dieses Paradoxons, das ich bei wissenschaftlichen Konferenzen mehrfach zur Diskussion gestellt, aber bisher nicht publiziert habe.

Während verschiedene Studien zeigen, dass sowohl das (messbare) Kompetenzniveau als auch andere bildungsrelevante Messwerte (u. a. der Intelligenzquotient) im Zeitverlauf steigen, ist die Wahrnehmung in den Bildungsinstitutionen fast durchgehend eine andere: Alle Lehrkräfte haben das Gefühl, dass die durchschnittlichen Fähigkeiten von Jahrgang zu Jahrgang schlechter würden. Beides kann gleichzeitig stimmen. Wie kann das sein?

Kompetenzmessungen und IQ-Tests sind zur Ermittlung von Durchschnittswerten eines Jahrgangs oder einer Generation sinnvoll zur Analyse der allgemeinen Entwicklung. Man darf durchaus darüber streiten, ob die Aufgaben in den Testungen gut und sinnvoll sind. Genauso darf man fragen, ob und inwieweit das, was man da misst, etwas mit Bildung zu tun hat. Ein Erkenntnisgewinn ergibt sich aus solchen Analysen – aus meiner Perspektive – erst durch einen Vergleich, sei es ein internationaler Vergleich oder eben die Betrachtung im Zeitverlauf, also zwischen den Werten früher und heute. Und tatsächlich gibt es eine Vielzahl von Hinweisen darauf, dass das durchschnittliche Kompetenzniveau und auch die durchschnittliche Intelligenz im Zeitverlauf steigen.[119] Die Steigerung des durchschnittlichen IQ – der sogenannte Flynn-Effekt[120] – hängt ganz sicher überwiegend mit den verbesserten sozialen Umweltbedingungen für Kinder zusammen, also unter anderem förderlichere Erziehung, bessere Gesundheit und professionellere Arbeit im Bildungssystem. Der Kompetenzzuwachs lässt sich wahrscheinlich sowohl auf die familiäre Erziehung als auch auf günstigere Unterrichtsformen, Schulreformen, frühkindliche Bildung und die Bildungsexpansion selbst zurückführen.[121] Wie bereits beschrieben, ist das Entwicklungsmilieu an Gymnasien besser als etwa an Hauptschulen, was bei höheren Gymnasialquoten zu höheren Kompetenzzuwächsen führt.[122]

Es ist ein geflügeltes Wort: Früher war alles besser, und die Jugendlichen waren nicht so schlimm wie heute. Allerdings: Es gibt auch die sogenannte PISA-Studie für Erwachsene (PIAAC), die jedoch weniger Aufmerksamkeit bekam. Darin schneidet Deutschland relativ schlecht ab, was bereits ein Hinweis darauf ist, dass es früher nicht besser war. Im Gegenteil: Die meisten Befunde deuten darauf hin, dass sich im Generationenverlauf die Leistungsfähigkeit der Menschen (etwas) verbessert hat. Aber warum ist die Wahrnehmung in der Öffentlichkeit und insbesondere bei Lehrkräften eine andere?

Nicht jede verzerrte Wahrnehmung geht auf Irrungen und Nostalgie zurück. Es kann sich auch um einen nachvollziehbaren Beobachtungsfehler handeln. Jeder Mensch hat ja nur einen sehr begrenzten Überblick. Niemand kann aus eigener Erfahrung das Kompetenzniveau oder die Intelligenz der gesamten eigenen Generation einschätzen. Der Vergleichshorizont ist immer relativ eng. Bei Lehrkräften kommt hinzu: Die wenigsten Haupt- oder Realschullehrer waren selbst Haupt- oder Realschüler. Darauf kann man einen Teil der verzerrten Wahrnehmung zurückführen.

Aber es gibt auch viele ältere Lehrkräfte, die eine deutliche Veränderung während ihrer Zeit als Lehrkraft zu erkennen meinen, und zwar eine Veränderung zum Negativen. Die Tatsache, dass diese Klagen aus fast allen Schulformen und selbst aus den Hochschulen kommen, lässt aufhorchen. Und tatsächlich kann beides stimmen: Jeder Jahrgang wird durchschnittlich kompetenter und intelligenter, aber in jeder Schulform und jedem Bildungsgang sinkt der Durchschnitt ab. Das ist sogar sehr wahrscheinlich.

Denn: Die Kompetenz- und Intelligenzzuwächse sind deutlich geringer als die Expansion im Bildungssystem. Während sich die Gymnasialquote von 20 % auf 40 % verdoppelte, haben sich Intelligenz und Kompetenz natürlich bei Weitem nicht verdoppelt – die Zuwächse sind moderat. Wäre es so, dass früher wirklich nur die besten 20 % und heute die besten 40 % eines Jahrgangs das Gymnasium besuchen, dann würde sich das durchschnittliche Niveau verschlechtern müssen, obwohl das durchschnittliche Niveau der gesamten 100 % des Jahrgangs heute höher ist als früher. Dadurch, dass diejenigen, die früher die besten Realschüler waren, heute auf dem Gymnasium sind, sinkt auch das durchschnittliche Niveau auf der Realschule. Weil die besten Hauptschüler heute Realschüler sind, sinkt das durchschnittliche Niveau auf der Hauptschule. Die neue Generation ist also im Durchschnitt leistungsfähiger, aber in jeder Schulform des selektiven Schulsystems wäre der Durchschnitt gesunken.

Nun wurde dargestellt, dass nicht stringent die Kompetentesten auf dem Gymnasium und die Leistungsschwächsten auf der Hauptschule sind. Das war aber auch früher schon so, wie Studien bereits für die 1960er- und 1970er-Jahre zeigen.[123] Da die zum Teil ungerechte Verteilung auf die Schulformen von ihrer Struktur her über die Zeit relativ stabil blieb, sollte dies keinen grundlegenden Einfluss auf den Effekt haben. Entsprechend ist davon auszugehen, dass tatsächlich gilt: Während im Zeitverlauf das durchschnittliche Kompetenzniveau ansteigt, sinkt es durchschnittlich innerhalb der Lerngruppen in den Bildungsinstitutionen. Empirisch ist dieser Zusammenhang bisher nicht detailliert untersucht worden, allerdings ist die hier dargelegte Argumentation rein rechnerisch auf einem hohen Plausibilitätsniveau.[124]

Ausgenommen von diesem Effekt müssten Grundschulen – und bedingt auch Berufsschulen – sein.[125] In den Grundschulen könnte sich zumindest theoretisch der Querschnitt eines Jahrgangs befinden. Allerdings: Der Querschnitt eines Jahrgangs im Einzugsgebiet der Schule hängt vom jeweiligen Stadtteil ab – und dieser Stadtteil kann sich im Zeitverlauf in der Bevölkerungszusammensetzung verändern, was im Übrigen gar nicht selten vorkommt.[126]

Ähnlich ist es auch an Hochschulen. Eine Vervielfachung von Studierendenzahl und -quote kann nicht einhergehen mit einem gleich hohen durchschnittlichen Kompetenzniveau der Studierenden. Es muss sinken. Dennoch stimmt, dass die heutigen 25-Jährigen insgesamt durchschnittlich kompetenter sind, als es die 25-Jährigen vor 30 Jahren waren – also als die heutigen Hochschullehrer noch studierten.

Die Lehrenden haben also in einem selektiven System notwendigerweise auch ein selektives Blickfeld. Innerhalb dessen, was sie sehen können, stimmt die Beobachtung. Aber nicht darüber hinaus. Spannend ist, dass dies für praktisch alle Schulformen der Sekundarstufe II gilt sowie für die Hochschulen. Alle klagen über schlechtere Ausgangsvoraussetzungen ihrer Schülerinnen und Schüler. Alle haben jeweils für sich genommen recht. In Summe haben sie aber unrecht. Diesen Effekt nenne ich das *Paradoxon der Expansion in hierarchisch differenzierten Bildungssystemen*.

Daher darf man Lehrkräften keinen Vorwurf machen. Eine andere Sache mag in diesem Zusammenhang allerdings befremdlich wirken: Während in den Institutionen rein rechnerisch Kompetenzen und Intelligenz im Durchschnitt geringer geworden sein müssen, haben sich die Noten wesentlich verbessert – und zwar sowohl in den Schulen als auch in den Hochschulen.[127] Das könnte ein Hinweis darauf sein, dass sich die drei genannten paradoxen Effekte der Bildungsexpansion ohne eine strategische Steuerung und Begleitung vollzogen haben. Zudem könnte eine andere Arbeitsmentalität die Noteninflation begünstigen: Durch die Expansion der Abschlüsse werden die Noten wichtiger, sodass die Lernenden disziplinierter und zielgerichteter auf bestimmte Noten hinarbeiten. Das sogenannte Bulimie-Lernen, also das Auswendiglernen ausschließlich für die Prüfung, ist überhaupt nichts Neues, wird aber immer extensiver praktiziert, weil mehr junge Menschen eine Eins vor dem Komma haben wollen – und mit einer Vier kaum noch jemand zufrieden ist. Und man muss es so ehrlich sagen: In den Bildungsinstitutionen wird weniger die Kompetenz als die Performance (in Prüfungen) gemessen.

Insbesondere der letztgenannte, dritte paradoxe Effekt verändert den Bildungsauftrag jeder Institution, vor allem der Institutionen der Sekundarstufe II sowie der Hochschulen. Dieser Wandel vollzieht sich weitgehend unausgesprochen und ungeplant (vgl. Kapitel V). Genau genommen vollzieht er sich durch eine grundlegende Ausweitung der Zielgruppe, wodurch die Lernvoraussetzungen deutlich heterogener geworden sind, insbesondere »oben«, also an Gymnasien und Universitäten. Hinzu kommen Inklusion, das G8/G9-Chaos und der eine oder andere Aktionismus. Das muss sich auf die Arbeitszufriedenheit von Lehrenden auswirken.

Jüngere Generationen sind also durchschnittlich leistungsfähiger, kompetenter und intelligenter. Auch wenn es durchaus im Bereich der Orthografie Rückschritte gegeben haben mag. Von einem »Verfall« der Leistungsfähigkeit kann nicht die Rede sein.

Die unterschiedlichen Geschwindigkeiten von quantitativer Expansion und qualitativen Kompetenzsteigerungen führen dazu, dass in den einzelnen Institutionen das durchschnittliche Leistungsniveau sinkt, während es im gesamten Jahrgang steigt. Dieser Effekt hat ganz wesentlich mit dem gegliederten Schulsystem zu tun. In einem Gesamtschulsystem wäre dieser Effekt nicht systematisch beobachtbar, da eine Lehrkraft eher einen Querschnitt eines Jahrgangs unterrichten würde.[128] Im Hochschulsystem ist dieser Effekt wahrscheinlich weltweit beobachtbar.

16. Mehr Bildung verbessert die Stadtteile nicht

In einer Reihe von Großstädten wurde in den vergangenen Jahren versucht, sozialer Segregation entgegenzuwirken. Dabei ist eine zentrale Strategie, die Bildungschancen der Kinder, Jugendlichen und jungen Erwachsenen in den Armutsquartieren zu verbessern. Dieser Ansatz ist außerordentlich begrüßenswert, da die Kinder und Jugendlichen dort, wie gezeigt, von mehrfacher Benachteiligung betroffen sind. Allerdings erhofft man sich von dieser Förderung einen weiteren Effekt: Durch mehr Bildung sollen in sozialen Brennpunkten die Stadtteile selbst verändert und der Segregation entgegengewirkt werden. Bildung soll also auch gegen soziale Segregation helfen. Ein weiterer Mythos. Um es kurz zu machen: Wenn man in junge benachteiligte Menschen investiert, dann profitieren diese jungen Menschen davon – und das ist gut. Auf den Stadtteil muss dies aber keine positiven Auswirkungen haben – es kann sogar, wie im Folgenden gezeigt wird, die Probleme in diesem Stadtteil verschärfen. Hierbei handelt es sich um das Raumparadox einer lokalen Bildungsexpansion.

Steigert man Bildungsinvestitionen und -engagement für Kinder und Jugendliche innerhalb eines armutskonzentrierten Stadtteils, dann hat dies positive Effekte. In der Dortmunder Nordstadt, dem mit Abstand ärmsten Stadtteil der relativ armen Stadt Dortmund, wurde durch die Stadt und die Zivilgesellschaft enorm investiert.[129] Die Schulen, die frühkindliche Bildung, die Unterstützungsstrukturen für Jugendliche in prekären Lagen, die Ausbildungsförderung, die sozialen Beratungsstellen wurden merklich ausgebaut und umstrukturiert. Es entstanden Netzwerke, die so dicht wurden, dass man nicht selten von Nordstadt-Bewohnern den Satz hörte: »Kannst dein Kind aus dem Fenster werfen, ein Streetworker fängt es auf.« Diese Bemühungen wurden in der Regel von den Nordstädtern sehr begrüßt.[130]

In vielerlei Hinsicht hatte dies beobachtbare positive Effekte. Die Schulen sind außergewöhnlich engagiert, und pädagogische Einrichtungen und Schulen wurden mit bundesweiten Preisen ausgezeichnet. Es entstand ein »Tourismus« von Fachkräften – Seminargruppen aus verschiedenen Hochschulen des Bundeslandes machten Exkursionen in die Nordstadt, Fortbildungen für soziale Fachkräfte und Tagungen wurden in der Nordstadt angeboten und vieles mehr. Dieses Stadtgebiet war immer schon lebendig, wurde es durch diese Maßnahmen aber zunehmend. Und: Im Laufe von 10 Jahren verbesserten sich die Bildungschancen der Kinder in diesem Stadtteil messbar – und zwar absolut sowie im Verhältnis zur gesamten Stadt. Das ist ein seltener Befund: Die Chancen haben sich für die Benachteiligten verbessert – für die anderen sind sie gleich geblieben, das heißt, die Lage hat sich für die zuvor Abgehängten verbessert und für niemanden verschlechtert. Eigentlich ideal.

Aber: Im gleichen Zeitraum haben alle, wirklich alle zunehmend geklagt. Die Schulen sprachen von immer schwierigeren Problemlagen. Die Polizei, die sozialpädagogischen Fachkräfte, selbst die Jugendlichen berichteten von einer zunehmenden Verschlechterung des Stadtteils. Und ein Blick in die Daten zeigt: Beides stimmt. Warum?

Die messbar besseren Chancen von Kindern, Jugendlichen und jungen Erwachsenen führen dazu, dass diese jungen Menschen flexibler sind. Es entsteht eine soziale Distanz zum sozialen Umfeld im Stadtteil, die durch Umzüge in eine räumliche Distanz umgesetzt wird. Im Klartext: Die Erfolgreichen ziehen weg. Dadurch, dass es viel mehr Erfolge gibt als früher, verlassen enorm viele Menschen die Dortmunder Nordstadt. Viele wandern in einen anderen Stadtteil von Dortmund ab, die meisten wahrscheinlich in die wohlhabenderen Städte Nordrhein-Westfalens wie Düsseldorf, Münster oder Köln. Wenn nun viele wegziehen, wird viel Wohnraum frei. Ein erhöhtes Angebot in einem insgesamt wenig attraktiven Stadtteil führt zu sinkenden Mietpreisen – zumindest relativ zum Rest der Stadt. Niedrige Mietpreise sprechen einkommensschwache Mieter an. Genau genommen ziehen besonders benachteiligte, arme und von diversen Problemlagen betroffene Menschen in den Stadtteil. Das hat drei Effekte:

Zum Ersten verschärft sich die Segregation, also die Konzentration von Problemlagen, weiter. Die Arbeitslosigkeit und die SGB II-Quote verändern sich kaum – obwohl es in den betrachteten 10 Jahren einen wirtschaftlichen

Aufschwung gegeben hat. Zum Zweiten erhöht sich dadurch in den Schulen und pädagogischen Einrichtungen der Anteil (quantitativ) von Kindern in schwerwiegenden Problemlagen. Und die Problemlagen selbst verschärfen sich nochmals (qualitativ). Zum Dritten gibt es eine derart starke Fluktuation, dass sich die Menschen vielfach überhaupt nicht mehr kennen und die üblichen Mechanismen der sozialen Kontrolle und solidarischer Strukturen (etwa Nachbarschaftshilfe) wegbrechen. Besonders verschlechtert haben sich die soziale Lage und die Haltung der verbliebenen Bewohner. Sie erleben, dass viel in Bewegung ist, Chancen wachsen, Menschen wegziehen, aber sie von diesen Verbesserungen nicht nur nicht profitieren, sondern im Laufe der Zeit mit noch mehr sozialen Problemlagen in ihrem Quartier leben müssen. Sie fühlen sich zunehmend als Übriggebliebene und Zurückgelassene. Resignation macht sich breit – auch bei den Jugendlichen, die von der lokalen Bildungsexpansion nicht profitieren.

Das muss ein Stadtteil erst mal aushalten: Viele verbessern ihre Lage, viel ist in Bewegung, und gleichzeitig verschärfen sich die sozialen Problemlagen, und ein Teil der Bevölkerung resigniert, wird apathisch, geht nicht mehr zu Wahlen oder: wählt rechte Parteien. Die Wahlbeteiligung sank ausgehend von einem bereits niedrigen Niveau weiter ab.

Kommunalpolitiker werden unzufrieden, Lehrer werden unzufrieden und verlassen vielleicht sogar die Schule im Stadtteil, Unternehmen verlagern vielleicht ihren Standort, weil die Kaufkraft im Stadtteil abnimmt.[131] Es resignieren also nicht nur Teile der Wohnbevölkerung, sondern auch diejenigen, die daran mitgewirkt haben, dass die

Chancen wachsen. Und das alles, weil die Bildungsinvestitionen erfolgreich und messbar effektiv sind.

Der Zusammenhang wurde in der Stadt gar nicht erkannt. Für Professionelle in den Schulen, Kitas, Jugendeinrichtungen oder der Polizei war nicht klar, dass es sich um eine lokale Bildungsexpansion gehandelt hat, sondern sie hatten nur die Wahrnehmung, dass alles schlechter wird. Diese Menschen können sich keinen Überblick über die Bildungsbeteiligung und die Fluktuation im Zeitverlauf und im Vergleich mit anderen Stadtteilen und anderen Städten verschaffen. Nachdem die Befunde aus einem 10-Jahres-Zeitraum kommuniziert wurden, konnte schon ein Teil der Resignation genommen werden. Das Engagement ist nicht vergebens. Aber die daran geknüpften Ziele sind schlichtweg die falschen.

Das Engagement vieler Akteure und der Stadt insgesamt war und ist geprägt von Maßnahmen in den Bereichen Bildung, Qualifikation und Jugendhilfe, die sich in der Erhöhung von Chancen auszahlen. Zudem ist das Quartier ein Raum der Erprobung innovativer Konzepte und Ideen – aufgrund des Handlungsdrucks aus der Not geboren und von außergewöhnlich engagierten Menschen entwickelt und umgesetzt, heute kopiert von anderen. Dadurch hat man dazu beigetragen, dass die Nordstadt eindeutig weder eine Sackgasse noch ein Ort der Desintegration ist! Die Fluktuation in der Wohnbevölkerung ist ein guter Indikator dafür, dass es Chancen gibt (erfolgreiche Menschen ziehen weg) und dass die Probleme des Stadtteils vielfach nicht im Stadtteil entstanden sind (ärmere Menschen ziehen in den Stadtteil). Aber: Wenn dieses Stadtgebiet schön wäre, müsste man nicht wegziehen. Die

Fluktuation ist ein Hinweis darauf, dass der Stadtteil für viele nicht attraktiv ist. Wer kann, zieht weg. Und durch die bildungsbezogenen Investitionen und Maßnahmen erhöht man lediglich den Anteil derer, die können. Tatsächlich sind Lärmbelästigung, Feinstaubwerte und vieles mehr ungünstig.

Man hat sich, um den Stadtteil aufzuwerten, auf junge Menschen konzentriert – nicht aber auf Menschen mittleren Alters, die keine Zielgruppe für Bildung und Soziale Arbeit sind. Wer einen Stadtteil aufwerten will, muss den Stadtteil lebenswerter und attraktiver machen. Fluktuation ist gut – sie zeigt, dass Chancen eröffnet werden –, aber auch schlecht – denn diese Chancen können offenbar nicht vor Ort umgesetzt werden. »Nur« in Bildung zu investieren, reicht nicht. Will man die Armutskonzentration abbauen und eine stärkere soziale Durchmischung herbeiführen, muss man sich auch darüber Gedanken machen, wie man den Stadtteil zumindest für Bildungsaufsteiger aus dem Stadtteil attraktiver machen kann – und vielleicht auch für andere Menschen, die es sich leisten können, den Wohnstandort frei zu wählen. Hier gibt es zwei Probleme: Erstens haben viele Städte nicht ausreichend Mittel, um ihre Investitionen sowohl im Bildungsbereich als auch in der Stadtteilentwicklung zu erhöhen. Und man bräuchte tatsächlich beides – die Bildungsinvestitionen müssten weiter auf hohem Niveau bleiben, und zusätzlich müsste in den Raum und die Infrastruktur investiert werden: in »Köpfe und Steine«.[132] Zweitens: Selbst wenn eine Stadt das schafft, führt dies zu einem anderen Problem. Denn dann steigen auch die Mietpreise, was es für ärmere Menschen schwer macht. Dies kann zu Gentrifizierung führen und zu einer

Verdrängung Einkommensschwacher in die Außenbezirke. Aus dem Dilemma kommt man nicht raus.

Soziale Segregation ist ein hochkomplexes Thema, weil es die konkrete Abbildung sozialer Ungleichheit im Raum ist. Folgendes Gedankenexperiment hilft aber, um die Zusammenhänge deutlich zu machen:

Wir fangen bei null an. Alle Wohnungen einer Stadt haben denselben Quadratmeterpreis, nämlich den bisherigen Durchschnittspreis in der Stadt. Mietpreisunterschiede beziehen sich also nur noch auf die Größe der Wohnung. Dann losen wir aus, wer wo wohnen darf. Das Ergebnis: Fast alle sind unzufrieden, und das aus drei Gründen.

Erstens: Die Stadtteile hätten keine Identität mehr, alles wäre zufällig und wirkte damit beliebig. Nachbarschaften in diesem Sinne gäbe es nicht mehr, ob neue entstehen, kann bezweifelt werden. Zweitens: Viele Menschen würden infrastrukturell nicht dort wohnen, wo sie möchten, denn zum Beispiel wollen manche Menschen nicht im Grünen wohnen, sondern in der Nähe des Hauptbahnhofs oder in der Fußgängerzone. Drittens, und dieser Punkt soll für das Gedankenexperiment der wichtigste sein: Reiche zahlten dann viel weniger, Arme zahlten erheblich mehr fürs Wohnen.

Solange die Einkommen und das Vermögen stark auseinandergehen, kann man soziale Segregation nicht verhindern. Im Gegenteil, in vielen Städten wünschten sich einkommensschwache Menschen, es gäbe mehr soziale Segregation, damit sie sich eine Wohnung leisten könnten. Problematisch wird es, wenn durch staatliches Handeln die Segregation verstärkt wird, etwa wenn das Wohnen Menschen in SGB II-Bezug sowie Geflüchteten nur in den armutssegregierten Quartieren ermöglicht wird. Das hat alles mit Bildung wenig zu tun. Allerdings wirkt sich dies auf Bildung und die Chancen von Kindern aus.

17. Expansion bedeutet: mehr von dem, was nichts bringt

Alle 4 paradoxen Effekte der Bildungsexpansion zeigen: Sozial ungleiche Bildungschancen bleiben über alle Etappen im Bildungssystem bestehen, trotz (und zum Teil wegen) der Bildungsexpansion, also der Steigerung der Chancen für alle. Dies hat wesentlich damit zu tun, wie sich die Expansion von Bildung verteilt – auf die Personen nach sozialer Herkunft, auf Abschlüsse, Bildungsgänge und Kompetenzen, aber auch räumlich. Die Bildungsexpansion hatte und hat mehrere unerwartete und unerwünschte Effekte, die sich allerdings nicht verhindern lassen, denn: Bildung – verstanden als Kapital – ist ein Medium sozialer Ungleichheit, das Bildungssystem ist das Spielfeld. Dieses Feld ist nicht nur der Ort, in dem Chancen entwickelt, eröffnet oder beschränkt werden, sondern das Feld selbst ist umkämpft, in ihm werden Privilegien gewahrt und Benachteiligungen reproduziert. Mehr Chancengleichheit und/oder mehr Leistungsgerechtigkeit würden ohne Bildungsexpansion dazu führen, dass die privilegierteren Gruppen Anteile verlieren. Bei der Entscheidung zwischen Klassenkampf (für mehr Chancengleichheit) und Expansion (für mehr Chancen für alle) fällt die Wahl regelmäßig auf Letzteres.

Bisher haben wir nur solche Teile des Bildungssystems betrachtet, in denen Abschlüsse gemacht werden, also ab der Sekundarstufe I bis zur beruflichen und akademischen Bildung. Die Ausdehnung von Bildung hat sich aber nicht nur auf diese Bereiche beschränkt. Auch vorher und nachher gab es umfassende Erweiterungen: der Ausbau der frühkindlichen Förderung und der beruflichen Fort- und Weiterbildung. Zudem wurde durch Ganztagsschulen, früheren Kita-Besuch und eine erhöhte Flexibilisierung und verstärkte Vernetzung das gesamte Bildungssystem beträchtlich ausgebaut. Dies lässt sich an den finanziellen Ausgaben oder auch an der Anzahl der im Bildungssystem beschäftigten Personen zeigen. Alles hat sich vervielfacht.

Anders als viele glauben, hat auch die Expansion des Elementarbereichs, also der frühkindlichen Bildung, nicht zu mehr Chancengleichheit geführt – eher das Gegenteil ist der Fall: Erstens werden die Angebote (quantitativ) stärker von privilegierteren Familien wahrgenommen als von benachteiligten, zweitens profitieren Privilegierte stärker von der derzeitigen Praxis frühkindlicher Bildung als benachteiligte Kinder. Alle profitieren, aber dadurch wird der Abstand nicht kleiner, sondern eher größer.[133] Ähnliches ließe sich im Weiterbildungssystem zeigen.

Immer wieder gilt: Benachteiligte profitieren weniger häufig und weniger stark von der Bildungsexpansion, und für diejenigen, die nicht profitieren, werden die Lebensbedingungen erschwert – sei es an der Hauptschule oder im Stadtteil oder durch Druck ausübende Sozialpolitik.[134] Da sich die Chancen für alle Gruppen verbessern, wird die Chancenungleichheit nicht wahrgenommen (Fahrstuhleffekt). Diese Expansion politisch einzudämmen, ist unterdessen kaum möglich: Es ist praktisch die einzige »Strategie«, Chancen zu erhöhen, und der Wettbewerbsdruck innerhalb des Bildungssystems würde ohne Expansion noch stärker zunehmen. Denn man muss immer bedenken, dass es aufgrund der vergangenen Expansionsphasen heute wesentlich mehr Eltern mit hohem Bildungsniveau gibt als früher – und diese wollen, dass ihre Kinder mindestens das gleiche Bildungsniveau erreichen.

Besonders schwerwiegend ist die Tatsache, dass man sich in keiner Expansionsphase strategische Gedanken darüber gemacht hat, wie man eigentlich mit denjenigen umgehen möchte, die vom Fahrstuhleffekt im Bildungssystem nicht profitieren. Sie haben keinen Chancenzuwachs im Bildungssystem, wohl aber eine Chancenreduktion auf dem Arbeitsmarkt. Sie werden verdrängt von Höherqualifizierten und sind die Leidtragenden des Strukturwandels, der für Geringqualifizierte zwar Beschäftigungsmöglichkeiten bereithält, aber keine, die einen respektablen sozialen Status, Beschäftigungssicherheit und ein auskömmliches Haushaltseinkommen ermöglichen. Sie sind mehrfach benachteiligt: Sie haben das niedrigste Bildungsniveau, dieses Bildungsniveau wurde entwertet, ihre zunehmend prekäre Situation wird als Scheitern verstanden, und dieses Scheitern wird individualisiert, es wird ihnen zum Vorwurf gemacht. Tragischerweise glauben gerade die am stärksten Benachteiligten häufig an die Fairness des Systems.[135]

An diese Menschen hat man nicht gedacht. Und an die Bildungsinstitutionen, deren Auftrag sich klammheimlich und ohne Strategie wandelt, oder an die gesamte Architektur des Bildungssystems hat man auch nicht gedacht. Man hat es einfach expandieren lassen, ohne die Folgen abzusehen oder auf die Folgen einzuwirken.[136]

Expansion meint nichts anderes als eine quantitative Ausweitung. Um Ungleichheit abzuschwächen, geht es aber nicht (nur) darum, wie viel man macht, sondern ganz besonders darum, was man macht – und wie man es macht. Wer glaubt denn ernsthaft, dass ein *Mehr* an öffentlich geförderten Bibliotheken, Museen und Theatern dazu führt, dass auch mehr Benachteiligte anfangen, Bücher zu lesen und ins Theater zu gehen? Überdurchschnittlich stark profitieren davon die Oberschicht und die Mittelschicht. Denn man macht nur mehr von dem, was bisher nicht geholfen hat. Nein, man muss nicht einfach nur mehr, sondern anderes tun. Und zwar idealerweise nicht, indem man zu wissen glaubt, was benachteiligte Menschen benötigen, sondern indem man herausfindet, wie sie leben und warum sie so handeln, wie sie handeln.

IV. IN ARMUT AUFWACHSEN – UND ZUR SCHULE GEHEN

Um der Bildungsbenachteiligung aufgrund der sozialen Herkunft entgegenzuwirken, müssen die Rahmenbedingungen, unter denen Kinder aufwachsen, sowie die entsprechenden habituellen Prägungen berücksichtigt werden. Wie gelingt es, durch Bildung aus der Armut auszubrechen? Welche Unterschiede lassen sich zwischen Aufsteigerinnen und Aufsteigern mit und ohne Migrationshintergrund feststellen? Und was bedeuten diese Erkenntnisse für die Arbeit in pädagogischen Einrichtungen, insbesondere in Schulen? Aus der Perspektive von in Armut Aufwachsenden gewinnt man einen tieferen Einblick in die Problemstellungen, die sich zum Teil ganz anders darstellen, als man auf der Grundlage der statistischen Daten vermuten würde. Es spricht für sich, dass diese Zusammenhänge in der Bildungspolitik so gut wie keine Rolle spielen.

18. Aufwachsen in Armut oder Reichtum

Zwei zentrale Frage habe ich bisher nur umkreist und noch nicht ausführlich beantwortet: Wie lässt sich erklären, dass sich materielle Armut auf Bildung derart stark auswirkt? Und warum ist dieser Herkunftseffekt so nachhaltig über die gesamte Biografie wirksam? Um diese Fragen beantworten zu können, muss man zunächst fragen: Warum denken und handeln Menschen in Armut und prekären

Verhältnissen systematisch anders, als es Menschen in gesichertem Wohlstand tun? Und wie genau ist die unterschiedliche Struktur des Denkens und Handelns abhängig von den zur Verfügung stehenden Ressourcen? Wie sehr die Denk- und Handlungslogik systematisch an das soziale Umfeld angepasst ist und wie genau sie sich manifestiert, lässt sich an folgenden Beispielen verdeutlichen:

Beispiel eins: Eine Geschäftsführerin eines von Insolvenz bedrohten Unternehmens muss mit extremer Knappheit umgehen. In dieser Situation ist es kontraproduktiv, innovativ und experimentierfreudig zu sein oder beispielsweise langfristige und abstrakte Visionen über die Zukunft des Unternehmens zu entwerfen. Nein, es werden notwendigerweise Handlungsstrategien entwickelt, die an die Situation angepasst und entsprechend – kurzfristig, funktional und eindeutig – wirksam werden können. Ähnliches lässt sich beispielsweise auch für einen Oberbürgermeister einer Kommune mit Haushaltssperre sagen. Im Gegensatz dazu entwickeln Führungskräfte oder Oberbürgermeister in prosperierenden Phasen langfristige und abstrakte Visionen davon, wie das Unternehmen oder die Stadt in Zukunft aussehen sollte.

Beispiel zwei: Beim Fußball zeigt sich die Dynamik dieser Zusammenhänge noch deutlicher. Im Vereinsfußball spielen einige Mannschaften »wegweisenden«, innovativen und in hohem Maße erfolgreichen Fußball – prominentestes Beispiel war der FC Barcelona. Spielanlage, Taktik und Philosophie sind dabei maßgeblich von den Ressourcen des Vereins abhängig. Daher ist es nicht nur nachvollziehbar, sondern in ebenso hohem Maße rational, dass Vereine, die keine vergleichbare Ressourcenausstattung haben, sich nicht an dieser Spielweise orientieren – es sei denn, um eine Gegenstrategie zu entwickeln, weil sie gegen einen solchen Eliteklub antreten müssen.

Handlungsstrategien sind also nur dann sinnvoll, wenn sie Ressourcen und Ziele in ein Verhältnis setzen. Entweder man versucht, aus dem wenigen, was man hat, das Beste herauszuholen. Oder aber man setzt sich ein Ziel und versucht, dies einigermaßen effizient zu erreichen. Wer viele Ressourcen hat, kann sich die Strategie aussuchen – wählt meist aber die zweite. Wer kaum Ressourcen hat, ist auf die erste Strategie beschränkt: das Maximum aus dem wenigen zu machen. Sowohl in Unternehmen als auch im professionellen Vereinsfußball kann man die Strategien wechseln, was aber häufig auch mit Veränderungen der Rahmenbedingungen zusammenhängt.

Im Unterschied zum professionellen Vereinsfußball oder zur Unternehmensführung sind milieuspezifische Denk- und Handlungsmuster nicht bewusst gewählt und reflektiert. Und es gibt einen noch wesentlicheren Unterschied: Sie sind, wenn sie sich in Kindheit und Jugend erst einmal entwickelt und etabliert haben, kaum – oder nur mit größter Mühe – veränderbar.

Und damit wären wir wieder beim Habitus. Ich möchte so weit gehen, dass es der einzige Begriff ist, der für alles anschlussfähig ist: Der Habitus ist das Bindeglied sowohl für alle Vorstellungen davon, was Bildung ist oder sein kann, als auch für alle genannten Ursachen sozialer Ungleichheit im Bildungssystem. Und dadurch bietet er einen realistischen Blick darauf, was möglich und effektiv wäre – je nachdem, was man erreichen möchte. Spielräume und Grenzen werden zugleich erkennbar.

Der Habitus entsteht vor dem Hintergrund sozial ungleicher Erfahrungen in Kindheit und Jugend und prägt die Persönlichkeit eines Menschen und damit sein gesamtes Leben. Der in den frühen Lebensphasen entwickelte Habitus ist – so die Theorie – dauerhaft und kaum noch wandelbar, aber es handelt sich nicht um eingleisige »Schienen«, sondern vielmehr um »Leitplanken«, die einen Raum für Kreativität und Innovation offenhalten, aber auch Grenzen manifestieren, die nicht mehr ohne Weiteres verschiebbar sind.

Wir müssen uns also die Kindheiten anschauen. Wie wachsen arme Kinder auf, wie leben reiche Kinder?[137] Die familiäre Sozialisation ist ganz wesentlich durch das zur Verfügung stehende Haushaltseinkommen (ökonomisches Kapital), das Bildungsniveau der Eltern (kulturelles Kapital) und die sozialen Netzwerke der Familie (soziales Kapital) geprägt. Das Leben eines kleinen Kindes ist aus dieser Perspektive ein nahezu identisches Abbild des Lebens der Eltern: Sind die Eltern arbeitslos, arm und »bildungsfern«, dann sind das enorm prägende Umstände für das Kind. Haben Eltern unterstützende Netzwerke, dann hat das Kind sie auch. Das Kind isst, trinkt und erlebt genau das Gleiche wie die Eltern. Beim Alkoholgenuss einer schwangeren Frau oder beim Rauchen in der Anwesenheit von Kindern sind die Einflüsse auf das Leben des Kindes offensichtlich, weshalb es auf der Hand liegt, dass es in diesen Fällen eine (mittlerweile) ausgereifte gesellschaftliche Sensibilität gibt. Weniger selbstverständlich ist die Erkenntnis, dass der gesamte Alltag eines Kindes mit dem Alltag der Eltern korrespondiert, was schwerwiegende positive oder negative Folgen haben kann. Zwar sinkt mit steigendem

Alter der Einfluss der Eltern, allerdings sind die Prägungen des Habitus bereits in frühen Jahren so fundamental, dass sie die Nachhaltigkeit des Herkunftseffekts erklären. Zudem spielen in der Jugendphase Peers, also Gleichaltrige, und Stadtteil eine immer wichtigere Rolle, wodurch der Herkunftseffekt weiter verstärkt werden kann.

In der Familie und dem sozialen Umfeld (Milieu) wird dementsprechend ein selektiver Ausschnitt, ein Mikrokosmos des gesellschaftlich Möglichen erlebt. Es handelt sich um die Kreuzung von milieutypischen und spezifischen Lebensumständen. Ich greife das Beispiel aus Kapitel II wieder auf, in dem die Situation eines 9-jährigen Kindes beschrieben ist, das in der Schule durchschnittliche Leistungen zeigt, aber vielleicht überdurchschnittlich begabt ist. Der Vater ist arbeitslos und suchtkrank, die Mutter verstorben, das Kind kümmert sich zeitintensiv um den kleinen Bruder mit Behinderung. Wie lässt sich der Alltag dieses Kindes beschreiben? In einem Satz: Der Alltag ist durchzogen vom Mangel – Mangel an Geld und Besitz, Mangel an Fürsorge, Aufmerksamkeit und Anerkennung, Mangel an Zeit, Mangel an Entwicklungsimpulsen und Optionen zur Freizeitgestaltung, Mangel an Perspektiven. Es mangelt an allem. Damit kein Missverständnis entsteht: Es handelt sich noch lange nicht um Verwahrlosung. Das Jugendamt bestätigt, dass die Lebensumstände schwierig seien, aber die Familie das grundsätzlich ordentlich mache. Der Vater gibt sich große Mühe. Alles in allem ist das eine Form von Armut (von Kindern), die unser Staat systematisch zulässt.

Was macht nun dieses (hoch)kompetente Kind? Es entwickelt ein Denk- und Handlungsmuster, den Mangel zu managen. Es wird zum Insolvenzverwalter des Alltags – und von Monat zu Monat wird es darin besser, wodurch sich das Denk- und Handlungsmuster verfestigt. Und wenn sich Gelegenheiten bieten – auch im Unterricht –, dann träumt es. Selbst die Träume haben mit dem Mangel zu tun oder genauer: mit seiner Überwindung. Oder es träumt von einem ganz anderen Leben.

Dieses Management des Mangels hat dabei drei wesentliche Züge: In einem solchen milieuspezifischen sozialen Umfeld ergeben sich Tag für Tag kurzfristig zu lösende Herausforderungen. Die strukturelle Knappheit erfordert situative Bewältigungsstrategien und begünstigt die Entwicklung eines an *Kurzfristigkeit* orientierten Denk- und Handlungsmusters. Der Zeithorizont ist also kurz, weil alles andere irrational wäre. Die sehr begrenzten Ressourcen werden so effizient wie möglich eingesetzt. Um mit diesen wenigen Ressourcen möglichst viele Bedürfnisse befriedigen zu können, muss permanent abgewogen werden, ob etwas wirklich notwendig und nützlich ist. Zum zeitlichen Aspekt kommt also eine starke *Nutzen- und Funktionsorientierung* hinzu. Dadurch, dass realistische Handlungsoptionen dauerhaft fehlen, wird der Umgang mit Optionen nicht erlernt. Es gibt äußerst selten offene Situationen, bei denen aus einer Vielzahl an Möglichkeiten frei gewählt werden kann. Daher verunsichern offene Entscheidungssituationen schnell und werden eher vermieden. Wer wenig hat, hat bei Fehlentscheidungen viel zu verlieren. Solche Fehlentscheidungen können drastische Konsequenzen haben. Das Denk- und Handlungsmuster ist auf *Risikovermeidung* ausgerichtet. Man sucht gerne nach eindeutigen Situationen, nach Klarheit und Übersichtlichkeit.[138]

Das Management des Mangels bedeutet also: Man fühlt sich wohl, handelt und entscheidet souverän und intuitiv, wenn der zeitliche Horizont überschaubar, der persönliche Nutzen unmittelbar nachvollziehbar ist, die Funktionalität im Vordergrund steht und die reale Erfolgswahrscheinlichkeit als hoch eingeschätzt wird.

Kurzzeitorientierung, Nutzenorientierung, Funktionslogik und Risikovermeidung stellen typische Aspekte des Managements des Mangels dar. Unter diesen Rahmenbedingungen sind Kreativität und Innovation möglich, und zwar in enormem Maße, aber immer innerhalb dieser Planken. Es ist die Kreativität im Umgang mit extremen Knappheitsverhältnissen, also ein kreativer Umgang mit den Ressourcen. Die Knappheit ermöglicht es nicht, sich in Selbstdisziplin zu üben, denn die Rahmenbedingungen disziplinieren bereits umfassend. Man kann gar nicht selbstbestimmt verzichten.[139]

Demgegenüber begünstigt das Aufwachsen in privilegierten Verhältnissen ein diametral entgegengesetztes Muster, das ich als Management des Überflusses bezeichne: Alles ist im Überfluss vorhanden. Sich an der Überfülle der Ressourcen zu orientieren, ist vollständig sinnlos. Da keine kurzfristigen Knappheitsprobleme zu bewältigen sind, muss auch nicht jede Entscheidung auf ihren unmittelbaren Nutzen hin geprüft werden. Vielmehr üben diese Kinder tagtäglich ein, sich aus einer Fülle von Alternativen zu entscheiden und dabei auch ihre (langfristigen) persönlichen Ziele nicht aus dem Blick zu verlieren. Fehlentscheidungen haben keine besonderen Konsequenzen und entsprechend kann man relativ risikofreudig vieles ausprobieren. Es geht zunehmend um Stilfragen und um

Selbstzwecke. Es entwickelt sich eine habituelle Prägung, die sich mit den Begriffen Langzeitorientierung, Abstraktionsfähigkeit, einem Denken in Alternativen, Experimentier- und Risikofreudigkeit umschreiben lässt. Man muss das Verzichten lernen, weil jeden Tag mehr möglich wäre, als machbar ist. Man hat also Rahmenbedingungen, die das Erlernen von Selbstdisziplin ermöglichen – die Rahmenbedingungen selbst disziplinieren nicht. Die Kreativität bezieht sich auf Ziele und nicht auf den Mitteleinsatz.[140]

Ein Habitus ist also eine Grundhaltung oder ein Standpunkt, von dem aus man die Welt sieht. In ein und demselben Raum, etwa dem Klassenraum in der Grundschule, können die verschiedenen Standpunkte, die die Kinder einnehmen, zu ganz verschiedenen Deutungen führen. Kinder aus benachteiligten Verhältnissen betonen eher die Funktion des Schulbesuchs. Sie haben das Leistungsprinzip, nach dem der Erfolg in der Schule und später im Beruf einzig in der eigenen Hand liegt, verinnerlicht. Dazu gehört auch ein funktionaler Lernbegriff, wonach Lernen die Vorbereitung für den späteren Beruf darstellt und nicht einfach des Lernens willen oder gar zum Vergnügen geschieht. Benachteiligten Kindern fehlt die Distanz, Schule oder Lehrkräfte kritisch zu hinterfragen. Wenn sie dem Unterricht nicht folgen können oder etwas nicht verstehen, dann sehen sie das Problem eher bei sich selbst. Entsprechend trauen sie sich auch seltener, sich bei der Lehrkraft zu melden und Hilfen einzufordern. Anders sieht es bei privilegierten Kindern aus: Sie sind in der Lage, Lehrkräfte und Unterricht kritisch zu beurteilen. Wenn der Unterricht langweilig ist, dann macht vielleicht die Lehrkraft schlechten Unterricht.[141]

Diese »Mentalitäten« können sich also auch auf die Schule und andere bildungsrelevante Bereiche auswirken. Im Modus des Mangels ist der Zugang zu Bildung als Selbstzweck weitgehend habituell versperrt, zu Wissen, das keiner unmittelbaren lebenspraktischen Anwendung dient, sowie zur Kompetenzentwicklung und -ausweitung in Bereichen, die im Herkunftsmilieu keine Anerkennung finden.

Die Motivation zum Lernen hängt mit der Anwendbarkeit des Lerngegenstands oder des Themas zusammen. Die Aneignung von Inhalten geschieht intuitiv, wenn der Verwertungszusammenhang ersichtlich wird, wenn man weiß, »wofür das gut ist«. Der Alltag, der sich durch Knappheitsprobleme charakterisieren lässt, führt zu einer Zweckorientierung. Probleme lösen macht Freude. Aber dadurch ist (zumindest teilweise) die Perspektive, etwas einfach so zu beherrschen und zu trainieren, ausgeklammert. Hinzu kommt, dass die Probleme – zum Beispiel im problemorientierten Unterricht – verstanden werden müssen. Offene Lernarrangements, bei denen also Aufgabenstellungen und Lösungswege offengehalten werden, führen zu Unsicherheit. Die Unterrichtsform ist also von besonderer Relevanz. Besonders verheerend ist dabei, dass aus mehreren Gründen Unterrichtsform und -qualität für benachteiligte Kinder besonders wichtig sind: Zum einen wegen des beschriebenen speziellen Zugangs zum Lernen, zum anderen, weil sie viel stärker vom Unterricht als Quelle für Lernprozesse abhängig sind – zumindest in den für die Schule wichtigen Bereichen.[142]

Denn neben den habituellen Prägungen liegen objektive Unterschiede vor: ein weniger anregendes Umfeld, das sich – wie dargestellt – sowohl in den ungünstigeren Ausgangsbedingungen vor der Einschulung als auch in dem »Sommerferieneffekt« niederschlägt. Vieles von dem, was die Kinder im Unterricht erfahren, hören sie zum ersten Mal. Und umgekehrt können eigene Erfahrungen seltener auf in der Schule Gelerntes übertragen werden, da zwischen der außerschulischen Lebenswelt und der Schule enorme Distanzen liegen. Dadurch kann man seltener an Bekanntes andocken. Hinzu kommt, dass benachteiligte Kinder ihre Erfahrungen in Schule und Unterricht seltener zu Hause teilen (können). Bei privilegiert aufwachsenden Kindern ist all das anders.[143] Diese Unterschiede treten allerdings erst in Erscheinung, wenn man diese ungleichen Lebenswelten systematisch vergleicht.

Es kommen also sowohl habituelle als auch objektive Besonderheiten zusammen, die in der Schule zu einem Nachteil führen. Dieser Nachteil kann sich nach einiger Zeit auf das Selbstwertgefühl auswirken. Man erlebt, dass man »wirklich schlechter« ist. Dadurch können Ambitionen und Motivation sinken. Hinzu kommt die Interaktion, insbesondere mit den Lehrkräften. Viele implizite Regeln in der Schule sind aus dem Alltag in Familie und Umfeld nicht bekannt. Auch die habituelle Distanz zwischen Lehrkraft und Kind kann enorm sein und zu wechselseitiger Dissonanz führen. Und nicht zuletzt: Die fehlenden Spielräume zu Hause werden mitunter in der Schule kompensiert, was sich in störendem Verhalten oder aber in innerlicher Abwesenheit (träumen) ausdrückt.

Es handelt sich hierbei also durchweg nicht um ein pathologisches, sondern um ein unter den gegebenen Rahmenbedingungen nachvollziehbares, hochgradig rationales Verhalten. Bei dieser Betrachtungsweise werden die sozialen Rahmenbedingungen der Kinder fokussiert, wohingegen die familiäre Erziehung weitgehend ausgeblendet ist (auch wenn man davon ausgehen muss, dass ungünstige Erziehungsstile in unteren Schichten häufiger vorkommen als in den oberen Etagen der Sozialstruktur – was man wiederum auf die Rahmenbedingungen zurückführen kann).[144] Die sozialen Rahmenbedingungen zeitigen einen sozialen Unterschied in den Bildungschancen, der unabhängig von der familiären Erziehungspraxis besteht.

Die habituelle Prägung findet in der Familie und im sozialen Umfeld statt und wirkt sich auf Schule und Unterricht aus. Aus der Innenperspektive sind die Ursachen für ungleiche Startchancen leicht nachvollziehbar. Wie in Kapitel II dargelegt, entstehen die ungleichen Startchancen in der Familie und dem sozialen Umfeld und werden anschließend in der Schule nicht kompensiert, sondern reproduziert und teilweise weiter verstärkt. Chancenungleichheit kann auch auf die defensive Entscheidungspraxis benachteiligter Menschen zurückgeführt werden. Bevor dieser dritte Bereich analysiert wird, nämlich wie sich die habituelle Prägung im Bildungsverlauf benachteiligter Kinder auswirkt, insbesondere, wenn sie aus der Armut ausbrechen und einen Bildungsaufstieg über alle Hürden hinweg schaffen, erfolgt zunächst ein kurzer Exkurs zum habituellen Herkunftseffekt in Jugendbewegungen. Dieser Exkurs zeigt auf, dass es sich tatsächlich um weitgehend ungesteuerte und unbewusste Prozesse handelt, die sich also ganz ohne böse Absicht vollziehen können. Jugendsubkulturen und -bewegungen sind auch sozial selektiv und lassen erkennen, dass es sich bei sozialer Ungleichheit um ein gesamtgesellschaftliches Phänomen handelt und man es sich auf der Suche nach »Schuldigen« nicht zu einfach machen sollte.

19. Jugendbewegungen und Subkulturen

Soziale Ungleichheit kann sich auch dann reproduzieren, wenn man eigentlich das Gegenteil will. Am Beispiel von Jugendsubkulturen wird erkennbar, wie wenig die Mechanismen der habituellen Prägungen einem rationalen Kalkül oder einer bewussten Strategie unterliegen. Jugendsubkulturen und -szenen können als Ergebnis der Suche nach Abgrenzung von Altem und zugleich auch nach habitueller Übereinstimmung im Neuen verstanden werden.[145] Während die Abgrenzung alle eint, bildet die Suche nach habitueller Übereinstimmung selbst in Jugendgruppen sozialstrukturelle Differenzen aus.[146] Betrachten wir zwei ältere Bewegungen:

Während sich beispielsweise die Punk-Bewegung ideologisch durch eine gesellschaftskritisch-rebellische, antiautoritäre und weltoffene Haltung (mit hedonistischen Ansätzen) auszeichnet – und aus dieser Perspektive für benachteiligte Jugendliche attraktiv sein müsste –, rekrutierten sich ihre Mitglieder in den aktiven Szenen überwiegend aus privilegierteren – und zudem »weißen« – Milieus. Bei genauerer – habitusanalytischer – Betrachtung wird allerdings deutlich, dass es sich um eine Jugendkultur handelt, die in der handlungspraktischen Konsequenz für benachteiligte Gruppen wenig zugänglich ist. Zu Punkmusik kann man nicht tanzen – zumindest nicht im herkömmlichen Sinne. Durch den rauen Gesang – eher Grölen oder Schreien – ist es häufig nicht möglich, die Texte zu verstehen. Frisur, Schmuck und Kleidung werden eher eingesetzt, um den Körper zu deformieren, zumindest den herkömmlichen Schönheitsidealen zu widersprechen. Zudem lassen sich kaum sichtbare Unterschiede zwischen Männern und Frauen ausmachen – für beide Geschlechter sind Irokesen-Schnitt, gefärbtes Haar, zerrissene Kleidung, Piercings, Sicherheitsnadeln, Nieten, Stiefel und Ähnliches typisch. Die relative Geschlechtergleichheit steht beispielhaft für den egalitären Geist dieser Jugendkultur. Zusammengenommen korrespondieren die Symboliken und die Alltagspraxis mit einer gesellschaftskritischen, progressiven und zum Teil anarchischen Ideologie. Der Körper wird in der Präsentation zum Teil deformiert, ähnlich wie die Musik.[147]

Kommerzialität wird eher abgelehnt oder zumindest ambivalent gesehen. In den zentralen Aspekten lässt sich diese Subkultur als *abstrakt* und *alternativ* bezeichnen. Aus habitustheoretischer Perspektive ist es überhaupt nicht ungewöhnlich, wenn die Eltern in die Oper gehen und das Kind zu einem Punk-Konzert.

Demgegenüber lassen sich diametrale Unterschiede in der Hip-Hop-Szene – insbesondere beim Gangsta-Rap – erkennen: Die Musik lädt zum Tanzen ein, es kann mitgesungen werden (genau genommen ist es noch viel funktionaler: Man muss gar nicht singen können, es kann mitgesprochen werden); der Körper ist enorm geschlechterdifferenzierend, für Männer gelten körperliche Stärke sowie stereotype Statussymbole als erstrebenswert, während Frauen nicht selten die Rolle von Sexobjekten zugewiesen wird. Insbesondere Gangsta-Rapper kultivieren nach außen häufig das Bild des (ehemals) kriminellen, skrupellosen und pragmatischen Geschäftsmanns, der es aus prekären Verhältnissen zu Reichtum und Ruhm geschafft hat.[148] Der finanzielle Erfolg wird entsprechend zur Schau gestellt, wobei sich im Laufe der Zeit »der amerikanische Traum«, die Vorstellung »vom Tellerwäscher zum Millionär«, zum Karriereprinzip »vom Getto-Kid zum Gangsta-Rapper« spezifiziert hat. Daher spielt die soziale Herkunft eine herausragende Rolle: Nur wenn der Aufstieg aus armen und gefährlichen Verhältnissen erfolgt, bietet er die notwendige Authentizität.

Es handelt sich also insgesamt um eine affirmativ-konservative und zudem materialistische Ideologie – das Bestehende (etwa das gesellschaftliche Prinzip »der Stärkere gewinnt« und klassische Geschlechterrollen) wird lediglich zugespitzt, mit dem Ziel der (kollektiven) Dominanz über andere – in den extremen Formen auch durch den Einsatz illegaler Mittel, die als legitim, weil an die Rahmenbedingungen angepasst, dargestellt werden.

Handlungspraxis und Symbolik entsprechen in beiden Subkulturen jeweils sehr unterschiedlichen Mustern. Insoweit lassen sich auch die sozialstrukturellen Schwerpunkte rekonstruieren. Dabei ist die Szenezugehörigkeit bei Jugendlichen wesentlich selektiver als die Musikpräferenz. Während die Punkszene durch ihre eher gesellschafts- und konsumkritische Haltung besonders Mittelschichtskinder anzieht, wird in der Gangsta-Rap-Szene genau das Gegenteil präferiert, indem soziale Hierarchien und Geschlechterverhältnisse hier auf extreme Weise fortgeführt werden, wodurch sich die hohe Anziehungskraft für Unterschichtskinder erklären lässt.

Eine typische Eigenheit moderner Gesellschaften ist die Tatsache, dass sich immer Ausnahmen finden lassen. So gibt es durchaus – insbesondere in den Anfängen – viele Arbeiterkinder, die in der Punk-Bewegung aktiv waren.[149] Ebenso gab es – insbesondere in den Anfängen – gesellschaftskritische Rap-Musiker aus privilegierten Kreisen. Allerdings hat sich in beiden Fällen die jeweils entgegengesetzte Struktur durchgesetzt – nach der hier angebotenen Interpretation aufgrund der alltagspraktischen Verfasstheit der Jugendkulturen. Interessant ist die derzeit in Deutschland wieder leicht wachsende gesellschaftskritische Rap-Strömung, die u. a. durch Musikerinnen wie »Sookee« repräsentiert wird. Auffällig ist dabei das optische Auftreten, das eher an Punk erinnert als an Rap. Musiker und Publikum lassen sich dann eher privilegierteren Schichten zuordnen.[150]

Die grundsätzliche politische Ausrichtung lässt sich zugespitzt wie folgt beschreiben: Eine andere Gesellschaft kann man fordern, wenn man in dieser Gesellschaft etabliert ist. Wer sich nicht etabliert fühlt, will in der bestehenden Gesellschaft einen besseren Platz – und nicht eine bessere Gesellschaft. Entsprechend geht es für Unterschichts- und Arbeiterkinder um eine Statusverbesserung, während für Kinder der Mittel- und Oberschicht die Gesellschaft als solche in den Blick geraten kann.

So war es schon zu Zeiten der 1968er-Bewegung, als man ja eigentlich dachte, für die Arbeiterklasse zu sprechen. Dabei gelang es nicht, sie auf die eigene Seite zu ziehen. Denn die Arbeiter wollten keine andere Gesellschaft, sondern mehr Lohn und bessere Arbeitsbedingungen im Betrieb – und sie konnten weder mit dem Erscheinungsbild noch mit der Fundamentalkritik der jungen Leute etwas anfangen. Anders, aber vergleichbar ist es heute bei »Fridays for Future«. Für eine andere, viel nachhaltigere Gesellschaft auf die Straße zu gehen, erfordert nicht nur eine Langzeitorientierung, also die Möglichkeit, sich nicht durch die Probleme des Alltags vollends vereinnahmen zu lassen, sondern auch die Erfahrung, dass man durch sein Handeln etwas bewirken kann oder »wichtige« Personen einem zumindest zuhören. Ganz davon abgesehen ist der Klimawandel tatsächlich (noch) eine ziemlich abstrakte Angelegenheit. Aber entscheidend ist, dass eine Bewegung, die konsumkritisch ist, für Menschen, die sich aufgrund realer Knappheitsverhältnisse mehr Konsum wünschen, nicht ohne Weiteres anziehend sein kann.

20. Bildungsaufstieg aus der Armut bedeutet sich verändern

Die Bildungsexpansionen haben viele Bildungsaufstiege ermöglicht.[151] Was kann man vor dem Hintergrund der bisherigen Analysen aus diesen erfolgreichen Biografien lernen? Tatsächlich lernt man nicht nur die triviale Erkenntnis, dass ein Aufstieg möglich ist, sondern auch, welche Schwierigkeiten zu dem nachhaltigen Herkunftseffekt führen. Zur Erinnerung: Nach jeder Etappe im Bildungs- und Karriereverlauf wird der Anteil von Menschen aus unteren Schichten kleiner, was auch auf ihr eigenes Entscheidungsverhalten zurückgeführt wird.

Im Folgenden werden die Besonderheiten von extremen Aufstiegen fokussiert. Welche spezifischen Erfahrungen haben Personen gemacht, die aus der Unterschicht über akademische Bildung in eine Spitzenposition gekommen sind?[152] Es handelt sich um die Analyse des Wegs vom untersten Viertel ins oberste Viertel der Sozialstruktur. Die folgenden Ergebnisse gelten für Personen mit und ohne internationale Geschichte in gleicher Weise. Die deutlich schwächer ausgeprägten Besonderheiten in Migrantenfamilien aus unteren Schichten werden anschließend skizziert.

Eine wesentliche Herausforderung während des Aufstiegs durch Bildung besteht darin, dass sich die Aufsteigenden von ihrem Herkunftsmilieu distanzieren. Dieser Befund ist banal und komplex zugleich. Denn ein Aufstieg bedeutet, dass sich nicht nur die Statuspositionen und die Schichtzugehörigkeit der Menschen verändern, sondern auch die Menschen selbst, ihr Habitus. Die Distanzierung vollzieht sich also äußerlich und innerlich.[153] Beide Distanzierungsprozesse bedingen einander. Drei miteinander verbundene Herausforderungen begleiten daher den Bildungsaufstieg.

Erstens: das permanente Arbeiten an sich selbst. Die Sozialisation in ihrer Familie hat Menschen aus unteren sozialen Schichten häufig nicht auf ein Leben in höheren sozialen Milieus vorbereitet. Viele ihrer routinierten Handlungsweisen und intuitiven Regungen müssen sie nun kontrollieren. Im alltäglichen Leben, in Institutionen und sozialen Kreisen höherer Milieus ecken sie oft an und erleben regelmäßig, dass ihre Wahrnehmungen, Einstellungen und Verhaltensweisen nicht mit denen in ihrem neuen Umfeld übereinstimmen. Daher spiegeln sozial Mobile ihr Verhalten permanent und beobachten ganz genau, wie sich ihre Art, anderen zu begegnen, zu sprechen, zu gestikulieren, von der ihres Umfelds unterscheidet. Diese habituelle Unsicherheit kann sich auch nach erfolgreichem Studium bis weit ins Berufsleben hineinziehen. Insbesondere in sozialen Situationen, bei Verhandlungen oder Geschäftsessen, fühlen sie sich eher gehemmt. Da sie diese Situationen nicht kennen und kaum realistisch einschätzen können, gehen sie bei allen Entscheidungen immer wieder Risiken ein. Häufig führt dies zu Selbstzweifeln. Wenn Schwierigkeiten auftreten, suchen sie die Gründe dafür eher bei sich und sind in der Regel selbstkritisch – ohne dass dies für andere immer offensichtlich ist.

Zweitens: das Gefühl der Entfremdung vom Herkunftsmilieu und von der Herkunftsfamilie wird im Laufe der Zeit immer stärker. Es fehlen die gemeinsamen Themen, Interessen und Werte. Lebenssituationen und Lebensstile passen immer weniger zusammen. Konflikte mit der eigenen Familie und mit früheren Freunden und Bekannten werden wahrscheinlicher.[154]

Drittens: Das Gefühl, nicht anzukommen. Sich vom Herkunftsmilieu distanzieren zu müssen, bringt Aufsteigerinnen und Aufsteiger in eine Zwischenposition: Sie bewegen sich von etwas weg, ohne bereits anderswo angekommen zu sein. Sie entfernen sich von den Menschen, die ihnen in der Kindheit und Jugend viel bedeutet haben, finden aber nicht unmittelbar eine neue soziale Heimat. Denn auch in ihrem neuen Umfeld gibt es nur wenige, die ähnliche Erfahrungen teilen. Entscheidend dabei ist das gefühlte Alleinsein. Das Gefühl und die Unsicherheit, nicht »anzukommen« oder nicht »angenommen zu werden«, können über einen langen Zeitraum andauern, wodurch Rückzugs- oder Abbruchgedanken bei den Betroffenen wahrscheinlich werden.[155]

Soziale Kontexte, die eine große soziale Distanz zum Herkunftsmilieu aufweisen, erzeugen Unsicherheit, Unwohlsein oder gar Vermeidungshandeln. Solche Situationen sind dauerhafte Begleiter während des Aufstiegs. Regelmäßig fehlen Intuition und Automatismen für das richtige Verhalten. Nach jeder Schwelle können diese Erfahrungen die Entscheidung beeinflussen: Nach dem Abitur nicht zu studieren, das Studium vorzeitig abzubrechen, oder nach dem Studium nicht weitere Aufstiegsdistanzen auf sich zu nehmen.

Alle drei genannten Punkte beschreiben den mühsamen Prozess der Veränderung des Habitus, seine Transformation.[156] Wer aus der Armut über akademische Bildung ausbricht, bricht auch aus Teilen des habituellen Musters aus. Diese Veränderungsprozesse können schmerzhaft sein. Aber sie lohnen sich. Denn einen erfolgreichen Aufstieg bereut man nicht, die Herausforderungen und inneren Konflikte werden im Laufe der Zeit, insbesondere nach gelingender beruflicher Etablierung, immer weniger intensiv wahrgenommen. Aber interessant ist der Befund, dass selbst Aufgestiegene, etwa ein Topmanager, eine Professorin, ein Künstler oder eine Richterin, während der mehrstündigen biografischen Interviews nostalgisch wurden. Dies lässt sich als Ergebnis permanenter Veränderungs- und Anpassungsleistungen und damit zusammenhängend als Ergebnis eines Verlustes an Zugehörigkeit – zeitweise ohne gleichwertigen Ersatz – verstehen. Während man selbst nicht nur weite sozialstrukturelle, sondern auch weite habituelle Strecken hinter sich gelegt hat, sind die

Menschen aus dem Herkunftsmilieu stehen geblieben. Ein Wiedersehen mit diesen Menschen zeigt einem Aufgestiegenen, wer man war, aber auch, welche Strecke man überwunden hat, und vielleicht zeigt es, was einem fehlt, nämlich Zugehörigkeit.[157]

Das sind die großen Herausforderungen während dieses extremen Aufstiegs. Aber wie kommt es überhaupt dazu, dass ein solches Wagnis eingegangen wird?

Erfolgreiche Aufstiegsbiografien haben ihren Startpunkt – entgegen mancher Vermutung – gerade *nicht* in dem klassischen Aufstiegsmotiv, reich und berühmt werden zu wollen. Weder gab es einen vorgefassten Plan, noch wollten diejenigen überhaupt besonderen Erfolg. Reich und berühmt zu werden, das ist der Traum von fast allen Kindern und Jugendlichen aus unteren Schichten, gerade weil ihnen in besonderer Weise Geld und Anerkennung fehlen.

Wer reich und berühmt werden möchte, der ist zum einen mit sich selbst – so wie man derzeit ist – zufrieden, sieht lediglich in äußeren Rahmenbedingungen ein Problem (insbesondere das fehlende Geld) und wird zum anderen auch durch relativ attraktive Aufstiegsfantasien von langwierigen und mühsamen Bildungslaufbahnen abgelenkt. Bestimmte Vorbilder, insbesondere Sportler und Musiker, suggerieren, dass man reich und berühmt werden kann, auch wenn man so bleibt, wie man ist. Der Aufstiegstraum benachteiligter Kinder lässt sich mit der Formel »vom Gettokid zum Gangsta-Rapper oder Fußballprofi« fassen. Lukas Podolski, Mesut Özil, Bushido oder Haftbefehl sind Vorbilder, weil sie reich und berühmt sind, gleichzeitig aber ihre Sprache und ihr Auftreten – ihren

Habitus – beibehalten haben. Sie suggerieren, dass man es schaffen kann, ohne sich zu verändern. Nicht zuletzt haben sich unter anderem durch Castingshows und digitale Netzwerke ganze Industrien rund um diesen Traum vom Aufstieg ohne Bildung gebildet. [158]

Erfolgreiche Bildungsaufsteigerinnen und -aufsteiger haben vielmehr an irgendeinem Punkt in ihrer Biografie das eigene Denken und Handeln problematisiert. Aus dieser Perspektive entwickelten sie ein Bedürfnis nach einer zunächst noch unspezifischen Veränderung und anschließend den Drang, an *sich selbst* zu arbeiten, sich selbst zu verändern.[159] Es geht ihnen in der Regel nicht um Geld oder Macht, ja nicht einmal um einen sozialen Aufstieg, sondern um eine individuelle Veränderung. Sie haben den Drang, sich weiterzuentwickeln, wollen mehr Autonomie oder interessieren sich für ein spezifisches Thema.[160] Ausgangspunkt ist oft eine generelle Unzufriedenheit mit dem eigenen Leben, mit sich selbst – und nicht selten auch Kritik am Herkunftsmilieu. Die persönliche Weiterentwicklung, die Ausweitung von Denk- und Handlungsspielräumen, das Streben nach Wissen, ästhetischen Erlebnissen oder moralischen Ansprüchen bilden in den Aufstiegsbiografien zentrale Ankerpunkte.[161] Über diese Anker verwandeln sich Welt- und Selbstbilder in weitreichender Form – das ist also Bildung im engsten Sinne, eine Veränderung der Persönlichkeit.

Wo kein Aufstiegsmotiv vorliegt, da kann auch kein Aufstiegsplan sein. Die Abwesenheit eines Plans ist nicht überraschend, da eine realistische langfristige Planung bereits Erfahrungen und Wissen oder familiär vorgezeichnete Pfade voraussetzt, worüber Menschen aus benachteiligten

Milieus kaum verfügen können. Zudem würde ein Plan das Risikobewusstsein erhöhen – sollte man bei der Umsetzung eines ausgefeilten langfristigen Plans scheitern, ist das ungleich schlimmer, als wenn man es »einfach mal versucht« hat. Metaphorisch gesprochen kann zwar in der Retrospektive gesagt werden, dass sie die soziale Leiter von unten nach oben aufgestiegen sind, allerdings hatten sie meist nur die nächste biografische Etappe im Blick oder bildlich gesprochen: die nächste Sprosse einer erst viel später erkennbaren Leiter. Es handelt sich also um eine sukzessive Entwicklung. Keiner der Aufgestiegenen ist mit der dafür nötigen Selbstsicherheit davon ausgegangen, dass die jeweils nächste Herausforderung auch sicher bewältigt werden kann. Ein ständiges Abwägen zwischen Sicherheit und Weiterentwicklung prägt die gesamte Biografie, wobei sowohl das Risiko des Scheiterns als auch das Risiko der Entfremdung in Erscheinung treten können.

Überdies erfordert der Aufstieg eine hohe Flexibilität, weil sich diese Veränderungsprozesse weder an einem konkreten Ziel ausrichten lassen noch durch eine Planung abgesichert werden können. Entsprechend sind sozial mobile Menschen offen, wirken fast schon präferenzlos, weil sie jede Gelegenheit nutzen müssen, die sich ihnen bietet.

Da sie sich von ihrem Herkunftsmilieu distanzieren und somit auch Erfahrungen und Symbole, die in der Kindheit von besonderer Bedeutung waren, zum Teil entwertet werden, brauchen Aufsteigerinnen und Aufsteiger ein hohes Maß an Trennungskompetenz, also die Fähigkeit, den Verlust von sozialen Beziehungen und Werten produktiv zu verarbeiten. Wer aufsteigt, verändert sich selbst, seine Art zu reden und sich zu verhalten, und im Laufe der Zeit auch seinen Freundes- und Bekanntenkreis. Rückschläge und Brüche sind in ihren Biografien präsent: Die Suche nach einer neuen sozialen Heimat erfordert insbesondere Anpassungsfähigkeit und Frustrationstoleranz. Aufgestiegene sind es in umfassender Form gewohnt, Unsicherheit auszuhalten und sich in unbekannten Kontexten zurechtzufinden. Ihre alten und neuen Erfahrungen müssen sie dennoch selbstständig produktiv zu einem »roten Faden« verknüpfen (Synthetisierungsfähigkeit), damit der eigene Lebensweg und die eigene Identität trotz vieler Brüche und zeitweise fehlender Zusammenhänge sinnstiftend bleiben. Nur dann erleben sie die Entfremdung vom Herkunftsmilieu nicht auch dauerhaft als Entfremdung von sich selbst.

Da den Aufsteigenden »vorgezeichnete Laufbahnen« und soziale Modelle fehlen, hängt der erfolgreiche Aufstieg nicht unwesentlich damit zusammen, dass an die Stelle der Eltern »Dritte« treten: Menschen aus höheren Milieus – ich nenne sie *soziale Paten* –, die Wege eröffnen und durch Motivation und Feedback als Vorbild und Mentor jene Funktionen übernehmen, die herkunftsbedingt von der Familie und dem sozialen Umfeld nicht erfüllt werden können.

Diese sozialen Paten können die Eltern einer Freundin sein, die eine Aufsteigerin darin bestärken, eine mutige Entscheidung zu treffen, oder ein Theaterregisseur, der einen Jugendlichen mehr oder weniger zufällig für die Schauspielerei begeistert und ihn vom Hauptschulabschluss bis zum Studium begleitet. Selten sind es Lehrkräfte oder andere pädagogische Fachkräfte.

Alles in allem kann der Aufstieg auf einer abstrakten Ebene als äußere und innere Distanzierung verstanden werden. Die äußere Distanz drückt den sozialen Aufstieg aus, die innere Distanz die habituelle Veränderung. Entsprechend ist es nachvollziehbar, dass in der ausführlichen Analyse von Aufstiegsprozessen zwei zentrale biografische Herausforderungen rekonstruiert werden können, die zudem in ein Verhältnis zueinander gesetzt werden: Wie gehe ich mit dem Herkunftsmilieu um? Und wie deute ich mich selbst?

Das Verhältnis zu den Eltern erscheint vor diesem Hintergrund problematisch. Das durch kulturelle Erzählungen (zum Beispiel Märchen) überlieferte Bild von alten Menschen, Eltern und Großeltern, die über Weisheit und natürliche Autorität verfügen, kann während des Aufstiegsprozesses kaum noch aufrechterhalten werden. Im Gegenteil: Die Werte, Handlungsmuster und Lebensstile der Eltern, die die Kindheit und frühe Jugend prägten, werden im Aufstiegsprozess weitgehend entwertet. Die Eltern können beim Aufstieg entsprechend nicht nur kaum helfen, sie können im Gegenteil als Hilfsbedürftige und unter Umständen als potenzielle Störung wahrgenommen werden. Die Distanzierung vom Herkunftsmilieu erscheint vor diesem Hintergrund als zentrale Notwendigkeit – wobei verschiedene Formen der Distanzierung existieren, etwa auch ein ›Mitnehmen‹ der Eltern. In anderen Variationen kann sie zu einer derart scharfen Entfremdung führen, dass Nostalgie und Sehnsucht zentrale biografische Themen werden. Diese schmerzhaften Erfahrungen sind zugleich Motoren für Kreativität. Aus dieser Perspektive wird deutlich, dass ein Bildungsaufstieg erstaunlich wenig durch kalkulierte Rationalität und überraschend stark durch emotionale Konflikte geprägt ist.[162]

Zusammenhängend betrachtet wird deutlich, dass Talent und Fleiß allein nicht ausreichen, um den Aufstieg zu schaffen, und dass langfristige Herausforderungen, die auch als nicht erwartete Nebenwirkungen des Bildungserfolgs bezeichnet werden können, den gesamten Aufstiegsprozess begleiten und entsprechend auch den langfristig wirkenden Herkunftseffekt erklären. Zudem wird klar, dass die zentralen Herausforderungen nicht mit kultur- bzw. migrationsspezifischen Besonderheiten zusammenhängen. Denn die bisher beschriebenen Zusammenhänge betreffen alle Aufsteigerinnen und Aufsteiger gleichermaßen.

21. In Migrantenfamilien ist es (nicht) anders

Die Besonderheiten in Migrantenfamilien liegen in einem anders strukturierten Herkunftsmilieu oder genauer: in der konkreten Form des Distanzierungsprozesses beziehungsweise in den Ausgangsbedingungen, von denen man sich distanziert.[163] Nicht die Tatsache, dass man sich distanziert, stellt den zentralen Unterschied zwischen den Aufsteigenden mit und ohne Migrationshintergrund dar, sondern die Frage, wovon man sich distanziert. Und damit beziehen sich die Unterschiede nicht auf die Mühen des Aufstiegs – diese sind ähnlich –, sondern in der Deutung des Aufstiegs und seiner Nebeneffekte.

In verschiedenen Studien wurde wiederholt auf eine spezifische Form der erlebten Innen-Außen-Differenz bei Jugendlichen mit Migrationshintergrund, insbesondere der zweiten Generation aus nicht-westlichen Staaten, hingewiesen.[164] Dabei sehen sich die Jugendlichen mit zwei unterschiedlichen Formen der Sozialität konfrontiert, die sich auf unterschiedliche Referenzen beziehen: Die *innere Sphäre,* in der sich Familie, Verwandtschaft und ethnische Community repräsentieren, und die *äußere Sphäre,* die die ›Mehrheitsgesellschaft‹, welche als abstrakte Einheit wahrgenommen wird, umfasst und insbesondere durch die pädagogischen Institutionen erfahrbar wird. Die innere Sphäre ist durch einen aus dem Herkunftsland tradierten Sozialitätsmodus gekennzeichnet, bei dem Autorität und Respekt eine große Rolle spielen. Dabei stellen enge Bindungen und soziale Kontrolle sowie klare Rollenfestlegungen und Regeln zentrale Charakteristika dar. Die äußere Sphäre ist geprägt durch abstraktere soziale Beziehungsformen und Anerkennungsmodi, in der Unbestimmtheit, Ethnisierung, Diskriminierung und Anpassungsaufforderungen erfahren werden. Nur selten gibt es Berührungspunkte zwischen den Sphären, etwa wenn die Kinder für die Eltern bei Behördengängen oder Elternsprechtagen übersetzen sollen. In diesen beiden Bezugssystemen werden sehr unterschiedliche Anforderungen an die Heranwachsenden gestellt, die über weite Strecken konstruktiv – zum Teil spielerisch – bewältigt werden.[165]

Während des Aufstiegs kann die Sphärendifferenz zu einem Problem werden. Dies liegt insbesondere darin begründet, dass die Erwartungen der Eltern, aber auch der Bildungsinstitutionen als unvereinbar erlebt werden. Denn die Eltern erwarten in hohem Maße Loyalität gegenüber der tradierten Lebensweise des Elternhauses (innere Sphäre) und gleichzeitig in ausgeprägter Weise Erfolg in Bildung und Beruf (äußere Sphäre). Es handelt sich also nicht mehr lediglich um unterschiedliche Sozialitätsformen, die man sich aneignen und denen man (spielerisch) entsprechen kann, sondern um Reproduktionserwartungen gegenüber dem klassenspezifischen Habitus und der nationalen/kulturellen Identität (Loyalitätserwartungen) auf der einen Seite und zugleich Transformationserwartungen im Hinblick auf die sozialen und ökonomischen Lebensverhältnisse (Erfolgserwartungen) auf der anderen Seite.

Während die Loyalität im Hinblick auf die Identität für alle Migrantenkinder zum Problem werden kann, sind die Loyalitätserwartungen für Migrantenkinder aus unteren Schichten im Hinblick auf den Habitus ein für sie spezifisches zusätzliches Problem. Tatsächlich wäre eine interessante Frage, ob und inwieweit Aufsteigerinnen und Aufsteiger eher an der Identität der Eltern festhalten, während sie den Habitus verändern. Und andersherum könnten privilegiert aufgewachsene Migrantenkinder eher die Identität transformieren, weil sie den Habitus nicht verändern müssen. Dieser These läge die plausible Annahme zugrunde, dass Menschen mit Wandlungsprozessen »haushalten« müssen, zum einen, weil nicht »alles« wandelbar ist, zum anderen, weil man über Habitus oder Identität eine Verbindung zu den Eltern aufrechterhalten kann. Die Distanzierung von den eigenen Eltern würde entsprechend zu stark ausfallen, wenn es sich sowohl um eine habituelle als auch um eine identifikatorische Distanzierung handelt oder andersherum: Über den Habitus oder die nationale/kulturelle Identität wird eine Gemeinsamkeit mit den Eltern aufrechterhalten, damit es nicht zu einer grundlegenden Entfremdung kommt. Meine Alltagsempirie deutet auf eine so gelagerte »einseitige« Schwerpunktsetzung bei der Distanzierung von den Eltern hin. Und auch meine eigene Biografie als Akademikerkind von migrierten Eltern würde in diese Überlegungen passen. Aufklären lässt sich das an dieser Stelle jedoch nicht.

Für die Heranwachsenden wird diese Doppelerwartung als widersprüchlich, ambivalent, zeitweise als Dilemma erlebt: Die Erfüllung der Erfolgserwartungen führt zu einer Enttäuschung der Loyalitätserwartungen. Im Unterschied dazu werden Kinder ohne Migrationshintergrund von ihren Eltern mit geringeren Erfolgserwartungen und geringeren Loyalitätserwartungen konfrontiert.[166] Nun sind hohe Erfolgserwartungen (Bildungsaspirationen) für den Aufstieg gut, weil sie Bildungserfolge begünstigen. Und geringere Loyalitätserwartungen sind günstig, weil es während des Aufstiegs zu Illoyalität kommen wird – nämlich zu Änderungen des Habitus. Während also die einen mit relativ geringen Erfolgserwartungen umgehen und diese unter schwierigen Bedingungen mehr oder weniger selbst erzeugen müssen, geht es bei den anderen um die Bewältigung der sich vollziehenden Enttäuschung der Loyalitätserwartungen, die zu einer größeren inneren Zerrissenheit führen kann.[167]

Man könnte also bildhaft sagen: Migrantenkinder werden von den Eltern geschubst, »werde erfolgreich, wohlhabend, anerkannt«, und gleichzeitig gezogen, »bleib, wie wir sind, bleib bei uns, bleib deiner Herkunft treu«. Die Kinder aus Familien ohne Migrationshintergrund werden weder geschubst noch gezogen. Im Ergebnis führt dies in beiden Fällen dazu, dass die Kinder sich – wiederum bildlich gesprochen – nicht vom Fleck rühren (gleiche Unwahrscheinlichkeit eines Bildungsaufstiegs), allerdings erleben sie dies sehr unterschiedlich. Die gleiche Unwahrscheinlichkeit eines Bildungsaufstieges muss also nicht bedeuten, dass der Aufstieg auch auf die gleiche Weise erlebt wird. Die grundsätzlichen Erfahrungen sind sehr ähnlich, die Spielarten unterscheiden sich im Detail.

Hinzu kommt natürlich der wesentliche Unterschied der Sichtbarkeit in der äußeren Sphäre. Migrantenkinder sind oft optisch oder durch den Namen identifizierbar. Daher unterscheiden Jugendliche häufig zwischen einem Migrationsvordergrund – wenn die internationale Geschichte äußerlich sichtbar ist – und einem Migrationshintergrund – für die nicht seltenen Fälle, in denen die Migrationsgeschichte nicht äußerlich sichtbar ist und damit wirklich im Hintergrund verschwindet. Ein so verstandener Migrationsvordergrund hat mehrere Folgen, die an dieser Stelle nicht thematisiert werden können.[168] In jedem Falle hat die Sichtbarkeit positive und negative Effekte: Positiv kann etwa sein, dass sich neue Förderprogramme eher an Migrantenkinder richten. Negativ ist, dass die Wahrscheinlichkeit der Diskriminierung deutlich höher ist. Problematisch ist zudem, dass eine kulturelle Differenz aufgrund äußerer Merkmale angenommen wird, ohne dass eine solche vorliegen muss[169]:

In der äußeren Sphäre erleben Heranwachsende eine ähnliche Widersprüchlichkeit, die sich als Differenzdemonstration auf der einen und als Anpassungsaufforderung auf der anderen Seite skizzieren lässt. So werden etwa regelmäßig interkulturelle Events veranstaltet, bei denen sich bereits Kinder aufgefordert fühlen, ihre Differenz zu demonstrieren. Am Beispiel eines interkulturellen Frühstücks lässt sich dies illustrieren[170]: Eine Erzieherin fordert die Kinder auf, für das geplante interkulturelle Frühstück Typisches aus der Heimat mitzubringen. Das Frühstück verläuft gut, die Klassenlehrerin ist zufrieden. Eine anschließende Befragung der Kinder ergibt: Manche Kinder wissen nicht, was in der Heimat der Großeltern gefrühstückt wird, andere wissen, dass in der Heimat gar nicht gefrühstückt wird, viele frühstücken selbst am liebsten Nutella oder Cornflakes – dennoch bringen die Kinder Schafskäse, Oliven, gefüllte Weinblätter und Ähnliches mit, um die nette Pädagogin nicht zu enttäuschen. Sie sind es also nicht nur gewohnt, ihre Differenz zu demonstrieren, sondern sie haben gelernt, Differenzerwartungen zu erfüllen. Für manche Kinder ist das ambivalent, für andere ist es positiv, weil sie das Gefühl haben, wahrgenommen zu werden. Das Frühstück und die Botschaft dieses Frühstücks sind nicht das Problem. Das Problem ist, dass sich diese Maßnahmen lediglich auf die gemütliche Seite der Differenz beziehen, nicht aber auf ihre negativen Folgen.

Die Vielfalt wird nämlich von Kindern und Jugendlichen nicht selten als Fremdheit, Ausschluss oder Diskriminierung erlebt. Diese negativen Seiten der Differenz lassen sich weniger leicht und kaum institutionalisiert zur Sprache bringen, sind aber ähnlich prägend und bedeutsam. Die unscheinbare Frage »Wo kommst du (eigentlich) her?« meint »Du bist ein Anderer«. Sie kann aber entweder aus einem authentischen Interesse herrühren oder negativ konnotiert und ausgrenzend gemeint sein. Letzteres mündet dann nicht selten in diffuse Anpassungsaufforderungen. Die Demonstration von gewünschter Differenz und Aufforderung zur Angleichung bleiben häufig gleichermaßen abstrakt und diffus.

Von zwei Sphären kommen jeweils widersprüchliche Erwartungen und Anforderungen, beide Seiten schubsen und ziehen. Die Heranwachsenden erleben diese Erwartungen in der Regel als doppeltes Dilemma. Man könnte auch sagen: Es handelt sich um zwei widersprüchliche Erwartungspaare, die lediglich in ihrer Widersprüchlichkeit zusammenpassen.

Insgesamt kann festgehalten werden, dass der Aufstieg für beide »Gruppen«, also unabhängig von einem Migrationshintergrund, mühevoll und mit ähnlichen Herausforderungen verbunden ist, wobei sich Deutung und Verarbeitung des Aufstiegs unterscheiden, was insbesondere mit der unterschiedlichen Erwartungsstruktur des Herkunftsmilieus zusammenhängt. Darüber hinaus lassen sich die zu bewältigenden Herausforderungen für beide Gruppen als vergleichbar komplex qualifizieren, was sich sowohl in den ähnlich schlechten Wahrscheinlichkeiten des Aufstiegs als auch in den Erwartungsstrukturen selbst zeigt.

22. Arm sein und zur Schule gehen

Aus der Innenperspektive der von Armut Betroffenen können jetzt alle Ansätze, Themen und Problemfelder der vorangegangenen Kapitel miteinander verbunden werden. Die drei Zugänge zum Bildungsbegriff (Kapitel I) und die anschließend dargestellten Zusammenhänge, die soziale Ungleichheit reproduzieren (Kapitel II), aber auch die Tatsache, dass ein Mehr vom Gleichen die Benachteiligung nicht reduziert (Kapitel III), lassen sich hier zusammenführen.

Ein Bildungsaufstieg ist erstaunlich wenig durch kalkulierte Rationalität und überraschend stark durch emotionale Konflikte geprägt. Diese Ambivalenzen sind unmittelbar mit der Erfahrung von Knappheit, also Armut in vielerlei Hinsicht, verbunden. Aus der Kapitalarmut (erster Bildungsbegriff) aufzusteigen, geht einher mit weiteren zentralen Prozessen:

Ein Aufstieg ist mit enormen sozialen und psychischen Herausforderungen verbunden. Er ist mehr als Vokabeln und Formeln lernen. Denn es handelt sich um die Überwindung sozialer Ungleichheit. Es ist durchaus möglich, allein durch Talent, Fleiß und Ehrgeiz den Aufstieg *einzuleiten*. Allerdings werden früher oder später grundlegende Veränderungen des Habitus (dritter Bildungsbegriff) notwendig.[171] Es ändert sich die Logik der Wahrnehmung, des Denkens und Handelns. Was hier beschrieben wird, ist Bildung im engsten Sinne – es handelt sich um Transformationen von Selbst-Welt-Verhältnissen (zweiter Bildungsbegriff), und zwar in den denkbar umfassendsten Formen.

Diese Bildungsprozesse haben ästhetische, kognitive, körperliche und moralische Dimensionen. Im Laufe des Aufstiegs verändern sich nicht nur Sprachgebrauch, Erscheinungsbild und Lebensstil, sondern auch in umfassender Weise Milieuzugehörigkeit und Persönlichkeit. Überhaupt schaffen es Aufsteigerinnen und Aufsteiger nur, ihre eigene Biografie plausibel und konsistent darzulegen, indem sie auf Distanz zur eigenen Herkunft und zu sich selbst – also zu ihrer Vergangenheit – gehen. Während des Aufstiegs kommt es mehrfach zu einem Infragestellen des eigenen Weltbildes und der eigenen Möglichkeiten. Die erzählte Biografie dokumentiert alles drei zugleich: die Veränderung des Bildungskapitals, die Transformation der klassenspezifischen Prägung des Habitus sowie die erweiterte Aneignung von Welt und die Wandlung der Verständnisse und Verhältnisse von Selbst und Welt.

So unterschiedlich die drei Bildungsauffassungen mit ihren jeweils abweichenden Schwerpunkten sind, es sind in jedem Falle große Herausforderungen gerade für Menschen aus armen Verhältnissen. Die Anhäufung von kulturellem Kapital, die Überwindung innerer klassenspezifischer Grenzen sowie die Aneignung von Fremdem zu etwas Eigenem sind mühsam und riskant. Bildung ist in jeder Hinsicht ein Wagnis.

Über diesen Weg lassen sich nun die drei Ursachen für Chancenungleichheit verbinden: Familie inklusive soziales Umfeld, Bildungssystem sowie das »individuelle« Entscheidungsverhalten. Die Kapitalausstattung und die Alltagsgestaltung in Unterschichtsfamilien bilden nicht nur ein wenig förderliches Entwicklungsumfeld, sondern sind die Rahmenbedingungen zur Entwicklung einer habituellen Prägung, die sich in der Schule, aber auch darüber hinaus in der gesamten Bildungs- und Berufsbiografie auswirkt, insbesondere dann, wenn in sehr unsicheren Situationen Entscheidungen getroffen werden müssen. Im Folgenden soll der Schwerpunkt auf die Schule gelegt werden.

Im Alltag aller Menschen führt habituelle Nähe zu wechselseitiger Resonanz – das gilt natürlich auch für Lehrpersonen. Lehrerinnen und Lehrer stammen mehrheitlich aus einem bildungsaffinen Milieu und nicht selten aus einer im Bildungsbürgertum verwurzelten Familie. Das macht es zum einen nicht leicht, wirklich nachzuvollziehen, wie der

Alltag benachteiligter Kinder aussieht, zum anderen sind auch die habituellen Differenzen enorm, weshalb es kaum möglich ist, sich in Benachteiligte hineinzuversetzen. In der Ausbildung bilden herkunftsspezifische Aspekte meist nur in Aufzählungen von Risikofaktoren ein diffuses Hintergrundrauschen. Was das für die pädagogische Praxis bedeutet, bleibt durchweg unklar. Entsprechend kann sich trotz – manchmal wegen – bester Absicht kein Erfolg einstellen.

Damit kann man erklären, weshalb von Lehrkräften regelmäßig die Potenziale von Kindern schichtspezifisch verzerrt eingeschätzt werden. Am Rande sei erwähnt, dass in den meisten der von mir untersuchten erfolgreichen Bildungsaufstiegsbiografien von den Lehrkräften das Talent oder gar das Potenzial zur Exzellenz dieser Menschen nicht erkannt wurde.

Begabungen drücken sich über den jeweiligen Habitus vermittelt sehr unterschiedlich aus. Dadurch bleiben für Lehrkräfte die Talente durch den Mantel der Armut bedeckt. Sie müssen entdeckt werden. Bei anderen Kindern, nämlich solchen, die aus einem ähnlichen Milieu stammen wie die Lehrkraft, passt die dargelegte Performanz eher zu der eigenen Vorstellung eines begabten Kindes. Wir sprechen hier von einer habituellen Nähe oder von einem habituellen Passungsverhältnis.[172]

Die Art und Weise, wie man Dinge wahrnimmt und deutet, wie man denkt und handelt, unterscheidet sich dann zwischen dem armen und dem reichen Kind strukturell. Kreativität, Disziplin, Pflichtbewusstsein können in beiden Umwelten etwas ganz anderes bedeuten, Talent und Potenzial können sich ganz anders zeigen. Bleiben die Umwelten über die Kindheit und Jugend hinweg stabil, dann verfestigt sich ein Muster. Insbesondere auch dann, wenn die Menschen im sozialen Umfeld ähnlich ticken. In einem solchen Milieu funktioniert der Habitus »reibungslos«, denn: Alle denken auf eine analoge Weise und verstehen sich entsprechend spielend. Handlungssituationen können antizipiert werden, und routinisierte Muster lassen jede Handlung »natürlich« erscheinen. Wenn sich Menschen mit diametral entgegengesetztem Habitus begegnen, kommt es hingegen zu Spannungen, zu Missverständnissen und zu Dissonanz – nicht selten auch zu Scham, allerdings bei Kindern deutlich schwächer als bei Erwachsenen. Daher könnte es die große Chance von Bildungsinstitutionen sein, diese Dissonanzen als Lern- und Bildungsanlass zu nutzen – auch für die Lehrkräfte. Auch eine ungleichheitssensible Selbstreflexion des beruflichen Alltags halte ich für notwendig und werde dies in den folgenden Kapiteln skizzieren.

Das soziale Oben und das soziale Unten prägen einen Menschen deutlich stärker als die Mitte. Denn die gesellschaftliche Mitte ist hochkomplex. Die Mitte ist nicht einfach der Durchschnitt der Extreme, sondern bestenfalls eine Mischung aus sehr unterschiedlichen Dosierungen. Die Mitte ist nicht nur quantitativ größer als die Extreme, sondern auch vielfältiger und in ihrem Verhalten weniger voraussehbar, also auch mit einem breiten habituellen Repertoire.

Die Schule ist traditionell an den Kindern der Mitte ausgerichtet. Daher wird häufig von einer Mittelschichtsorientierung im Schulsystem gesprochen, womit gemeint ist, dass man sich an den Erziehungspraktiken und

Bildungsvorstellungen in »typischen« Mittelschichtfamilien orientiert und diese dann auch voraussetzt.[173] Durch diese Voraussetzung haben Kinder aus höheren Schichten einen Vorteil, Kinder aus unteren Schichten einen Nachteil. Eine solche Normalitätsannahme bedeutet zugespitzt: Die Schule setzt Dinge voraus, die in ihr auch gelernt werden könnten oder sollten. Durch diese Vorannahmen fühlen sich manche Kinder weniger wohl und verstanden – ihnen fehlen gewissermaßen Anker, an denen sie sich orientieren können. Aber noch entscheidender: Dies führt zu einer strukturellen Benachteiligung.

Das ist gerade deshalb verheerend, weil Unterrichtsform und -qualität für benachteiligte Kinder viel entscheidender sind als für privilegierte. Zum einen, weil die Schule tendenziell der einzige Lernort für die Kinder ist (zumindest im Hinblick auf schulisch relevantes Lernen), zum anderen, weil sie von der Unterrichtsform und -methodik stärker abhängen.[174]

Folgende Thesen ließen sich abschließend plausibel aus dem in diesem Kapitel Analysierten herleiten. Erstens: Bei gleicher Leistung ist das theoretische Potenzial eines benachteiligten Kindes tendenziell weitaus höher, eine These, die für die Diagnostik eine Rolle spielen könnte. Derzeit ist aber genau eine entgegengesetzte Beurteilung nachweisbar. Zweitens: Um dieses Potenzial in die Praxis zu heben, muss man an dem Kind ansetzen, an den Herkunftsbedingungen.

Aus dieser Perspektive erhält der folgende Satz aus der Empfehlung der KMK, der bereits in Kapitel II zitiert wurde, eine ganz neue Qualität:

> *»Für die Entscheidung über die Aufnahme eines Kindes in eine weiterführende Schule sind die für eine erfolgreiche Bildungsarbeit unentbehrlichen Kenntnisse und Fertigkeiten festzustellen; es sind aber auch Eignung, Neigung und Wille des Kindes zu geistiger Arbeit insgesamt zu werten.«*[175]

Indirekt *soll* die habituelle Prägung (und damit die soziale Herkunft) in die Entscheidung einfließen. Erlauben Sie mir die Polemik: Da steht nicht »beschäftigt euch pädagogisch mit Herkunft und Habitus«, sondern »bewertet Herkunft und Habitus«. Ich glaube nicht, dass dies der Kultusministerkonferenz bewusst war, als dies so verabschiedet wurde. Dahinter steckt kein böser Wille. Ich vermute eher Desinteresse an Kinderarmut oder Ahnungslosigkeit. Doch wie immer gilt: Gut gemeinte Ausgrenzung ist die schlimmste.

V. BILDUNGSINSTITUTIONEN DER GEGENWART

In diesem Kapitel möchte ich rekonstruieren, wie es zur aktuellen Situation des Bildungssystems gekommen ist. Es geht dabei um die gesellschaftliche Funktion und die gesamtstaatliche Einbettung des Bildungswesens. Auch wenn das System ausgesprochen träge erscheint, lassen sich gleichzeitig enorme Dynamiken innerhalb des Systems feststellen. Dynamische Veränderungen in trägen Strukturen verstärken den Eindruck, dass etwas gehörig schiefläuft, und dieser Eindruck wirkt sich sowohl auf den Lehrberuf und die Rolle von Lehrkräften und ihre Arbeitsbedingungen als auch auf den Unterricht, das eigentliche Kerngeschäft, aus. Für das Ziel, ungleiche Startvoraussetzungen auszugleichen, sind die Rahmenbedingungen – milde formuliert – suboptimal.

23. Logik und Trägheit des Systems

Texte über Bildungsinstitutionen skizzieren in aller Regel zuerst die Ursprünge und die Geschichte des Schulsystems, was durchaus interessant und sinnvoll sein kann. Ich möchte hier einen anderen Weg einschlagen, weil es mir nicht um das Bildungssystem an sich geht, sondern um seine Funktion in Staat und Gesellschaft. Denn Bildungspolitik und Bildungsinstitutionen sind nicht nur staatlich finanziert und stehen unter staatlicher Aufsicht, sie sind auch in gesamtstaatliche und gesamtgesellschaftliche

Zusammenhänge eingebettet. Denn man könnte ja an vielen der dargelegten Befunde verzweifeln und den Glauben daran verlieren, dass da irgendetwas einer Logik folgt. Oder man könnte glauben, dass man alles doch auch einfach ganz anders machen könnte. Aber so einfach ist es nicht, gerade weil es einer Logik folgt: Es ist Ergebnis eines historisch gewachsenen Systems im Umgang mit sozialer Ungleichheit. Und diese Logik ist derart stark in der DNA des Staates eingebaut, dass man nicht beliebig von ihr abweichen kann.[176] Man könnte es auch so formulieren: Dieses Kapitel dient der Ernüchterung und zeigt auf, warum es so schwer sein wird, an dem System etwas Grundlegendes zu ändern.

Im deutschen Sozialstaat hatte die Sozialpolitik immer Vorrang gegenüber der Bildungspolitik sowie der Kinder- und Familienpolitik.[177] Kinder- und Familienpolitik sowie Bildungspolitik lassen sich nicht verstehen, ohne den Sozialstaat insgesamt zu berücksichtigen. Daher lohnt sich ein historischer und gesamtpolitischer Blick auf alle Bereiche, die bildungsrelevant sind.[178]

Wie kaum ein anderer betont der deutsche Sozialstaat soziale Sicherheit im Sinne eines Absicherns des Status quo. Wer viel verdient hat, soll ein höheres Arbeitslosengeld und insbesondere eine höhere Rente bekommen. Wir halten das für derart selbstverständlich, dass wir schnell übersehen, dass der Staat damit soziale Ungleichheit konserviert. Er schafft damit das Gegenteil von einem sozialen Ausgleich.[179] Aus diesem Grund wurde der deutsche Sozialstaat in der international vergleichenden Forschung auch als »konservativer Wohlfahrtsstaat« bezeichnet[180]: Der Statussicherung wurde eine prominente Stellung eingeräumt, wohingegen Chancengleichheit praktisch keine Rolle spielte. »Bismarcks Sozialpolitik« kann man durchaus als Klassenpolitik verstehen, die zur Verbesserung der Lebenssituation der Arbeiter beitragen sollte, aber nicht lediglich aus humanitären Gründen, sondern auch, um revolutionäre Auseinandersetzungen zu vermeiden.[181]

Es bestand also im sozialstaatlichen Arrangement eine deutliche Betonung von schichtbezogener Einkommenssicherheit (ursprünglich für die Arbeiterklasse) und gleichzeitig eine Unterbetonung von sozialer Durchlässigkeit. Überspitzt formuliert: Es ging nicht darum, die Klassenunterschiede zu verringern, und auch nicht darum, Aufstiege zu ermöglichen, sondern darum, dass alle dort, wo sie sind, einen sicheren Platz haben. Jeder sollte sich dort sicher fühlen, wo er in der sozialen Hierarchie steht. Die Sozialversicherungen sollten in gewisser Weise die Klassengesellschaft selbst absichern.[182]

Entsprechend haben wir auch heute noch ein soziales Sicherungssystem, das sehr an der Dreiklassengesellschaft orientiert ist: Privatversicherungen für Beamte, Selbstständige und Angestellte mit hohem Einkommen; beitragsfinanzierte gesetzliche Sozialversicherungen für Angestellte und Arbeiter; steuerfinanzierte Sozialhilfe oder Arbeitslosengeld II als staatliche Armenfürsorge.

Die am Statuserhalt orientierte gesellschaftliche Ausrichtung lässt sich insgesamt auch heute in der Familienpolitik nachzeichnen. Die Ausgaben für Familienpolitik waren zwar immer schon relativ hoch und liegen deutlich über dem OECD-Durchschnitt. Allerdings profitieren nicht alle Kinder und Familien gleichermaßen. Denn die Förderung der Familien durch Barleistungen (Kindergeld/

Elterngeld) und Dienstleistungen (Kinderbetreuung) liegt leicht unter dem OECD-Durchschnitt, während die Förderung durch Steuervergünstigungen (Ehegattensplitting/Kinderfreibetrag) um ein Vielfaches höher liegt. Die insgesamt gut ausgestattete Finanzierung der Familienpolitik resultiert also insbesondere aus steuerlichen Entlastungen der (wohlhabenden) Familien. Von diesen Steuervergünstigungen profitieren verheiratete Paare, die über höhere (und ungleich verteilte) Einkommen verfügen, überproportional stark. In Deutschland wird also zum einen stärker passiv gefördert. Zum anderen ist dem Staat ein Kind in einer reichen Familie (über den Kinderfreibetrag) mehr wert als ein Kind aus der Mittelschicht (Kindergeld-Regelsatz), und am wenigsten bekommt ein Kind aus der Unterschicht (Kindergeld wird bei SGB II-Empfängern auf das Existenzminimum angerechnet). Das bedeutet also auch hier, dass die staatliche Kinder- und Familienpolitik die ohnehin großen ökonomischen Unterschiede für Kinder aus verschiedenen Schichten weiter konserviert und sogar verstärkt. »Kindergeld« ist also genau genommen in zweifacher Hinsicht »Elterngeld«: Zum einen, weil es den Eltern gegeben wird, zum anderen, weil es sich in seiner Höhe am Status der Eltern bemisst.[183]

Auch die Bildungspolitik ist durch eine vergleichbare Dreiteilung geprägt: Hauptschule, Realschule, Gymnasium. Das ist natürlich kein Zufall.[184] Die Dreiteilung wurde begabungstheoretisch und ökonomisch begründet. Zum einen wurde angenommen, dass es praktische und theoretische Begabungen gäbe, die in den Kindern angelegt wären und die auf unterschiedliche Weise und damit in unterschiedlichen Schulformen gefördert werden müssten. Zum anderen stellte das hierarchisch differenzierte Schulsystem mit der Kanalisierung der Kinder auf unterschiedliche Schultypen eine funktionale Vorstrukturierung für den Zugang zum industriell geprägten Arbeitsmarkt dar. Diese Selektion führte letztlich zum Statuserhalt weiter Teile der Gesellschaft, wodurch wiederum Standesunterschiede konserviert wurden. Ein solches Schulsystem funktioniert gut, solange auch jene, die keinen Schulabschluss oder nur einen einfachen Abschluss erreichen, ihren Platz in der Gesellschaft haben – ihren *sicheren* Platz. Aber dazu später.

Das »Matthäus-Prinzip« (»wer hat, dem wird gegeben«) wird letztlich auch im Bildungssystem erkennbar, da es weite Teile des Erziehungs- und Bildungsauftrags an die Familien delegiert und dadurch die Vererbung von Bildungschancen begünstigt. Genau das meint der Begriff »Subsidiarität«, ein grundlegendes Prinzip unseres Staatswesens: Der Staat greift erst dann ein, wenn die Familie (oder andere kleine Einheiten) überfordert ist. Es wird klassischerweise also wenig präventive Politik betrieben. Das gilt für die Bildungspolitik genauso wie für Familien- und Sozialpolitik. Dieses Prinzip lässt sich in allen Phasen erkennen.

Bereits in der frühkindlichen Erziehung hielt sich der Staat traditionell weitgehend zurück, da hier die besondere Kompetenz der Familie, vornehmlich der Mütter, verortet wurde. Dementsprechend sind die Dienstleistungsangebote (bei regionalen Unterschieden) und insbesondere die Qualitätsstandards im Elementarbereich insgesamt vergleichsweise unterentwickelt. Dies ändert sich derzeit ganz wesentlich. Aber ganz vergessen ist, dass die Idee einer flächendeckenden frühkindlichen Bildung eine sehr deutsche Idee ist, die sich international etablierte, aber in Deutschland massiv verhindert wurde.[185]

Die Halbtagsschule, die ursprünglich auch aus »Rücksichtnahme« gegenüber der früher üblichen Kinderarbeit auf Vormittagsunterricht beschränkt wurde, ist auch nach Verdrängung der Kinderarbeit beibehalten worden und prägt die Institution Schule in allen Stufen bis heute. Ob intendiert oder nicht: Das Festhalten an der Halbtagsschule hat die Gleichstellung von Mann und Frau nachhaltig beeinträchtigt.[186]

Dementsprechend hat sich im deutschen Schulsystem eine Bildungsauffassung etabliert, die stark kognitivistisch und unterrichtsorientiert ist: Obwohl ein Erziehungs- *und* Bildungsauftrag in allen Schulgesetzen rein formal verankert ist, ist doch klar: Erziehung ist Familiensache, in der Schule findet Bildung statt. Hieran lässt sich auch die bis heute prägende Haltung, die Schule könne Erziehungsdefizite innerhalb der Familien nicht kompensieren, begreifen. Die aktive Mitarbeit der Eltern an der Lern- und Leistungsentwicklung der Schülerinnen und Schüler wird im System vorausgesetzt, wodurch den Eltern eine relativ große Bedeutung zukommt, was die Tendenz der »Verbung« von Bildungsaffinitäten und damit sozialer Ungleichheit weiter verstärkt[187] (und das Bild der Mutter als helfende Hand konserviert).

Genau dies bildet sich in der gesamten Finanzierungsstruktur des Bildungswesens ab. Das Bildungssystem ist nicht einfach unterfinanziert, wie dies häufig behauptet wird. Ähnlich wie bei Familien- und Sozialpolitik ist nicht das Volumen problematisch, sondern die Struktur. Eine Unterfinanzierung lässt sich eigentlich nur bei Kindern und jungen Jugendlichen feststellen. Die Unterfinanzierung nimmt also tendenziell mit steigendem Alter der Lernenden ab. Das heißt entsprechend: In den Grundschulen, in denen alle Kinder erreicht werden könnten, liegen die jährlichen Ausgaben pro Kopf deutlich unterhalb des OECD-Durchschnitts. Ähnlich, aber etwas weniger unterfinanziert ist die Sekundarstufe I. Hier wären auch noch alle Jugendlichen erreichbar, wenn auch in unterschiedlichen Schulformen. Daher muss gleich noch ein differenzierter Blick auf die Ausgaben nach Schulform erfolgen. Die Ausgaben in der Sekundarstufe II, die nur noch von einem Teil der älteren Jugendlichen besucht wird, liegen in Deutschland ganz deutlich über dem OECD-Durchschnitt – man könnte sagen: Sie ist überfinanziert. In der Hochschule sind wir dann erstmals etwa auf dem Durchschnittsniveau der Vergleichsstaaten. Also: Dort, wo Ungleichheit reduziert werden könnte, nämlich in der Grundschule, liegt Unterfinanzierung vor. Dort, wo bereits Selektion stattgefunden hat, steigen die Investitionen.[188]

Die Besonderheiten des vielgliedrigen deutschen Schulsystems erfordern eine differenzierte Betrachtung der Ausgaben in der Sekundarstufe I. Überraschend ist, dass Förder- und Hauptschulen die teuersten Schulformen sind. Bemerkenswert ist die Höhe der Kosten vor dem Hintergrund einer deutlich geringeren Besoldung und einer höheren Pflichtstundenzahl des Personals an Hauptschulen. Dieser Überfinanzierung stehen fatale Resultate entgegen. Bei der Langzeitbetrachtung der Daten wird deutlich, dass die Kosten an Hauptschulen überproportional steigen, während die Arbeitsmarktchancen ihrer Absolventen stetig sinken. Diese hohen Aufwendungen erscheinen lediglich mit der Intention, die gegliederte Sekundarstufe zu erhalten, rational.

An berufsbildenden Schulen werden zunehmend die Probleme des allgemeinbildenden Schulsystems ausgeglichen. Ein enormer Anteil der Schülerinnen und Schüler macht dort nämlich keine duale Ausbildung, sondern holt allgemeinbildende Schulabschlüsse nach. Hauptschulabschluss, Mittlere Reife, Fachhochschulreife und Abitur sind tatsächlich im Repertoire der verschiedenen Bildungsgänge an Berufskollegs. Allerdings zeigt ein genauer Blick auf die Kosten pro Schüler pro Jahr etwa in der Berufsfachschule, die zu einem mittleren Schulabschluss führt, dass die Ausgaben über denen der Hauptschulen oder der Hochschulen liegen.[189]

Man muss also genauer feststellen: Die Gelder fließen nicht in hohem Maße in die Prävention und Chancenentwicklung (Grundschule[190]), sondern entweder in die Kompensation etablierter Defizite (Hauptschule/Förderschule/Nachholen von Abschlüssen) oder in die Förderung bereits gut Gebildeter (Sekundarstufe II und Hochschule) – und damit in die Aufrechterhaltung des Systems.

Das Bildungssystem funktioniert »logisch«, wenn man den gesamtstaatlichen Zusammenhang betrachtet. Statt sozialer Mobilität und Chancengleichheit stand schon immer Statussicherheit im Zentrum der Logik. Die Grundausrichtung »jeder soll dort sicher sein, wo er ist«, war der deutsche Weg. Genau diese Statussicherheit geht zunehmend verloren. Veränderungen des Arbeitsmarktes, der Demografie sowie der sozialpolitischen Ausrichtung haben einen Zwang erzeugt, auch in der Bildungspolitik Änderungen vorzunehmen. Entsprechend hat es enorme

Veränderungen im Bildungssystem gegeben, allerdings nur innerhalb dieser Logik des Systems und unter Beibehaltung seiner zentralen Funktionen.

Welche Funktionen hat das Bildungssystem? Man müsste die Frage umstellen: Warum leisten sich Gesellschaften Bildungssysteme? In den Institutionen müssen gesellschaftliche Verhältnisse reproduziert werden. Kinder lernen Geprüftes, Relevantes und Gewünschtes: Wissen, Normen, Moral. In der Schule werden etwa auch Wettbewerb und Kooperation »eingeübt«. Und es sind zugleich Institutionen zur Statuserzeugung und zur Verteilung gesellschaftlicher Rollen. Selektion ist also eine zentrale Funktion des Bildungssystems. Und die Institutionen sind der Bildung – im engeren Sinne von Persönlichkeitsentwicklung – des Menschen verpflichtet.

Diese Funktionen haben in jeder Gesellschaft eine andere Geschichte. In Deutschland wurde die Funktion der Selektion besonders ausdifferenziert. Heute haben wir die Situation, dass auf jeder Stufe des Schulsystems Selektionsinstrumente und -mechanismen angewandt werden (natürlich kann alles Folgende je nach Bundesland variieren): Rückstellung bei/vor der Einschulung (bei 5-Jährigen), Noten ab der 2. Jahrgangsstufe (bei 6-Jährigen), Klassenwiederholungen bereits in der Primarstufe, Überweisung in qualitativ differenzierte Sekundarstufen (ab 9 Jahren), Abschlüsse (ab 15 Jahren) zur Selektion im Hinblick auf weiterführende Bildung (beruflich oder akademisch) und auf den Arbeitsmarkt. Man kann zusammenfassen: Diese »Selektionswut« ist international einzigartig.[191]

24. Dynamik und Expansion im System

Die Logik des Bildungssystems ist also in den sozialstaatlichen Zusammenhang eingebettet. Und es lässt sich eine stark ausgeprägte Selektionsfunktion zeigen, die über die Jahre und Jahrzehnte beibehalten wurde. In dieser Hinsicht ist das gesamte Bildungssystem durch Trägheit und Beharrlichkeit gekennzeichnet. Allerdings wurde innerhalb dieser starren Grenzen enorm viel verändert. Unter Bewahrung der Logik und der Funktionen ist das System sehr dynamisch. Und zum Teil haben sich auch Grenzen verschoben.

Das staatliche Versprechen umfassender sozialer Sicherheit verlor spätestens seit der Agenda 2010 an Bedeutung – zugunsten einer Rhetorik, die den Einzelnen in den Vordergrund stellt und damit auch die Eigenverantwortlichkeit. Damit gewann die Bildungspolitik – und übrigens auch die Bildungsforschung – enorm an Bedeutung. Die beiden zentralen Gründe, weshalb die erste PISA-Studie in Deutschland eine viel stärkere und länger andauernde Resonanz hatte als in allen anderen Ländern, sind zum einen die enorme Kränkung aufgrund eines schlechten Platzes im internationalen Vergleich und zum anderen der sich zeitgleich vollziehende Abbau sozialer Sicherheit, der bis heute unter dem Stichwort Hartz IV diskutiert wird. Dadurch hat sich eine bemerkenswerte Dynamik entfaltet – auch wenn die vielen Reformen und Neuregelungen häufig nicht recht zusammenpassen. Nach der Bildungsexpansion in den 1960ern und 1970ern ist das System in den 2000ern und 2010ern wieder expandiert – anders, aber nicht weniger stark.

Der Ausbau der frühkindlichen Bildung und von Ganztagsschulen ist enorm. Noch nie wurden so viele Kinder so früh und so lange in Bildungsinstitutionen betreut wie derzeit. Außergewöhnlich ist die Entscheidung für einen Rechtsanspruch auf einen Kita-Platz, lange bevor die Plätze bereitstanden. Ein Vorgehen, das Stress ins System bringt, aber gleichzeitig auch einen Handlungsdruck erzeugt, der diese überfällige Expansion vorantreibt. Unbestreitbar ist, dass diese Expansion damit zu tun hat, dass die Berufstätigkeit der Mütter ermöglicht werden soll – um die Kinder ging es in Nebensätzen. Der Sozialstaat lässt sich nur dann dauerhaft finanzieren, wenn Frauen in ähnlichem Umfang einzahlen wie Männer.[192] Zudem ist das Bildungsniveau der Frauen über die Jahrzehnte hinweg derart gestiegen, dass es aus ökonomischer Sicht tatsächlich üble Verschwendung und aus normativer Sicht ziemlich ungerecht wäre, wenn es nicht in Richtung Gleichstellung ginge. Genau dies wird nun zunehmend ermöglicht. Dadurch verändert sich aber auch das, was wir im Hinblick auf »Kindheit« und »Familie« als »normal« verstanden haben. Das ist keineswegs negativ gemeint, sondern soll nur verdeutlichen, dass sich ein grundlegender Wandel vollzieht, dessen Wirkungen noch gar nicht vollends absehbar sind. Der Alltag von Kindern hat sich nicht nur durch sozialen Wandel und Digitalisierung, sondern auch durch Veränderungen der Familien-, Arbeitsmarkt- und Bildungspolitik umfassend verändert.

Fast die Hälfte aller allgemeinbildenden Schulen in Deutschland sind Grundschulen. Sie sind nach wie vor unterfinanziert und von allen Schulen am wenigsten von bildungspolitischen Veränderungen betroffen. Der Anteil der Ganztagsgrundschulen ist relativ hoch. Mit Ausnahme von Berlin und Brandenburg (Klassen 1 bis 6) ist die Grundschulzeit auf die Klassen 1 bis 4 beschränkt. Von der Grundschule abgesehen gibt es nur eine einzige Schulform in allen 16 Bundesländern: das Gymnasium. Der gesamte restliche Sekundarschulbereich ist nicht mehr einheitlich zu beschreiben. In keinem Bundesland ist die klassische Einteilung in Hauptschule, Realschule und Gymnasium sowie Förderschule als alleinige Schulformen erhalten geblieben. Die Hauptschule existiert nur noch in wenigen Bundesländern, diese sind aber zugleich die einwohnerstärksten (Baden-Württemberg, Bayern, Hessen, Niedersachsen und Nordrhein-Westfalen).[193] Daneben gibt es schon länger Gesamtschulen und eine Vielzahl von Schulformen, die in der Statistik meist als »Schularten mit mehreren Bildungsgängen« zusammengefasst sind. Die übersichtlichsten Schulsysteme haben Bremen, Hamburg und Sachsen mit nur zwei Schulformen – in den beiden Stadtstaaten führt neben dem Gymnasium auch die Oberschule (Bremen) beziehungsweise die Stadtteilschule (Hamburg) zum Abitur, in Sachsen endet die Oberschule spätestens mit dem Realschulabschluss.

Wir haben also 16 verschiedene Schulsysteme. Das Gymnasium ist mit über 40 % die im Anschluss an die Grundschule mit Abstand am häufigsten gewählte Schulform. Das liegt keineswegs daran, dass es die einzige Sekundarschulform ist, die es in den 16 Bundesländern gibt. Sondern insbesondere daran, dass es die beliebteste Schule ist. Genau genommen: Es gibt sie überall, weil sie so beliebt ist. Um die Jahrtausendwende hat man gesagt, man dürfe den Deutschen die D-Mark nicht wegnehmen, denn es sei ein zu wichtiges Symbol. Das trifft ganz offensichtlich noch viel, viel stärker auf das Gymnasium zu.

Das Gymnasium hat sich in jedem Bundesland gehalten, allerdings um den Preis eines grundlegend veränderten Charakters. Während noch bis in die 1960er, also vor der ersten großen Bildungsexpansion, die Hauptschule relativ heterogen zusammengesetzt und das Gymnasium lediglich für eine kleine, sozial homogene Gruppe vorbestimmt war, haben sich der Umfang und die soziale Zusammensetzung der Schülerschaft diametral gewandelt. Das Gymnasium ist heute sozial heterogener als die Hauptschule.[194] An einer Hauptschule zu sein, ob als Lehrer oder Schüler, ist nicht mehr das Gleiche wie vor einigen Jahrzehnten. An einem Gymnasium zu sein, ob als Lehrer oder Schüler, ist nicht mehr das Gleiche wie vor einigen Jahrzehnten.

Neben dem Ausbau im Kita- und Ganztagsschulbereich sowie einer Ausdifferenzierung verschiedener Schultypen und -bezeichnungen (mit ganz unterschiedlicher Gewichtung und Bedeutung) gab es weitere Veränderungen: frühere Einschulung, kritische Betrachtung und Reduzierung von Klassenwiederholungen, verbindliche oder doch nicht verbindliche Übergangsempfehlungen, Inklusion von Kindern und Jugendlichen mit Behinderung/Beeinträchtigung, G8 oder doch G9 und viele weitere »Kleinigkeiten«, die für die Betroffenen und in Summe keine Kleinigkeiten sind. Dazu kommen diverse Versuche, über Leistungs- und Kompetenzstandards der KMK eine gewisse Vergleichbarkeit zwischen den Bundesländern herzustellen.

Die gesellschaftliche Aufmerksamkeit hat sich in den vergangenen zwei Jahrzehnten in ungekanntem Ausmaß auf Bildungspolitik und Bildungsforschung gerichtet, mit der Folge, dass es heute Testungen in allen Phasen gibt: etwa in der Kita, der Grundschule, der Sekundarstufe I oder im Rahmen des Zentralabiturs. Es werden Sozialindizes für Stadtteile und Schulen berechnet und die Bildungsbeteiligung, der Bildungserfolg und das Kompetenzniveau gemessen, und zwar differenziert nach Bundesland, Region, Stadt und Stadtteil. Ganz viele Zusammenhänge sind extrem gut erforscht, wie Kapitel II schlaglichtartig belegt. Erstaunlicherweise weiß man aber praktisch nichts darüber, was heute diskutiert wird und relevant ist. Etwa, wie zugewanderte Kinder eigentlich am besten die deutsche Sprache lernen und wie effektive Konzepte der schulischen Integration aussehen könnten, wenn Kinder zur Einschulung oder auch danach als Seiteneinsteiger sprachlich (und darüber hinaus) nicht die erwünschten Voraussetzungen erfüllen.[195] Man muss noch weitgehender feststellen: Es ist gar nicht klar, was die Grundschule voraussetzt.[196] Und noch verheerender: Wir wissen praktisch nichts darüber, wie man Begabungen bei Kindern der unteren Schichten (unabhängig von einem Migrationshintergrund) feststellen und fördern kann. Nicht nur die Gesellschaft, sondern auch die Wissenschaft hat sich sehr lange recht wenig für benachteiligte Kinder und für zugewanderte Kinder interessiert. Forschung und politische Maßnahmen hatten schwerpunktmäßig im Blick, Durchschnittswerte zu verbessern, überall ein wenig anzusetzen und alles etwas zu optimieren. Es ging aber kaum darum, spezifisch zu fördern: Weder potenzialorientiert noch kompensatorisch, um die benachteiligenden sozialen Faktoren gezielt auszugleichen.

Als zentrale »Strategie« im Umgang mit sozialer Ungleichheit erscheint die Bildungsexpansion, die kaum aufzuhalten ist und mit vielen problematischen Effekten zusammenhängt. Insbesondere hat sich die Situation für diejenigen ohne Abschluss oder mit einfachem Abschluss drastisch verschlechtert.[197] Der Anteil der kompetenz- und zertifikatsarmen jungen Menschen ist zwar relativ gering, aber erstens ist er deutlich höher als in vielen anderen Vergleichsstaaten, zweitens hat sich der Arbeitsmarkt derart gewandelt, dass für diese Menschen keine dauerhafte berufliche Perspektive möglich erscheint, und drittens sind es ganz überwiegend junge Menschen aus benachteiligten Milieus. Der internationale Vergleich, die ökonomischen Notwendigkeiten und alle Gerechtigkeitsperspektiven lassen diese Situation eigentlich als untragbar erscheinen.[198] Ich werde diesen Faden im letzten Kapitel wieder aufgreifen.

Diejenigen, die sich im hierarchisch gegliederten Schulsystem qualifizieren konnten, werden im Wesentlichen auf zwei unterschiedliche Laufbahnen vorbereitet: zum einen auf das Berufsausbildungssystem mit rein schulischen Ausbildungen (etwa zur Erzieherin) sowie der dualen Ausbildung in Berufsschule und Betrieb (etwa zur Bankkauffrau), zum anderen auf eine hochschulische Ausbildung. Der Anteil der dualen Ausbildung nimmt im Zeitverlauf tendenziell ab, die Bedeutung akademischer Bildung nimmt stetig zu. Die Tendenz ist analog zum Schulsystem zu sehen: Wie das Gymnasium entwickelte sich auch die Hochschule zum am häufigsten gewählten Weg hin zu einer beruflichen Qualifikation. Gleichzeitig haben berufliche Schulen einen Bedeutungszuwachs als Korrektiv für Defizite im allgemeinbildenden Schulsystem, insbesondere das Nachholen allgemeinbildender Abschlüsse, aber auch das sogenannte Übergangssystem, in dem die Jugendlichen verweilen, die weder Ausbildungs- noch Studienplatz haben. In diesem Übergangssystem, in dem ich selbst für einige Jahre als Lehrer an einem Berufskolleg tätig war, sitzen dann diejenigen zusammen in einem Klassenverband, die auf ganz verschiedenen Schulen aus der Umgebung nicht zurechtgekommen sind. Diese Form der beruflichen Benachteiligtenförderung sorgt regelmäßig dafür, dass die am stärksten Benachteiligten wieder unter sich sind.[199] Zudem werden das Übergangssystem und insbesondere die beruflichen Schulen für die Integration von geflüchteten und neu zugewanderten Jugendlichen sehr stark genutzt – auch und nicht zuletzt, um die allgemeinbildenden Schulen zu entlasten.

Die Bildungsexpansion hat also nicht nur Folgen für die Jugendlichen und jungen Erwachsenen, sondern auch für die Institutionen des Bildungssystems. Die Arbeitsbedingungen, Bildungsgänge und die Herausforderungen sind an beruflichen Schulen heute andere als noch vor 20 oder 40 Jahren. In der dualen Ausbildung sitzen viel mehr Jugendliche mit Abitur oder Fachhochschulreife als früher, in anderen Bildungsgängen der gleichen Schulen sitzen zunehmend junge Menschen mit multiplen Problemlagen und einer manchmal ausgeprägten und in aller Regel sogar nachvollziehbaren Schulmüdigkeit.[200] Die Gruppe der Auszubildenden wird tendenziell stärker (bei Unterschieden zwischen den Ausbildungsberufen), die Gruppe der Jugendlichen im Übergangssystem und im beruflichen Vollzeitschulbereich wird im Hinblick auf die Ausgangsbedingungen immer schwächer. In einem Berufskolleg zu sein, ob als Schüler oder Lehrer, ist nicht mehr das Gleiche wie vor einigen Jahrzehnten.[201] Vergleichbares gilt für Hochschullehrer und Studierende.[202] Wie in Kapitel III gezeigt, sinken als Nebeneffekt der Expansion in fast allen Institutionen die durchschnittlichen Kompetenzen der Lernenden, während sie im Vergleich der gesamten Jahrgänge (also schulformübergreifend) keineswegs sinken, sondern eher leicht steigen.

Wenn man diese enormen realen Veränderungen betrachtet, staunt man, dass sich die formalen Aufträge und Ziele der Institutionen, die Lehrpläne und Richtlinien sowie die Ausbildung des Personals im Vergleich dazu kaum verändert haben. Dadurch werden die ohnehin paradoxen Effekte der Bildungsexpansion nochmals verstärkt.

Unausgesprochen und weitgehend ungesteuert weitet sich der Auftrag der Institutionen immer weiter aus. Das liegt nicht nur an den gänzlich verschobenen Verteilungen auf die Schulformen sowie auf berufliche und akademische Bildung, sondern auch daran, dass es enorme gesellschaftliche Veränderungen gegeben hat. Der Arbeitsmarkt hat sich genauso gewandelt wie die Familien. Der soziale Status von Lehrern hat sich genauso geändert wie der Status eines Kindes. Und: Die offene Gesellschaft ist plural, divers und heterogen. Heterogen sind selbstverständlich auch die Ausgangsbedingungen und Lebenswelten der Kinder und Jugendlichen. Es gibt Kinder, die nur glutenfrei oder vegan ernährt werden sollen, und andere, um die sich in einem resignierten Milieu von Erwachsenen keiner kümmert. Etwa 40 % aller Kinder haben einen Migrationshintergrund, was eine wenig hilfreiche Kategorie ist, denn diese »Gruppe« ist in vielerlei Hinsicht heterogener als die 60 % ohne Migrationshintergrund.[203] In westdeutschen

Großstädten sind Anteile von mehr als 50 % zunehmend die Regel. Das ist eine Herausforderung, zweifelsfrei. Aber: Die Klassenzimmer repräsentieren die urbane Gesellschaft eher als das Lehrerzimmer.[204] Das wird in den Lehrerzimmern allzu oft übersehen oder ignoriert. Mehrsprachigkeit, Interkulturalität, Digitalisierung und grundsätzlich veränderte Kindheiten treffen auf Institutionen und Lehrerinnen und Lehrer, die sich vergleichsweise wenig geändert haben – und wenn es Änderungen gab, dann waren es reaktive Anpassungen, die immer der Zeit hinterherhinken.[205] Es sind in der Regel keine gestalterischen Ideen handlungsleitend, sondern eher Versuche, den Status quo zu halten.

Die immer stärker auseinandergehenden Lebenswelten von Kindern, insbesondere von Kindern aus sehr privilegierten, eher durchschnittlichen und prekären Verhältnissen, stellen die Institutionen zunehmend vor Herausforderungen. Die soziale Schere geht tendenziell leicht auseinander, die Konzentration von Reichtum oder Armut in einem Stadtgebiet hat sich deutlich verstärkt, und die ärmsten Stadtteile sind regelmäßig die kinderreichsten.[206] Und in dieser Gemengelage müssen Kitas, Schulen und ihr Personal vor Ort zurechtkommen – unter rechtlichen und infrastrukturellen Rahmenbedingungen, die eher an das letzte Jahrhundert erinnern.

In diese Gemengelage kamen in den letzten Jahren die großen Themen Inklusion und Geflüchtete hinzu. Durch Inklusion wurde ähnlich wie beim Kita-Ausbau in ohnehin angespannten Zeiten weiter Druck ins System geleitet, weil dieser Prozess nicht von wirklich geeigneten Reformen und Infrastrukturveränderungen begleitet wurde.

Anders als bei der frühkindlichen Betreuung sind Schulen viel stärker durchorganisiert, verrechtlicht und träge, sehen sich aber gleichzeitig mit viel höheren Erwartungen konfrontiert. Daher hat die Strategie »erst entscheiden, später die Rahmenbedingungen schaffen« bei der Inklusionspolitik weniger gut geklappt als beim Kita-Ausbau. Die verstärkte Teilhabe von Kindern und Jugendlichen mit körperlicher oder seelischer Beeinträchtigung liegt ganz sicher den allermeisten Pädagogen und Pädagoginnen am Herzen. Aber sie muss auch funktionieren. Auch das Thema Inklusion folgte keiner gestalterischen Idee, keinem Plan, häufig nicht einmal einem Plan für die solide Umsetzung. Dennoch: Die Förderschulen waren und sind auch kein Erfolgsmodell. Sie dienten zu häufig zur Entledigung von »ungemütlichen« Kindern und Jugendlichen – insbesondere in den Förderschwerpunkten »emotionale und soziale Entwicklung« sowie »Lernen«. Der Anteil derjenigen, die die Förderschule ohne Abschluss verließen, war zu hoch. Auch die Teilhabe nach der Schule war dürftig. Von den Vereinten Nationen kam eine Rüge, und es gab noch weitere ökonomische und normative Gründe für eine Veränderung. Es bestand also erheblicher Handlungsbedarf. Mit den konkreten Umsetzungen kann jedoch kaum jemand zufrieden sein.[207]

Und dann kam ab dem Jahr 2015 eine hohe Anzahl geflüchteter Kinder aus Kriegsgebieten nach Deutschland. Das hat in einigen Bundesländern die Schulen enorm belastet, weil das System ohnehin schon »auf dem Zahnfleisch ging«. Und wie bereits erwähnt: Man weiß bis heute wenig darüber, welche Form der Beschulung und welche Konzepte des Spracherwerbs für neu zugewanderte Kinder am günstigsten sind. Daher musste (erneut) improvisiert werden – mit extrem unterschiedlichen Maßnahmen und dem Ergebnis: Wildwuchs.[208]

Änderungen, Anpassungen und Ausweitungen ohne Entwurf – das kann auf Dauer nicht funktionieren. Entsprechend wird die Autonomie von Schulen immer wichtiger: Schulentwicklung, Schulmanagement, Imagepflege, Vernetzung mit verschiedenen Akteuren im Schulumfeld und Ähnliches. Im Prinzip geht es darum, die Dauerkrise zu managen. Denn die Reformen passten manchmal inhaltlich nicht zusammen, manchmal kamen sie zur Unzeit, manchmal blieben sie auch einfach aus – und mit den Geflüchteten kamen dann noch unvorhersehbare Herausforderungen dazu. Die beschriebenen asynchronen und asymmetrischen Entwicklungen lassen sich in einem Schlagwort zusammenfassen: Enorme Flexibilität im starren System bei Abwesenheit jeglicher Strategie.

25. Zur Komplexität des Lehrberufs

Eine träge Grundstruktur, ein Flickenteppich aus Reförmchen und ein aufgrund gesellschaftlicher Veränderungen deutlich gewandeltes Arbeitsumfeld haben den Lehrberuf nicht attraktiver gemacht. Zudem werden immer mehr Anforderungen gestellt: Verwaltungsaufgaben nehmen zu, die Komplexität des Alltags steigt, Erwartungen an Lehrer sind hoch, nicht zuletzt, weil die Schulen die einzigen Orte sind, in denen alle Kinder und Jugendlichen erreicht werden können. Entsprechend werden zur Lösung gesellschaftlicher Probleme als Erstes die Schulen und damit die

Lehrkräfte adressiert. All das geht dann auch noch einher mit einem schleichenden, aber spürbaren Statusverlust des Lehrers. Der Personalmangel und die Unzufriedenheit des vorhandenen Personals können da nicht überraschen. Und unter diesen Rahmenbedingungen sollte man lieber gar nicht erst darüber nachdenken, die wenigen noch verbliebenen Privilegien des Berufs infrage zu stellen, etwa den Beamtenstatus oder die Schulferien.

Was macht den Lehrberuf aus? Als Lehrer hatte ich ein Lehrdeputat von 25 Unterrichtsstunden, also nicht einmal 19 Zeitstunden pro Woche.[209] Ein Schuljahr hat ziemlich genau 40 Wochen – die Ferien machen 12 Wochen aus. Durch Feiertage und Brückentage kann noch mindestens eine Woche abgezogen werden. Man könnte also behaupten: Ich hatte einen Halbtagsjob mit über 60 Urlaubstagen, bei voller – im Übrigen ganz guter – Besoldung und mit den Privilegien des deutschen Beamtenstatus. Klingt beneidenswert.

Man kann die Geschichte aber auch anders erzählen. Ich war Lehrer an einem Berufskolleg. Die Schülerinnen und Schüler kamen aus allen Schulen der Umgebung: Gymnasien, Gesamtschulen, Realschulen, Hauptschulen, Förderschulen. Insgesamt 25 Unterrichtsstunden in zwei bis drei Fächern in 7 Bildungsgängen, 8 bis 10 Klassen, insgesamt über 200 Schülerinnen und Schüler, auf die ich mich einlassen musste: so schnell wie möglich die Vor- und Nachnamen den Gesichtern zuordnen, sie persönlich kennenlernen, permanent fördern und bewerten. Die verschiedenen Lehrpläne mussten eingehalten, die Zeiträume für Prüfungen berücksichtigt, die Klassenbücher und die eigenen Notizbücher geführt, Referendare unterstützt, Schulentwicklungspläne fortgeschrieben, Lehrer-, Bildungsgangs-, Zeugnis- und andere Konferenzen, Elternsprechtage und Elterngespräche, Schülerberatungsgespräche, Klassenfahrten, Exkursionen geplant und durchgeführt, Klassenarbeiten entwickelt und korrigiert, Konflikte zwischen Schülern oder Lehrern oder kreuzweise geschlichtet oder ausgetragen werden und viele weitere Details mehr.

Bei dieser Aufzählung ausgeblendet ist das Kerngeschäft: Anregender und bereichernder Unterricht, der darüber hinaus auch abrufbare und prüfbare Erkenntnisse liefert, musste geplant und durchgeführt werden. Das Ganze musste bis ins Detail – also didaktisch, methodisch, in Hinsicht auf das Unterrichtsmaterial – und auf längere Sicht geplant sein, denn ich musste mindestens das gesamte Halbjahr im Blick haben. Und dann waren da ja auch noch die 200 jungen Menschen im Klassenzimmer. Ich bewegte mich immer zwischen zwei Modi: einer getakteten Massenabfertigung und einer subjektorientierten, die Menschen als Individuen ernst nehmenden Perspektive. Und gleichzeitig ging es auch um die Klassenverbände als einzelne Gruppen und eine faire und gewissenhafte Bewertung. Alle gemeinsam und jeden individuell weiterentwickeln – und das klappte alles irgendwie, wenn nicht noch etwas dazwischenkam. Aber bei 200 Schülerinnen und Schülern und schätzungsweise 30 Lehrerinnen und Lehrern, mit denen man mehr oder weniger intensiv zusammenarbeitet, sowie der Schulleitung, die selbst permanent enorm viel zu managen hatte, kam jeden Tag etwas dazwischen, nicht zuletzt Mobbing, Gewalt, auffällige Verhaltensänderungen und entsprechende Krisenintervention und vieles mehr. All das waren wichtige Dinge, und überwiegend rechtliche oder pädagogische

Pflichten. Wenn ich an etwas sparen konnte, weil die Zeit einfach zu knapp wurde, dann musste es die Unterrichtsvorbereitung und die Weiterentwicklung des Unterrichts sein. Dann nahm ich einfach die Materialien aus den vergangenen Jahren oder improvisierte – und hatte nicht selten ein schlechtes Gewissen. Immer bestand das Risiko, dass irgendwann die Innovationskraft und die Variabilität für die Unterrichtsentwicklung, das eigentliche Kerngeschäft, auf der Strecke blieben.

Jetzt kann man überlegen: Woher soll man die Zeit und Energie nehmen, sich dazu noch mit sozialer Ungleichheit in Theorie und Praxis auseinanderzusetzen?[210] Denn man hat all die anderen Aufgaben und Pflichten auch weiterhin. Zudem müssen regelmäßig rechtliche und inhaltliche Änderungen berücksichtigt werden.[211] Es ist ein enorm vielseitiger, komplexer und belastender Job – ganz ohne systematische Berücksichtigung von Chancengleichheit.

26. Der Lehrer – Trainer oder Schiedsrichter?

Die vielen Reformen und Entwicklungen in den letzten 10 bis 15 Jahren haben dazu geführt, dass Lehrkräfte und Schulen auf sich allein gestellt sind. Vor Ort in der Schule muss mit den in der Folge entstandenen Inkonsistenzen umgegangen und zudem eine Vielzahl von sozialen Problemen bewältigt werden. Die größten Herausforderungen haben wahrscheinlich Gymnasien, weil sie als größte Schulform den Spirit von Exzellenz versprühen müssen und gleichzeitig die Hauptadressaten des kritischen Diskurses zur Chancenungleichheit sind. Wie können Lehrerinnen und

Lehrer damit umgehen? Ich möchte an zwei beispielhaften Zitaten deutlich machen, welche Haltungen es gibt.[212] Ich nenne die beiden Lehrkräfte ihren Aussagen entsprechend die »Schiedsrichterin« und den »Trainer« – die Haltungen korrespondieren im Übrigen mit ihrer Verbands- und Gewerkschaftszugehörigkeit.

Die Schiedsrichterin: »*Wir können* [am Gymnasium] *nicht bis zum Gehtnichtmehr fördern in Anführungsstrichen. Erstens haben andere Schulen bessere Möglichkeiten, diese Schüler zu unterstützen. Wir haben einen anderen Bildungsauftrag. Und dazu kommt, dass es ungerecht wäre, ich meine jetzt gegenüber den anderen Schülern auf den unteren Schulen.*«[213]

Der Trainer: »*Natürlich haben wir die Verantwortung. Ungerecht ist das System, klar, daran richte ich meine Arbeit aber nicht aus. Ich entscheide nicht, wer zu mir auf die Schule und in meine Klasse kommt. Ich entscheide auch nicht, was in anderen Schulen ist. Ich interessiere mich für die Kids, die hier bei mir sind. Wenn in der Klasse, mit der ich arbeite, ein Schüler die Leistungserwartungen nicht erfüllt, dann heißt das für mich, dass er sie noch nicht erfüllt. Wichtig ist für mich, dass er bis in die Oberstufe geführt wird und dann eine Leistung bringt, die stimmen muss. Bis wir da sind, sehe ich mich in der Verantwortung.*«

Bleibt an einem Gymnasium etwa eine Schülerin hinter den Leistungserwartungen zurück, dann ergibt sich ein Problem für die Lehrkräfte. Würde die Schülerin besonders gefördert, wäre dies aus systemimmanenter Perspektive ungerecht gegenüber den Schülerinnen und Schülern, die an Real- und Hauptschulen das gleiche oder vielleicht sogar ein höheres Leistungsniveau aufweisen.[214] Diese Betrachtungsweise – so irritierend sie zunächst auch wirken mag – zeugt in besonderer Weise von der Logik des Systems und ist auch in dieser Orthodoxie durchaus nachvollziehbar. Das Gymnasium, welches für die leistungsstärkeren Kinder und Jugendlichen gedacht ist, muss der Logik folgend stärker ein Ort der Bringschuld sein als andere Schulen. Klassenwiederholungen und Schulwechsel sind hierfür strukturell vorgegebene Maßnahmen, wohingegen systematische Förderung in einer ›Krisensituation‹ zwar möglich, aber nicht strukturell vorgesehen ist. Klassenwiederholungen und Schulwechsel sind dabei in ihrer Wirkung tatsächlich sehr kritisch zu sehen.[215]

Die derzeitigen Strukturen belohnen diejenigen Schulen und Lehrkräfte, die selektieren, anstatt zu fördern. Eine Schule, die durch das besondere Engagement der Lehrkräfte Klassenwiederholungen erfolgreich bekämpft, hat mit Ressourcenkürzungen, insbesondere Lehrstellenkürzung, zu rechnen, denn die Ausstattung einer Schule hängt vorwiegend von der Anzahl der Schülerinnen und Schüler ab. Klassenwiederholungen haben damit für Schulen – unter gegebenen Rahmenbedingungen – in zweifacher Hinsicht einen positiven Effekt: Erstens kann man sich von »Problemschülern« ohne besondere Anstrengung »befreien«, und zweitens erhöht man damit die Schülerzahl und somit die finanzielle Ausstattung der Schule. Das wird kein handlungsleitendes Motiv sein. Andersherum aber – und hierauf kommt es an – wird es brisant: Es bestehen keinerlei Anreize, sich mit den Ursachen von Leistungsabweichungen zu beschäftigen.[216] Solche Mechanismen und Strukturen fördern eine Mentalität, nach der eine Lehrkraft (strukturbedingt) immer den richtigen Unterricht macht und bei Misserfolgen nur die falschen Schüler hat. Bei langfristiger Unterschreitung der Leistungserwartungen in der Schule kann ein Problemschüler an eine andere Schule »abgeschoben« werden.[217]

Es gibt immer noch viele Klassenwiederholungen und Schulwechsel, aber es sind wesentlich weniger als noch vor 10 Jahren – und das trotz Expansion. Heute ist nicht mehr klar: Ist die Lehrkraft eher Trainer oder eher Schiedsrichter? Als Trainer sieht sie sich im Wesentlichen verantwortlich für den Einzelnen und die gesamte Gruppe, betont dabei stärker die Chancenentwicklung. Als Schiedsrichter sieht die Lehrkraft die Spieler, also die Schüler in der Pflicht und betont dabei von der Grundhaltung her besonders Leistungsgerechtigkeit. Keine Lehrkraft ist nur Schiedsrichter oder nur Trainer. Aber die Gewichtung der Rollen kann enorm variieren – und das System gibt hierfür keine klare Orientierung. Ursprünglich war die Schiedsrichterfunktion der Lehrkräfte an Gymnasien besonders stark ausgeprägt. Sie bewegt sich ungesteuert und leicht in Richtung Trainerfunktion – zumindest tendenziell.

Die Haltung *»Ich mach' immer den richtigen Unterricht, hab' aber zu oft die falschen Schüler«* ist nicht mehr so weit verbreitet, wie dies noch im vergangenen Jahrhundert der Fall war. Aber: Das System ermöglicht immer noch diese Rückzugsoption. Man kann sich fragen, warum ein Schüler in der 8. Jahrgangsstufe nicht mehr mitkommt, man kann sich damit beschäftigen und es als eigene Herausforderung annehmen – und dies passiert immer häufiger. Man muss sich dafür aber nicht interessieren. Mir sind viele Fälle bekannt, da haben die Lehrkräfte am Gymnasium überhaupt nicht wahrgenommen, dass im Leben einer Jugendlichen existenzielle Probleme und katastrophale Dinge passiert sind – Gewalt, Einschaltung des Jugendamts, Gerichtsprozesse, Änderung der Adresse und so weiter –, und es hat keine Lehrkraft nachgefragt oder das Gespräch gesucht, selbst dann nicht, als die Leistungen deutlich abfielen. Und mir sind genau entgegengesetzte Fälle bekannt.

Die Verlagerung der Verantwortung auf die einzelnen Lehrkräfte und die Einzelschule kann für das Gesamtsystem hochproblematisch werden. Denn man sieht, dass die durchschnittlichen Kompetenzen innerhalb einer Schulform nicht unbedingt besser werden, wohl aber die Noten – und zwar während das System expandiert.[218] Diese Verantwortungsübertragung lässt das System überleben, aber auch immer absurder werden. Denn die einzelne Schule und der einzelne Lehrer haben notwendigerweise nur einen begrenzten Einflussbereich und einen sehr engen Überblick. Strukturprobleme können sie nicht lösen. Und wenn man es doch erwartet, dann führt dies notwendigerweise zu Wildwuchs und Absurditäten.

Lehrer haben es nicht leicht. Interessant ist doch die Frage: Wie wird man überhaupt Lehrer? Und wer wird es? Der übliche Weg führt über das Studium an einer Universität oder einer pädagogischen Hochschule – die meisten Lehrkräfte haben selbst ein Gymnasium besucht, auch diejenigen, die etwa an Haupt- oder Realschulen unterrichten. Doch wer möchte nach dem Abitur Lehrerin oder Lehrer werden? Angezogen wird ein ganz bestimmter Personenkreis. Jeder und jede weiß recht genau aus der eigenen Schulzeit, was Lehrkräfte so machen. Entsprechend ist es das gesellschaftlich bekannteste Berufsbild. Der Lehrberuf wird relativ häufig von jungen Menschen gewählt, die orientierungslos vor der Wahl des Studienfachs stehen oder die Schule – so wie sie sie als Schüler erlebt haben – als guten Arbeitsplatz bewerten. Die Vorstellungen, es handele sich dabei um einen Beruf mit Beamtenstatus, guter biografischer Planungssicherheit, einer relativ freien Zeiteinteilung, langen Schulferien und ordentlicher Besoldung, sind sehr einseitige, aber dennoch keine falschen Beschreibungen der Rahmenbedingungen – und sie sind sehr weit verbreitet, da alle Menschen die Schule kennen.[219] Menschen suchen sich das zu ihnen passende berufliche Umfeld, in dem sie als Akteure bereits einen »Sinn für das Spiel« (Bourdieu) haben. Das System, so wie es ist, zieht Menschen an, die es sich gut vorstellen können, in diesem System zu arbeiten.

Wollte man ganz andere Typen von Lehrern und andere Personengruppen für diesen Beruf interessieren, müsste man das System Schule und das Konzept Lehrkraft und damit das gesamte Image von Lehranstalten ändern. Und dann müsste man die Lehrer(aus)bildung an der Universität und im Referendariat verändern.[220] Das Lehramtsstudium und die Rekrutierung von Professorinnen und Professoren an Universitäten müssten sich weitgehend anders darstellen.[221] Im Referendariat (bis zum Zweiten Staatsexamen) wird man von anderen Lehrerinnen und Lehrern ausgebildet. Überhaupt ist die Lehrerausbildung und insbesondere das Referendariat eine skurrile Phase.[222] Wie langwierig und umfassend ein solcher Umbruch wäre, liegt auf der Hand. Die heutigen Lehrkräfte und Hochschullehrer werden bis zu ihrer Pensionierung bleiben. Man kann sich keine neuen backen. Jede grundlegende Reform müsste aus dem laufenden Betrieb heraus umgesetzt werden – und sie müsste sofort funktionieren.

Und wenn man dann im Schulbetrieb als »fertige« Lehrkraft angekommen ist, dann sind die Anreizstrukturen sowohl spärlich als auch unproduktiv. Die zentralen Pflichten einer Schule und damit auch einer Lehrkraft liegen in der Erfüllung inputorientierter Vorgaben (Lehrpläne, Rahmenvorgaben, Datenverwaltung etc.). Die Beförderungspraxis hat kaum Bezüge zur professionellen pädagogischen Performanz, die weder auf allgemeine noch auf ungleichheitsbezogene Standards hin bewertet werden kann, da die Qualität der pädagogischen Arbeit einer Lehrkraft gar nicht festgestellt wird.[223]

Die Rahmenbedingungen sind – ich formuliere es vorsichtig – durchwachsen. Umso erstaunlicher ist, dass von Lehrkräften und einzelnen Lehrergewerkschaften viele Impulse ausgehen. Zudem haben sich gesellschaftliche Veränderungen auch im Lehrpersonal durchgesetzt – die Zusammensetzung der Lehrkräfte wird immer heterogener. Und eindeutig ist das zwischenmenschliche Verhältnis zwischen Lehrern und Schüler besser, das Interesse am Kind stärker ausgeprägt als früher. Der Unterricht hat an Qualität – unter weitgehend unveränderten Rahmenbedingungen – gewonnen.

27. Unterricht: überbewertete Trends im Kerngeschäft

Die Grundannahme eines »normalen« Lernverhaltens ist strukturell immer noch eine 45-Minuten-Taktung, ein inputorientiertes Lernen, ein fachlogischer Lehrplan, in dem systematisch Kapitel für Kapitel und Fach für Fach unterrichtet werden. Und es gibt nach wie vor die offiziellen und die heimlichen Lehrpläne.[224] Da hat sich nichts Wesentliches verändert – auch wenn es verschiedene Modellschulen, Projekte und Einzelmaßnahmen gibt, die diese Modi an einigen Stellen aufbrechen.

Wesentlich stärker hat sich der Unterricht selbst gewandelt: die Anordnung der Tische und Stühle, Unterrichtsmaterialien, Lernmethoden und Formen, didaktische Konzepte. Alles ist variabler und durchdachter als noch vor einigen Jahrzehnten. Der fragend-entwickelnde Unterricht (der Lehrer stellt in einer Unterrichtsstunde Dutzende Fragen, um die Schüler zu einer Erkenntnis zu bringen) sowie längere Lehrervorträge finden noch statt, aber diese beiden Formen des Unterrichts – man fasst sie häufig unter dem Begriff Frontalunterricht zusammen – prägen nicht mehr den gesamten Schulalltag von Kindern und Jugendlichen.

Moderne didaktische Modelle haben durchaus einen Beitrag dazu geleistet, dass sich der Unterricht in eine gute Richtung weiterentwickelt hat. Aber, wie immer, kommt es auf die Dosierung an. Drei Fehlentwicklungen setzen sich zunehmend durch: zum einen eine völlige Übertreibung der Bedeutung didaktischer Modelle und Konzepte für die Lernentwicklung des Kindes; zum anderen wurde lange Zeit gar nicht nach den Gelingensbedingungen auch für diese Modelle und Konzepte gefragt; zum Dritten interessierte kaum jemanden, ob und wie sich diese auf soziale Ungleichheiten auswirken.

Moderne Unterrichtsformen zeichnen sich durchweg durch Offenheit und Projekthaftigkeit des Unterrichtsformats aus und erfordern somit die Selbstorganisation des Lernenden. Genau diese Strategie kann sozial ungleiche Chancen weiter konservieren, da die besondere Herausforderung darin liegt, den Umgang mit Offenheit und die Fähigkeit zur Selbstorganisation nicht vorauszusetzen, sondern vielmehr in der Schule zu lehren.[225] Offene und individualisierte Lernarrangements führen auch dazu, dass sich die Unterschiede zwischen den Kindern weiter verstärken, weil damit auch Leistungsniveaus und Zeiträume individualisiert werden. Diejenigen Kinder, die bereits einen Vorsprung im Hinblick auf Leistungsniveau und Selbstorganisation haben, bauen diesen dadurch weiter aus.[226] Gerade unsichere oder noch leistungsschwächere Kinder brauchen Orientierung und Instruktionen für eine optimale Lernentwicklung. Man darf durchaus kritisch fragen, wie die gut gemeinten didaktischen Großkonzepte »Subjektorientierung« und »Lebensweltorientierung« von Lehrkräften aus dem Bildungsbürgertum umgesetzt werden. Welches Subjekt wird von der Lehrkraft unterstellt? Welche Lebenswelt hat sie im Blick? Wie sehr muss man die einzelnen Kinder kennen, ihre Existenzbedingungen und ihren Alltag, damit man auch über weite soziale und habituelle Distanzen hinweg eine Subjekt- und Lebensweltorientierung vollzieht, die sich nicht an der Mittelschicht oder gar dem Bildungsbürgertum orientiert?

Kinder, die in ihrer Lebenswelt unter äußeren Zwängen stehen, werden Freiheiten in der Schule nutzen und sich beispielsweise dem Unterricht entziehen. Da in der Lebenswelt dieser Kinder Selbstorganisation kaum vorkommt, stellt offener Unterricht enorme Anforderungen an die Lehrkraft. Intrinsische Motivation ist zudem etwas, was sich in bestimmten Milieus kaum ausbilden kann – weil man es sich unter den Rahmenbedingungen gar nicht »leisten« kann (vgl. Kapitel IV). Entsprechend lernen viele Kinder unter Anleitung deutlich besser als in offenen Unterrichtsformaten, oder sie müssen systematisch auf den Umgang mit offenen Lernsituationen vorbereitet werden, was Zeit in Anspruch nimmt. Dass innerhalb dieser offenen Formate zusätzlich individuell gefördert wird, um Nachteile abzubauen, erscheint ausgesprochen ambitioniert. Wenn eine Lehrkraft besonders talentiert und motiviert ist und zudem die Rahmenbedingungen stimmen, dann sind die offenen Lernarrangements, in denen zudem individuell und ungleichheitssensibel gefördert wird, tatsächlich gut. Aber das sind Grundannahmen, die für den flächendeckenden Unterricht von deutlich mehr als 8 Millionen Schülerinnen und Schülern durch über 760 000 Lehrkräfte an allgemeinbildenden Schulen in Deutschland schlichtweg unrealistisch sind.[227] Derart idealistische Grundannahmen sind in einem so großen System unangebracht.

Man kann auch andersherum denken: Wenn alle Kinder von ihrer Familie Druck bekämen und die Eltern daheim darauf achteten, dass der Unterrichtsstoff mindestens ein bis zwei Stunden wiederholt und eingeübt wird, und wenn alle Kinder und Eltern (und Lehrer) daran glaubten, dass es keine Begabung gibt, sondern nur der Fleiß entscheidet, dann wären die Leistungen höchstwahrscheinlich besser.[228] Zeitmanagement, Pflichtbewusstsein, Konzentrationsfähigkeit und Durchhaltevermögen – wenn alle Kinder diese Eigenschaften mitbrächten oder zu Hause und in der Schule trainieren würden, dann könnten wir auch bereits ab der 6. Klasse Vorlesungen halten. Aus guten Gründen tun wir das nicht, nicht zuletzt auch deshalb, weil ein derart mechanisches und autoritäres Lernverständnis nicht zu unserer Kultur und Gesellschaft passt.

Moderne Lernformen passen da schon eher. Die meisten dieser modernen Ansätze stellen das Kind oder gar das Gehirn des Kindes in den Mittelpunkt der Überlegung. Dagegen ist zunächst nichts einzuwenden. Aber der gesamte Klassenverband sollte genauso mitgedacht werden wie die sozial sehr unterschiedlichen Lebenswelten und Startvoraussetzungen. Die Lehrer, die Lehrpläne, das Schulsystem und viele weitere »störende« Faktoren und Zwänge sollten unbedingt auch berücksichtigt werden. Die Realität funktioniert nicht wie unter Laborbedingungen. Alles in allem sollten moderne Unterrichtsformate weiterentwickelt werden, aber mit einer moderaten und pragmatischen Haltung. Es ist gut, wenn Kinder und Jugendliche zu Wort kommen, selbst aktiv werden, das Gelernte anwenden und auch Fragen selbst entwickeln. Aber: Genau dies darf nicht vorausgesetzt, sondern muss systematisch gelehrt und befördert werden. Dadurch wird diese Form des Unterrichts unglaublich anspruchsvoll. Das gesamte Unterrichtsgeschehen muss gesteuert werden, der Lehrer ist mehr als nur Coach und Lernbegleiter. Für viele Kinder aus benachteiligten Milieus ist die Lehrkraft die einzige erwachsene Person aus einem anderen Milieu mit einer vollkommen anderen habituellen Prägung. Die Lehrkraft ist nicht nur als Organisator von Lerngelegenheit, sondern als Person wichtig, als Orientierungs- und Reibungspunkt. Sie muss präsent sein.

Im Übrigen hat auch die »Kompetenzorientierung« nicht dazu beigetragen, dass soziale Ungleichheiten in der pädagogischen Praxis stärker berücksichtigt wurden. Die in der Schulpolitik und der OECD gebräuchliche Definition des Kompetenzbegriffs stammt vom Kognitionspsychologen Franz E. Weinert. Er versteht Kompetenzen als

> *»die bei Individuen verfügbaren oder durch sie erlernbaren kognitiven Fähigkeiten und Fertigkeiten, um bestimmte Probleme zu lösen, sowie die damit verbundenen motivationalen, volitionalen und sozialen Bereitschaften und Fähigkeiten, um die Problemlösung in variablen Situationen erfolgreich und verantwortungsvoll nutzen zu können«.*[229]

Insbesondere die Bereiche Motivation (auf Ziele), Volition (auf die Umsetzung) und Kooperation (auf andere Menschen bezogenes Handeln) stehen in einem unmittelbaren Kontext zur Lebenswelt und zum Habitus der Schülerinnen und Schüler. Während die Schule in umfangreichem Maße kognitive Fähigkeiten ausbildet, werden motivationale, volitionale und soziale Kompetenzbereiche kaum systematisch gefördert. Wenn also in verschiedenen Themen- und Fachbereichen habituelle Aspekte gefordert, aber nicht gefördert werden, besteht durchaus die Gefahr, dass die Herkunftsfamilie weiterhin eine zentrale Rolle spielt – vielleicht sogar noch stärker als bisher.[230] Die Frage ist also nicht, ob die Definition gut oder schlecht ist – sie ist in jedem Falle hochgradig plausibel –, sondern ob sie so verstanden werden kann, dass die habituellen Aspekte der Definition auch systematisch in der Praxis berücksichtigt werden. Denn ansonsten wäre sie lediglich die etwas präziser und zeitgemäßer formulierte Variante der bereits zweimal zitierten Empfehlung der KMK.

28. Grundprobleme und Nebenschauplätze

Insgesamt ist der Bereich Bildung in mehrfacher Hinsicht ungleich finanziert. Erstens sind die gesamten Ausgaben für Bildung etwa auf dem Niveau des OECD-Durchschnitts; zweitens ist die Ausgabenstruktur sozial benachteiligend angelegt, da in den wichtigsten Entwicklungsphasen von Kindern die Unterfinanzierung am stärksten ist und damit der Einfluss der familiären Herkunft auch langfristig stärker ins Gewicht fällt; drittens steigen die Ausgaben pro Schüler erst in der Sekundarstufe II, wenn also nur noch ein Teil der Jugendlichen davon profitiert, auf einen internationalen Spitzenwert; viertens wird erst spät im Bildungsverlauf in den Ausgleich bereits etablierter Defizite investiert (an Hauptschulen und im beruflichen Übergangssystem). Für einen wirksamen Ausgleich ungleicher Chancen müsste diese Ausgabenstruktur auf den Kopf gestellt werden.

Bei jeder Bildungsreform wurde bisher differenziert, statt zu vereinheitlichen, Stückwerk ersetzte regelmäßig Strategie: Es gibt eine kaum zu überschauende Vielzahl von Schwerpunkten an Förderschulen, von Schulformen im allgemeinbildenden Schulsystem, von beruflichen Bildungsgängen (insbesondere beim Übergang von Schule zu Ausbildung), von Möglichkeiten, Schulabschlüsse nachzuholen, von Hochschulformen und -zugängen, von rechtlichen Bestimmungen und Lehrplänen und so weiter. In der Gesamtbetrachtung scheint es im deutschen Bildungssystem also eine besonders ausgeprägte Neigung zur Differenzierung und Homogenisierung zu geben, ohne dass dadurch wirklich homogene Lerngruppen entstünden. Bei den Reformen der vergangenen Jahrzehnte wurde kaum auf die Aufrechterhaltung der Konsistenz des gesamten Systems geachtet. Zuletzt treten insbesondere die Bezeichnungen von Schulformen, die Dauer der Schulzeit oder die Klassengrößen in den Vordergrund bildungspolitischer Debatten.[231] Schulen und Lehrkräfte werden mit neuen Anforderungen, komplexen Veränderungen und zunehmenden Erwartungen konfrontiert, die sich zugleich nicht in den zur Verfügung stehenden Rahmenbedingungen widerspiegeln. Man benötigt eine Strategie.

Die Narrative zur Realität und zum Ideal des Unterrichts sind vielfältig, aber in der Regel geht es um zwei grundlegende Thesen: Das derzeitige System fokussiere Lernen im Gleichschritt und mit einer Überfülle an Inhalten, deren Sinn und Anwendbarkeit sich Kindern häufig nicht erschlössen, wobei die Schule weniger als Vorbereitung auf das Leben, sondern eher als Ausdauerprobe in einem Simulationsapparat verstanden wird, in dem Zielstrebigkeit und Anpassungsfähigkeit die zentrale Rolle spielen. Dem wird ein Idealbild von Schule und Unterricht gegenübergestellt, in dem die Kinder frei und selbstgesteuert die Welt entdecken sollen und die Lehrkräfte nur noch Begleiter auf dem Weg zur Selbstentfaltung und zur Aneignung der Welt sind. So kommen wir nicht weiter. Die Realität ist nicht so düster, das Ideal voller blinder Flecken.

Das Bildungssystem ist von der Kita bis zur Universität ein hart umkämpftes Feld, in dem Privilegien verteidigt werden. Die Grundlogik lässt sich daher nicht ohne Weiteres ändern: Die im Schulsystem wirksame ›Theorie der Förderung‹ setzt vielmehr auf Selektion und Homogenisierung als auf individuelle und ungleichheitssensible

Förderung.[232] Das darf man bemängeln, aber nicht ignorieren. Ideologische Kämpfe haben das Bildungssystem dahin gebracht, wo wir jetzt stehen. Machtverhältnisse müssen genauso berücksichtigt werden wie die Trägheit des Systems, die Rahmenbedingungen, die wir haben, und die Herausforderungen, die sich fernab von Laborbedingungen stellen. Veränderungen im System müssen sofort funktionieren, Eltern sind nicht geduldig, wenn es um ihre Kinder geht. Privilegierte Eltern sind besonders empfindlich.

Das hört sich ernüchternd an. Aber man kann dennoch eine Menge tun, gerade wenn nicht Ideologien und auch nicht bloßer Systemerhalt, sondern Evidenzen, Pragmatismus und ein ehrliches Interesse an den zentralen Problemen die Reformfantasien prägen.

VI. BILDUNG DER ZUKUNFT

Die Herausforderungen rund um die Bildungsbenachteiligung lassen sich weder durch einen radikalen Umbau des Bildungssystems noch durch kleinere Maßnahmen bewältigen. In diesem Kapitel möchte ich konkrete Vorschläge machen, die sich an den folgenden Fragen orientieren: Welche zentralen Problemstellungen gibt es im Bildungssystem im Allgemeinen sowie im Hinblick auf ungleiche Chancen im Speziellen? Welche Entwicklungen sind jetzt schon günstig, und wie kann man sie aufgreifen und verstärken? Wie können insbesondere Schulen in die Lage versetzt werden, den hohen Erwartungen gerecht zu werden? Grundlegend für meine Überlegungen ist zum einen, dass Lehrkräfte einen sehr überschaubaren Beitrag leisten können, und zum anderen, dass Strukturfragen weniger relevant sind als die Rahmenbedingungen der einzelnen Schulen. Die Reformideen sind gleichermaßen pragmatisch wie umfassend.

29. Gesellschaft der Zukunft

Das Bildungssystem der Gegenwart spiegelt noch erkennbar den industriell geprägten Arbeitsmarkt und die alte Klassengesellschaft wider. Arbeitsmarkt und Gesellschaft haben sich ganz fundamental gewandelt – aber man kann nach wie vor von einer Industrie- und Klassengesellschaft sprechen. Bis ins letzte Jahrhundert konnte man noch mehr oder weniger streng zwischen geistiger und körperlicher Arbeit unterscheiden. Die industrielle Produktion ließ sich bis in die zweite Hälfte des 20. Jahrhundert folgendermaßen skizzieren: detaillierte Anweisungen und zerlegte Aufgaben, die nur einen Weg zum Produkt ermöglichen; festgelegte Einwegkommunikation mit eng abgesteckten Inhalten; exakte Vorgabe zu Ort und Zeit der Produktion; quantifizierte Zielvorgaben für den Einzelnen; Entfremdung der Tätigkeit des Einzelnen vom Gesamtziel. Eine ähnliche Organisationsstruktur hatte auch die Schule – und sie hat sie zum Teil auch heute noch: Es gibt einen Lehrplan, der den Input relativ genau vorgibt; dieser Input wird in einen 45-Minuten-Takt zerlegt; Lehrkräfte stellen in diesem Zeitraum etliche Fragen, die sich die Schülerinnen und Schüler in der Regel nie selbst stellen; es gibt verschiedene »Fließbänder« für hochwertige, mittlere, einfache und niedere Qualitäten (Schulformen) und eine kontinuierliche Auslese bei Abweichungen von Toleranzgrenzen (Noten, Klassenwiederholungen und Schulformwechsel).

Im Bildungssystem hat sich – wie beschrieben – unheimlich viel verändert. Aber man kommt nicht um die Erkenntnis herum, dass sich wenige Bereiche unserer Gesellschaft so wenig gewandelt haben wie die Strukturen und Institutionen der organisierten Bildung. Würde man nun wissen, in welche Richtung sich Arbeitsmarkt und Gesellschaft in Zukunft bewegen werden, würde es wesentlich leichter fallen, die Reformrichtung festzulegen. Leider wissen wir das nicht. Wir wissen lediglich Dinge, die auch heute schon gelten: Es werden zunehmend hoch qualifizierte und immer weniger un- oder angelernte Arbeitskräfte benötigt. Migration wird dauerhaft eine zentrale Realität sein. Deshalb wird die Bevölkerung nicht schrumpfen, aber weiterhin altern. Und die großen Themen Digitalisierung, Klimawandel und soziale Ungleichheit werden in veränderter Form erhalten bleiben. Sicher ist also nur, dass sich enorm viel verändern wird, aber nicht, wie sich all das in den nächsten Jahrzehnten darstellen wird. Wir wissen vieles deshalb nicht, weil wir soziale und technologische Entwicklungen und ihre Durchschlagskraft nicht kennen können. Vergessen darf man aber auch nicht, dass ein erheblicher Teil dessen, was die Realität der Zukunft ausmachen wird, von Entscheidungen abhängt. Einige Entwicklungen kommen auf uns zu, andere kommen aus uns.[233] Zu häufig werden Gestaltungsspielräume übersehen oder nicht genutzt und dann in den Bereich der Eigenverantwortung des Einzelnen übertragen. Wenn dies dann nicht gelingt, soll das Problem mangelnde Bildung gewesen sein. Auch die Bildungspolitik ist hierfür keine Lösung, sondern ein Teil des Problems.

Die Gesellschaft der Zukunft ist eine langsam alternde, migrantische, digitalisierte und zunehmend nachhaltige Gesellschaft. Die Zukunft besteht aus abstrakten Herausforderungen, die sich heute schon abzeichnen, über die sich aber wenig konkret und sicher sagen lässt. Es gibt offene Fragen: Inwieweit wird zukünftig soziale Sicherheit staatlich garantiert? Wird es noch Erwerbsarbeit im herkömmlichen Sinne geben? Wird es gelingen, Wirtschaftswachstum ohne CO_2-Ausstoß zu generieren? Werden wir neue Formen des gesellschaftlichen Zusammenhalts entwickeln? Es gibt unzählige weitere Fragen, die sich durchweg nicht beantworten lassen.

Die Zukunftsvisionen reichen von der Utopie solarenergiegetriebener intelligenter Roboter, die den Menschen alle notwendigen Dinge abnehmen, sodass diese sich den schönen und sinnstiftenden Dingen widmen können, bis hin zur Dystopie, in der Menschen von Algorithmen gesteuert werden. Es könnten sich autokratische Regime etablieren oder humane Formen des Kommunismus.[234] Das gesellschaftlich wirksame Menschenbild könnte sich in die eine oder andere Richtung verändern – Datenschutz und Privatsphäre unterliegen bereits einem deutlichen Wandel. Es könnte aber auch ein totaler Kollaps drohen – was handwerklichen Fähigkeiten wieder größere Bedeutung zukommen ließe. Und zuletzt mag es auch möglich sein, dass es Mensch-Maschine-Hybride in Zukunft geben wird.[235]

Nicht unwahrscheinlich ist auch eine Aufwertung des Geistes: Im Nachgang zur ersten Industriellen Revolution ersetzten zunehmend Maschinen die körperliche Arbeit, und gleichzeitig wurden Nahrungsmittel immer verfügbarer, wodurch Bewegungsmangel und fehlende körperliche Fitness bei weiten Teilen der Bevölkerung zum Problem wurden. Die Folgen sind Übergewicht auf der einen und eine zunehmende »Optimierung« des Körpers auf der anderen Seite. Möglich wäre, dass die derzeitige digitalindustrielle Revolution unseren Geist zunehmend überflüssig macht, wodurch fehlende kognitive Fitness zum zentralen Problem würde – gegebenenfalls mit ähnlichen Folgen auf den Geist wie zuvor auf den Körper. Es ließen sich auch ganz andere vermutete Entwicklungen plausibel nachzeichnen. Die Wahrheit ist:

Spekulationen über eine mögliche Zukunft führen nicht weiter. Die zentrale Frage sollte daher nicht sein, welches Bildungssystem unsere Gesellschaft in Zukunft braucht. Es geht vielmehr darum, zu fragen, welches Bildungssystem in der aktuellen Situation benötigt wird. Unsere Gegenwart ist geprägt von großen Fragen zu weit fortgeschrittenen Veränderungen: Klimawandel, Digitalisierung, Globalisierung und neue Formen sozialer Ungleichheit. Das Bildungssystem expandiert ohne Strategie. Lehrkräfte sehen sich mit immer höheren Erwartungen und größeren Herausforderungen konfrontiert. Familien befinden sich permanent im Wandel. Kindheiten verändern sich. In Umbruchszeiten ist Bildungsarbeit kein einfaches Geschäft. Aber man sollte es auch nicht komplizierter und unübersichtlicher machen als nötig.

Und bei all diesen Diskontinuitäten und Veränderungen hält sich Chancenungleichheit relativ stabil. Aus ökonomischen und normativen Gründen ist ein Mehr an Chancengleichheit aber von zentraler Bedeutung.

30. Bildungspolitische Ziele

Niemand kann wissen, auf welche Zukunft die nächsten Generationen vorbereitet werden sollten. Gleichzeitig scheinen sich alle einig, dass das Bildungssystem, so wie es heute ist, nicht bleiben kann. Aber da endet schon die Einigkeit. Das jetzige System passt insofern zu unserer Gesellschaft, als es das Ergebnis einer historischen Entwicklung gepaart mit einer allgemeinen Unentschlossenheit beziehungsweise Uneinigkeit ist.

Es gibt unterschiedliche Perspektiven und Interessen. Voll und ganz logisch im Sinne von »alles aus einem Guss« wird es nicht gehen, denn dafür müsste man heute einen Konsens darüber erzielen, wie das Bildungssystem in

30 Jahren sein soll. Denn so lange dauert eine grundlegende Reform, da neben den Strukturen und Gesetzen auch die Lehrerausbildung an Universitäten und im Referendariat entsprechend angepasst werden müsste. Jede Reform muss den Status quo als Ausgangspunkt nehmen. So wünschenswert grundlegende Reformen sein mögen, so unwahrscheinlich ist es, dass sie kommen werden. Dennoch gibt es bestimmte Ziele und Prinzipien, an denen man sich orientieren kann, wenn man Verbesserungen einleiten möchte.

Folgende 4 Ziele sollten – aus meiner Perspektive – für alle Bildungsinstitutionen von der Grundschule bis zum Ende der Sekundarstufe I verfolgt werden:

Erstens: Die Beseitigung von Ungerechtigkeiten, mit Blick auf soziale Herkunft und Bildungserfolg, muss in Angriff genommen werden. Hier muss es einen sozialen Ausgleich geben, der an den drei zentralen Entstehungskontexten sozialer Benachteiligung ansetzt (Familie und Umfeld, Bildungssystem, Entscheidungsverhalten). Kinder unterer Schichten benötigen dringend stärkere Unterstützung, denn: Ein zentrales (gesellschaftliches) Problem ist der hohe Anteil an kompetenzschwachen Kindern und Jugendlichen. Von dieser Kompetenzarmut sind ganz überwiegend Kinder aus unteren Schichten betroffen (mit und ohne Migrationshintergrund). Ein anderes (gesellschaftliches) Problem ist der vergleichsweise geringe Anteil besonders kompetenzstarker Kinder und Jugendlicher. Daher müssen die Begabungsförderung in der Breite (»jedes Kind ist begabt«) und Exzellenzförderung für außergewöhnliche Spitzenleistungen stärker ausgebaut werden. Auch hier gilt: Kinder und Jugendliche aus unteren Schichten sind viel zu selten im obersten Kompetenzbereich und werden nach wie vor zu selten in der Begabtenförderung berücksichtigt. Die Förderung von benachteiligten Kindern ist also in jedem Bereich von zentraler Relevanz, darf aber nicht zulasten anderer Kinder geschehen.

Zweitens: Lehrer müssen unbedingt entlastet werden, damit der Unterricht das Kerngeschäft bleibt und gleichzeitig die realistische Erwartung auf eine ungleichheitssensible Diagnostik und Förderung gestellt werden kann. Mit der Didaktisierung sollte man es dabei nicht übertreiben.

Drittens: Von Eltern sollte nicht zu viel erwartet werden. Die wenigen Erwartungen, die an die Eltern gestellt werden, sollten konkret sein, transparent gemacht und begründet werden. Sowohl Familien in prekären Lebenslagen als auch neu zugewanderte Familien müssen in der Lage sein, die Erwartungen zu verstehen und zu erfüllen. Die Kooperation zwischen Schule und Familie muss gleichzeitig verstärkt werden.

Viertens: Das Bildungssystem würde von mehr *Übersichtlichkeit* in der Struktur, Klarheit in den Erwartungen (an Kinder, Eltern und Lehrer) sowie einer konsistenteren Strategie profitieren. Sowohl die äußere Struktur, also das Bildungssystem an sich, als auch die innere Struktur, also die Rahmenbedingungen und Handlungsspielräume für die einzelnen Schulen, müssen entsprechend modifiziert werden.

Diese 4 Ziele sollten nicht zulasten der derzeitigen Stärken des Bildungssystems gehen. Die Stärken sollten erhalten bleiben, und gleichzeitig sollte man Entwicklungen, die sich in den letzten Jahren und Jahrzehnten etabliert haben, aufgreifen und verstärken:

Das Gymnasium ist (neben der Grundschule) die einzige Schulform des allgemeinbildenden Schulsystems, die es in allen Bundesländern gibt. Zwar verstärkt Selektion soziale Ungleichheit, allerdings wäre es äußerst ungünstig, die beliebteste und die letzte alle Bundesländer verbindende Schulform abzuschaffen oder umzubenennen. Auch die kreative Idee, ein Einheitsschulsystem mit einer Schulform für alle zu etablieren und diese Schulform »Gymnasium« zu nennen, ist nicht zielführend.

Die berufliche Bildung in Deutschland, insbesondere die duale Ausbildung, ist ein Erfolgsmodell. Auch sie verstärkt soziale Ungleichheit, weil sie insbesondere talentierte Arbeiterkinder von einem Studium »ablenkt«. Gleichzeitig gewährleistet die duale Ausbildung – durch die Ausbildung im Betrieb und in der Berufsschule – eine hohe Qualität. Die berufliche Bildung insgesamt hat einen großen Anteil daran, dass die Jugendarbeitslosigkeit in Deutschland vergleichsweise gering ist und die Möglichkeiten der Qualifizierung von Neuzugewanderten im Jugend- und jungen Erwachsenenalter vergleichsweise vielfältig sind. Überhaupt gibt es eine große Vielfalt an (Weiter-)Bildungsmöglichkeiten nach Verlassen des allgemeinbildenden Schulsystems, die es ermöglichen, alle Abschlüsse und Zugangsberechtigungen jederzeit zu erlangen.

Der quantitative Ausbau der Ganztagsbetreuung vom elementaren über den primären bis hin zum sekundären Bereich des Bildungssystems ist das zentrale Thema, das aufgegriffen und weiter verstärkt werden sollte.

Das bestehende System, die vorhandenen Lehrkräfte und die Bedürfnisse der Eltern müssen berücksichtigt werden, weil man sonst Gefahr läuft, Luftschlösser zu bauen.

Der Bildungsföderalismus hat zu vielen unterschiedlichen Bildungssystemen geführt. Da die Bildungspolitik zu den letzten Domänen gehört, die von der Landespolitik weitgehend eigenständig gestaltet werden können, wird sich daran auf absehbare Zeit kaum etwas ändern lassen – und im Übrigen wäre das auch nicht unbedingt wünschenswert.[236] Auch Lehrkräfte sprechen nicht mit einer Stimme. Die verschiedenen Gewerkschaften und Verbände im Bildungsbereich vertreten unterschiedliche Positionen, und zum Teil gibt es je nach Bundesland und Landesvertretung selbst innerhalb ein und derselben Gewerkschaft abweichende Positionen. Es versteht sich zudem von selbst, dass unter den Lehrkräften – wie in jedem anderen Berufsfeld – die Kompetenzen und das Engagement variieren. Und nicht zuletzt haben auch Eltern ganz unterschiedliche Interessen: Manchmal ist es die Absicherung von sozialen Privilegien, aber nicht selten missfällt es engagierten Eltern nachvollziehbarerweise, wenn der Eindruck entsteht, an der Generation ihrer Kinder würde herumexperimentiert.

Diese Rahmenbedingungen stellen die Grundlagen für die weiteren Überlegungen dar. Daher wird keine strenge beziehungsweise ausschließliche Orientierung an den Bedürfnissen von Kindern und Jugendlichen erfolgen, wie sie von der Bildungsforschung oder der Entwicklungs- und Lernpsychologie dargelegt wird. Könnte man die Gesellschaft bei der Gestaltung des Bildungssystems vollkommen ausblenden, wären die großen Entwürfe der Reformpädagogik oder der prominenten öffentlichen Intellektuellen – zuletzt etwa von Gerhard Hüther oder Richard David Precht – grundsätzlich zu befürworten.

Gäbe es da nicht das Problem der Gesellschaft. Zum einen wollen diese Bildungsvisionen und -revolutionen im Kern eine andere Gesellschaft, zum anderen übersehen sie allzu häufig die Mechanismen sozialer Ungleichheit, die sich nicht durch guten Willen allein auflösen lassen. Eine andere Gesellschaft durch radikale Veränderungen im Bildungssystem etablieren zu wollen, zeugt von einem ausgeprägten Gestaltungsoptimismus und einer fehlenden Sensibilität für die Komplexität. Man muss beispielsweise mit den weit mehr als 1 Million Lehrenden in allgemeinbildenden und berufsbildenden Schulen sowie an der Lehrerausbildung Beteiligten arbeiten – mit all ihren Potenzialen und Beschränkungen. Von Lehrenden etwas zu erwarten, das sie nicht imstande sind zu leisten, ist eine – vorsichtig ausgedrückt – ungünstige Ausgangsbedingung.[237] Dies lässt sich auch nicht dadurch kompensieren, dass man massenhaft Quereinsteiger, Arbeitslose oder Rentner einsetzt. Wer ernsthaft glaubt, mit weniger Lehrkräften und weniger ausgebildeten pädagogischen Fachkräften und mehr Praktikern würde eine bessere Lehre möglich sein, unterschätzt die Anforderungen des Lehrberufs und überschätzt das Vorhandensein geeigneter Personen, die hoch motiviert und verlässlich Tag für Tag und Jahr für Jahr qualitativ hochwertige Lehre leisten. Es gibt begründete Zweifel daran, dass es so einfach geht.

In öffentlichen Diskussionen hat sich etabliert, das Bildungssystem zunächst als vollständig gescheitert darzustellen, um diesem konstruierten Desaster ein Luftschloss gegenüberzustellen. In mindestens zweierlei Hinsicht ist dieses Vorgehen unproduktiv: Zum einen ist das bestehende System nach realistischen Maßstäben – also im historischen und internationalen Vergleich – nicht gescheitert, es hat vielmehr einige Schwächen. Zum anderen ist die Vorstellung, man könnte in einem historisch gewachsenen Kernsystem der Gesellschaft eine Revolution anzetteln oder eine Vision verwirklichen, sehr unrealistisch. Schwarzmalerei ist nicht konstruktiv und macht nur noch unzufriedener. Auch mein Anliegen ist es, die Bildungsinstitutionen zu einem besseren Lern-, Entwicklungs- und Arbeitsort zu machen, allerdings unter Berücksichtigung des Status quo und der genannten Ziele.

Die oben beschriebenen 4 Ziele zu verfolgen bei gleichzeitiger Erhaltung der Stärken des Bildungssystems und unter Berücksichtigung des Status quo, erfordert ein vielschichtiges Vorgehen. Es gibt durchaus allgemeine Systemfragen, die man berücksichtigen sollte, allerdings sind es – abgesehen von strategischen Maßnahmen zum Verhältnis von beruflicher und akademischer Bildung – die am wenigsten relevanten Punkte. Von zentraler Bedeutung ist das Mikrosystem der einzelnen Schule und der einzelnen Kita. Hier könnten durch den Ausbau und die Aufwertung des Ganztags Rahmenbedingungen geschaffen werden, die die Persönlichkeitsentwicklung und die Horizonterweiterung von Kindern und Jugendlichen befördern und zugleich soziale Ungleichheiten abbauen. Gleichzeitig würden Lehrkräfte von einigen Aufgaben entlastet werden, sodass der Spagat zwischen Klassenunterricht und individueller Förderung besser gelingt.

Den Zielen, Kinder in ihrer Entwicklung noch besser zu unterstützen und die Institutionen zu Orten zu machen, an denen alles, was die Welt zu bieten hat, erlebbar ist, kann man sich auch ohne Revolution und Vision annähern. Die

Vielfalt der Welt und die Vielfalt der Formen des Zusammenlebens erfahrbar zu machen – das wäre schon ein großer Schritt.

31. Äußere Strukturen: Bildungssysteme

Die fundamentalsten Änderungen in den vergangenen Jahren betreffen die frühkindliche Bildung. Der Elementarbereich wurde und wird weiter ausgebaut. Diese quantitative Ausweitung in die Breite muss nun zunehmend durch qualitative Verbesserungen in der Tiefe ergänzt werden. Selbst bei der derzeitigen Ausstattung der Kindertageseinrichtungen und Qualität der Betreuung ist ein deutlicher positiver Effekt für die Kinder nachweisbar. Dieser bezieht sich aber auf alle Kinder gleichermaßen. Soziale Ungleichheiten werden auf diese Weise nicht abgebaut. Vielmehr ist es erforderlich, zusätzliche Konzepte zu entwickeln, die der sozialen Benachteiligung früh entgegenwirken. Hierfür müssten Rahmenbedingungen geschaffen werden, die selbstverständlich mit finanziellen Aufwendungen zusammenhängen. Sollten insgesamt ausreichende finanzielle Mittel zur Verfügung stehen, was überraschen würde, dann könnte man den Kita-Besuch analog zum Schulbesuch beitragsfrei machen. Da das aber nicht sehr wahrscheinlich ist, bleibt ein einkommensabhängiger Beitrag empfehlenswert.

Denn es gibt enorme Herausforderungen zu bewältigen: Die quantitative Expansion durch den Rechtsanspruch auf einen Kita-Platz hat bereits viel gekostet und ist noch gar nicht abgeschlossen. In urbanen Räumen fehlt es an geeigneten Immobilien, und der Bedarf an Erzieherinnen und Erziehern kann derzeit kaum gedeckt werden.

Ähnliches gilt für die Grundschulen. Sie sind gemeinsam mit den Kitas die wichtigsten Orte zum Abbau sozialer Ungleichheit. Sie müssen erheblich attraktiver gemacht werden: als Lernort, um Kinder zu stärken und Ungleichheit abzubauen, aber auch als Arbeitsplatz, denn in diesen wichtigen Institutionen liegt der größte Lehrer- und Fachkräftemangel vor. Unter diesen Bedingungen die Attraktivität des Erzieherberufs und des Grundschullehramts zu erhöhen, ist eine enorme Herausforderung.

Die Dauer der Grundschulzeit kann durchaus überdacht werden. Im internationalen Vergleich differenziert das deutsche Schulsystem enorm früh. Eine Verlängerung der Grundschulzeit auf 6 Schuljahre, wie es derzeit in Berlin und Brandenburg der Fall ist, wäre aus mehreren Gründen begrüßenswert. Neben den altbekannten Nachteilen einer frühen Selektion kommt hinzu, dass die Einschulung ab dem 5. Lebensjahr je nach Bundesland bereits umgesetzt, anvisiert oder zumindest ermöglicht ist. Dadurch ist die Selektion nicht nur nach 4 Jahrgangsstufen, sondern auch nach Lebensalter (9- bis 10-Jährige) unglaublich früh. Die meisten Staaten teilen die Lernenden erst im Alter zwischen 14 und 16 Jahren auf, darunter alle angloamerikanischen und skandinavischen Staaten sowie Japan, Korea, Italien, Spanien und Portugal.[238]

Die Tatsache, dass alle anderen Staaten später selektieren als Deutschland, macht Folgendes deutlich: Für die Leistungsfähigkeit des Schulsystems insgesamt scheint sich dies weder negativ noch positiv auszuwirken, da die in international vergleichenden Studien sowohl besser als auch schlechter abschneidenden Staaten deutlich später selektieren. Aber im Hinblick auf soziale Ungleichheit ist der Effekt klar belegbar.[239]

Entscheidend ist also nicht, dass überhaupt differenziert wird, sondern zum einen, ab wann, und zum anderen, wie die differenzierte Sekundarstufe aussieht. Ideal wäre ein zweigliedriges Sekundarstufensystem, in dem jede Schule jeden Abschluss ermöglicht. Dies würde der Tatsache Rechnung tragen, dass die Hauptschule keine sinnvolle Funktion mehr erfüllt: Das Entwicklungsmilieu ist für die ohnehin Benachteiligten ungünstig, die Absolventen haben kaum noch Chancen auf dem Ausbildungsmarkt und befinden sich anschließend im teuren Übergangssystem. Schulen, die alle Bildungsgänge anbieten, erfreuen sich außerdem zunehmender Beliebtheit, und zwar sowohl in Großstädten und Stadtstaaten als auch in ländlichen Regionen, in denen häufig aufgrund der geringen Anzahl von Kindern und Jugendlichen ohnehin nicht immer das gesamte Angebot von Schulformen vorgehalten werden kann. Eine Zweigliedrigkeit muss nicht mit einer Verwässerung der Selektionslogik einhergehen. Das Gymnasium hat nach wie vor den Anspruch, die Schülerinnen und Schüler zum Abitur zu führen, während in der anderen Schulform – wie man sie auch immer nennen mag – das Abitur als Abschluss für einen Teil der Heranwachsenden bereitsteht, allerdings der mittlere Abschluss für die meisten anvisiert wird. Ein solches Gliederungssystem würde zum einen zu mehr Übersichtlichkeit führen, zum anderen wäre eine strategische Konsolidierung der paradoxen Effekte der Expansion möglich, nämlich eine Stabilisierung des derzeitigen Niveaus. Wie in den

Kapiteln III und V gezeigt, führt ein höherer Anteil eines Geburtsjahrgangs am Gymnasium nicht nur zu größeren Herausforderungen für diese Schulform, sondern auch für alle anderen. Das quantitative Verhältnis zwischen den Gliedern ist also zentral, und ein zweigliedriges System wäre deutlich leichter steuerbar als ein drei-, vier- oder fünfgliedriges.

Die Möglichkeit, an jeder Schule der Sekundarstufe jeden Abschluss erlangen zu können, macht die Entscheidung der Eltern für eine Schulform weniger schwerwiegend. Vielleicht ließe sich in einem zweigliedrigen System zudem eine verbindliche Übergangsempfehlung politisch leichter durchsetzen. Es sei daran erinnert, dass die Übergangsempfehlung der Grundschullehrkräfte bei allen Problemen deutlich fairer und leistungsgerechter ist als die Entscheidungen der Eltern.

An beruflichen Schulen sollte auch weiterhin die Möglichkeit bestehen, allgemeinbildende Abschlüsse (mit beruflichem Schwerpunkt) zu erlangen. Entscheidend ist allerdings der strategische Umgang mit der Berufsausbildung. Die berufliche Ausbildung wird tendenziell immer theoretischer und anspruchsvoller, die akademische Ausbildung wird immer berufsorientierter und verschulter. Durch die zunehmende Abwertung beruflicher Bildung in der öffentlichen Wahrnehmung sowie durch die Politik und die Unternehmen selbst hat sich das Verhältnis zwischen diesen beiden Formen der Spezialisierung zugunsten der Hochschulen verschoben.

Die duale Berufsausbildung ist ein Erfolgsmodell und sollte attraktiv gehalten werden. Dies kann nur gelingen, wenn die Betriebe und die Politik gemeinsam strategische

Ziele verfolgen. Die Wirtschaft muss nicht nur Plätze bereitstellen, sondern auch attraktive berufliche und persönliche Perspektiven eröffnen. Auch durch die Entwicklung eigener betrieblicher Konzepte zur Unterstützung der Ausbildung von Personen, die – beispielsweise wegen fehlender Sprachkenntnisse – noch nicht imstande sind, eine duale Ausbildung zu absolvieren, können die freien Ausbildungsplätze besetzt werden. Darüber hinaus liegt in der Regel ein »Mismatch« zwischen dem Wohnort der Ausbildungsplatzsuchenden und dem Standort der Ausbildungsplätze vor. Etwa im Ruhrgebiet und in anderen wirtschaftlich schwächeren Regionen beginnen viele junge Erwachsene ein Studium, weil sie in der Umgebung keinen Ausbildungsplatz finden. Auch dieses Phänomen hat die Expansion des Hochschulsektors notwendig gemacht. Während sich Studierende auf finanzielle (Bafög) und ideelle (Beratungsangebote, Wohnheime usw.) Unterstützung bei Umzügen verlassen können, wird die Flexibilität junger Menschen auf Ausbildungsplatzsuche nicht ansatzweise in gleichem Maße gefördert. Ähnliches gilt auch etwa für Auslandsaufenthalte. Die eigentlich tolle Tradition der »Wanderjahre« von Gesellinnen und Gesellen könnte etwa innerhalb der EU – in einer zeitgemäßen Form – neu implementiert werden.

Es gäbe viele weitere erwähnenswerte Überlegungen zur Stärkung der dualen Berufsausbildung, aber der alles entscheidende Punkt ist: Es steht derzeit nur eine begrenzte Zahl von Ausbildungsplätzen zur Verfügung. Natürlich gibt es Betriebe, die keine geeigneten Auszubildenden finden, und viele geeignete Bewerber suchen vergeblich einen Ausbildungsplatz in Wohnortnähe. Aber insgesamt zeigt die Zahl von etwa 57700 offenen Ausbildungsplätzen in den Betrieben im Jahr 2018 und etwa 24500 erfolglosen Ausbildungsplatzsuchenden bei knapp 500000 jährlich neu abgeschlossenen Ausbildungsverträgen und bei über 500000 Erstsemestern, dass sich ohne eine Ausweitung des Ausbildungsplatzangebots an dem Verhältnis zwischen dualer Berufsausbildung und akademischer Ausbildung kaum etwas ändern lässt.[240]

Trotz Bildungsexpansion ist bisher klar zu konstatieren, dass die Renditen von akademischer Bildung insgesamt deutlich höher sind als für beruflich ausgebildete Fachkräfte. Aufgrund der Entwicklungen auf dem Arbeitsmarkt und des demografischen Wandels führt die Expansion höherer Bildung nicht zu einer Inflation. Entsprechend ist nicht davon auszugehen, dass die enorm hohe Anzahl Studierender an deutschen Fachhochschulen und Universitäten in absehbarer Zeit sinken wird, jedenfalls steigt sie auch nicht mehr.[241]

In den vergangenen Jahren waren zwischen 400000 und 200000 junge Menschen im Übergangssystem. Auf diese Personengruppe sollten sich bildungs- und arbeitsmarktpolitische Strategien weiter konzentrieren. Zudem muss der Weiterbildung ein erhöhter Stellenwert eingeräumt werden. Sowohl auf sozial Benachteiligte als auch auf Zugewanderte ist das Weiterbildungssystem in Deutschland noch immer nicht in angemessener Form eingestellt. Eine systematische Weiterbildungsstrategie muss gesellschaftlichen Änderungen genauso Rechnung tragen wie durch Migration entstandenen Herausforderungen. Unabhängig von der Vorbildung, vom Lebensalter und von den Sprachkenntnissen muss die Weiterbildung etwa auch bei erwachsenen Neuzugewanderten flexible und qualitativ hochwertige Angebote bereitstellen.[242]

Die verschiedenen Bereiche des Bildungssystems müssen einzeln betrachtet, aber gleichzeitig zusammengedacht werden. Übergänge sollten noch stärker strukturiert und vernetzter werden. Das gilt für den Übergang von der frühkindlichen Bildung zur Grundschule, für den Übergang von der Grundschule in die Sekundarstufe sowie für den Übergang vom allgemeinbildenden Schulsystem in die berufliche oder akademische Bildung. Insgesamt sollten Familien bei den Bildungsentscheidungen stärker beraten werden, ideal sind regelmäßige und anlasslose Beratungsgespräche.

Der Trend zur inklusiven Beschulung von Kindern und Jugendlichen mit Beeinträchtigung muss genauso weiter unterstützt werden wie der Ausbau des Ganztags. Hier kommt es ganz zentral auf die Ausstattung und die Rahmenbedingungen der einzelnen Schulen an. Die Frage nach dem Schulsystem als Ganzem ist nicht nur abstrakt, sondern tatsächlich weniger relevant als die konkreten Rahmenbedingungen und die Arbeit an der jeweiligen Schule vor Ort.

32. Innere Strukturen: Kitas und Schulen als Mikrosysteme

Viel entscheidender als die großen Systemfragen sind die Rahmenbedingungen in den einzelnen Institutionen. Ich konzentriere mich auf die drei wesentlichen Phasen, die für die Entwicklung von Kindern und Jugendlichen sowie für den Ausgleich von sozialer Benachteiligung zentral sind: die frühkindliche Bildung, die Grundschule und die Sekundarstufe I.

»Kinder dort abholen, wo sie stehen« – dieser klassische pädagogische Leitsatz ist nach wie vor gültig. In diesem kurzen Satz verbirgt sich eine ganze Reihe von komplexen Herausforderungen. Es geht darum, zu fragen, wo das Kind steht, wo die pädagogische Fachkraft oder die Lehrkraft steht, wie sich die Distanz zum Kind überwinden lässt, wer oder was dabei im Wege stehen könnte sowie wo die Reise überhaupt hingehen soll.[243] Diese 5 Aspekte, die durchaus noch ergänzt werden könnten, zeigen die Komplexität individueller Förderung und auch die Notwendigkeit von professioneller Selbstreflexion. All das hat vergleichsweise wenig mit dem Namen der Schule, dem Schultypus oder ähnlichen äußeren Strukturen zu tun. Es sind die inneren Strukturen, also die Rahmenbedingungen und Prozesse in den Institutionen, die für diese Herausforderung besonders relevant sind.

Zentral erscheinen all diese Aspekte dann, wenn es sich um Kinder aus unteren Schichten mit oder ohne Migrationshintergrund handelt, aber auch bei psychischen Belastungen, Entwicklungsstörungen oder anderen schwierigen Problemlagen. In solchen Kontexten sind dezidierte Kenntnisse zum Lebens- und Lernumfeld der Kinder notwendig sowie ein Engagement im Bereich der Elternarbeit, eine genaue Analyse der Lernentwicklung und des Sozialverhaltens. Es geht also um Diagnostik und Förderung, um ein systematisches Interesse am einzelnen Kind.

Erforderlich ist daher eine interdisziplinäre und multiprofessionelle Zusammenarbeit innerhalb der Schule.

Im Rahmen des Ganztags bewegt man sich schon in die richtige Richtung. Allerdings werden etwa die Sozialarbeiterinnen und Sozialarbeiter bisher weitgehend als Notfalltruppe – häufig besteht diese Truppe aus nur zwei Personen – eingesetzt. Erforderlich wäre ein Team mit einem eigenen Programm, das systematisch Präventionsarbeit leistet, aber natürlich auch in Notfällen einspringt. Was also sollte im Hinblick auf die pädagogische Arbeit mit den Kindern und den Eltern ab der Einschulung bis zum Ende der Sekundarstufe I systematisch geleistet werden?

Erstens in Bezug auf die Kinder: Gewalt und Mobbing, gesundheitliche Probleme und Entwicklungsstörungen, sprachliche Defizite, Erziehungsprobleme, starke religiöse Orientierung, Nationalismus und vieles mehr können Aufgaben sowohl der Präventions- als auch der Interventionsarbeit sein. Darüber hinaus müssen in der Schule auch Themen systematisch angesprochen und präventiv behandelt werden, die derzeit und in Zukunft von hoher gesellschaftlicher Relevanz sind und mit denen die Kinder in ihrem Alltag früher oder später in Berührung kommen: etwa das Verhältnis von säkularer Staatsordnung und Religiosität, aber auch die Tatsache, dass Diskriminierung aufgrund von bestimmten Personenmerkmalen erlebt werden wird, wahrscheinlich auch schon erlebt wurde. Viele weitere Themen kommen hinzu, etwa »Fake News« und Verschwörungstheorien. Diese Themen müssen angesprochen und eingeordnet werden, nicht zuletzt auch deshalb, weil genau aus diesen Themengebieten Probleme erwachsen können, die das Schulleben belasten.

Neben diesem stärker problemorientierten Fokus sollte die Schule zudem ein Ort sein, in dem alles erlebt wird, was die Welt zu bieten hat – und zwar für alle Kinder. Von Kunst und Kultur über Sport und Gesundheit bis zu Handwerk und Kochen. Die Möglichkeit, ein Musikinstrument zu beherrschen, sollte allen Kindern ermöglicht werden, denn kaum etwas ist derart ungleich verteilt wie Musikunterricht. Die Tatsache, dass sowohl Musikschulen als auch Sportvereine zunehmend Nachwuchsprobleme haben – auch weil Kinder und Jugendliche immer länger im Ganztag verweilen –, macht die Überlegung notwendig, ob diese Freizeitaktivitäten nicht strukturell in das Schulleben verlagert werden sollten. Andere Themen sind im außerunterrichtlichen Ganztagsbereich ebenso denkbar: Naturwissenschaft, Botanik, Klimaschutz, Digitalkompetenz, unternehmerische Arbeit und Rhetorik. Alle anregenden, nicht verschulten und sinnvollen Angebote, die zur Kompetenzentwicklung und/oder Persönlichkeitsbildung beitragen, sind sinnvoll.

Zweitens in Bezug auf die Eltern: Anlasslose Elterngespräche, in denen transparent über die Erwartungen an die Eltern gesprochen und gleichzeitig auch abgeklärt wird, ob und inwieweit die Eltern dazu imstande sind, sind ausgesprochen wünschenswert. In den Bereichen, in denen die Eltern die Erwartungen nicht erfüllen können, müssen andere Lösungen gesucht oder Konzepte entwickelt werden. Es werden also Bündnisse zwischen Schule und Familie geschlossen – davon profitieren beide Seiten gleichermaßen. Wichtig ist die Erkenntnis, dass Elternarbeit enorm anspruchsvoll ist: Insbesondere neu zugewanderte Eltern sowie Eltern in extrem prekären Lebenslagen erfordern ein hohes Maß an Sensibilität und Empathie. Nicht selten haben Elterngespräche mehr Schaden angerichtet, als dass sie zur Problemlösung beigetragen haben. Es ist richtig, dass Eltern häufig der Entwicklung ihrer Kinder im Wege stehen, weil sie nicht wissen, was sie tun sollen, oder weil sie etwas Falsches tun – diese Defizite werden in der Regel erkannt. Aber die Einflussmöglichkeiten und die Stärken der Eltern – man spricht in der Pädagogik zu Recht von Ressourcen – werden regelmäßig übersehen und nicht genutzt.

Extrem benachteiligte Kinder erleben zwischen dem Familien- und dem Schulleben enorm starke Kontraste, was sich weiter verstärken würde, würde man die hier vorgeschlagenen Maßnahmen im Ganztagsbereich umsetzen. Daher ist es erforderlich, dass die Kooperation zwischen Schule und Familie auch für das Kind erkennbar wird. Die Bündnisse zwischen Schule und Familie sind zuletzt auch deshalb erforderlich, weil viele außerunterrichtliche Angebote im Ganztagsbereich (aber zum Beispiel auch Klassenfahrten) optional und freiwillig sind.[244]

Das übergeordnete Ziel ist also, dass die Entwicklungsmöglichkeiten, Erfahrungen und Chancen der Kinder nicht mehr so stark von den Eltern und dem Milieu abhängen sollen. Dieses Ziel darf aber nicht gegen die Eltern verfolgt werden, sondern muss mit ihnen umgesetzt werden. Dass dieser Katalog an Aufgabenfeldern sozialraum- beziehungsweise stadtteilorientiert umgesetzt werden sollte, versteht sich von selbst: Auch hier werden regelmäßig die vorhandenen Ressourcen, die selbst in sozialen Brennpunkten vorliegen, weder erkannt noch genutzt.

Alle genannten Maßnahmen und Arbeitsfelder können von Lehrkräften nicht geleistet werden, auch dann nicht, wenn sie von zwei Sozialarbeitern unterstützt würden.

Nötig wäre ein Kernteam bestehend aus Fachkräften aus den Bereichen Soziale Arbeit, Förderpädagogik, Psychologie und Medizin, in jedem Fall auch ein Hausmeister und eine Verwaltungsfachkraft, da sich das Gebäude- und Zeitmanagement weitreichend ändern müsste, und je nach Bedarf gegebenenfalls Lehrkräfte für Deutsch als Zweitsprache, für herkunftssprachlichen Unterricht sowie Kunst- und Theaterpädagoginnen. Dieses relativ eigenständige Team – das von der Schulleitung geführt werden müsste, damit Legitimation und Bedeutung erkennbar sind – entwickelt ein eigenes Programm, das zu den Herausforderungen in der Schule und im Stadtteil passt – die finanzielle Ausstattung der Schulen sollte sich entsprechend auch an diesen Herausforderungen ausrichten. Und je nach Aufgabe wird einzelfall-, gruppen-, eltern- und sozialraumorientiert gearbeitet. Der Schwerpunkt liegt auf einer systematischen Präventionsarbeit und der Koordination des außerunterrichtlichen Angebots. Einzelne Lehrkräfte können an der einen oder anderen Stelle mit einbezogen werden (was wünschenswert und sinnvoll wäre), aber im Schwerpunkt werden die Lehrkräfte von den ohnehin durch sie nicht zu bewältigenden Herausforderungen, mit denen sie täglich konfrontiert werden, entlastet – und können und sollen sich auf ihr Kerngeschäft, den Unterricht, konzentrieren.[245]

Die Angebote im Bereich Kunst und Kultur, Sport, Musik, Botanik, Digitalisierung und so weiter können in der klassischen Form von AGs durch das Personal der Schule oder als Kooperation mit lokalen Vereinen oder durch freiberufliche Fachkräfte angeboten werden – abhängig von regionalen und lokalen Bedingungen. Zentral ist darüber hinaus sowohl eine systematische Förderung von Basiskompetenzen, die auf ganz unterschiedliche Weise gefördert werden sollten. Ich möchte hier exemplarisch drei Initiativen nennen, die mich sehr beeindruckt haben:

Der Verein »Chancenwerk« hat ein Konzept entwickelt, um die Basiskompetenzen in den wichtigen Domänen zu schulen – insbesondere mathematische und sprachliche Kompetenzen. Dabei findet diese Förderung unabhängig vom Unterricht statt. Studierende und Schülerinnen und Schüler höherer Jahrgangsstufen führen unter pädagogischer Aufsicht das Programm durch. In einem Heft oder mit einem digitalen Medium wird das Kompetenzniveau ermittelt, um darauf aufbauend die jeweils nächste Niveaustufe zu erreichen. Die Schülerinnen und Schüler erhalten dafür spezielle, ihrem Wissensstand entsprechende Aufgaben, die sie lösen sollen. Insbesondere im Fach Mathematik – häufig fälschlicherweise als Begabungsfach bezeichnet – lässt sich die Herausforderung besonders gut darstellen. Mathematik ist kein Begabungsfach, sondern vielmehr eine »Sprache«, die man im Alltag selten verwendet. Weil man sie selten verwendet, sind Fleiß und permanentes Training von zentraler Bedeutung. Es ist ein Fleißfach.[246]

Kann ein Kind – aus welchen Gründen auch immer – zeitweise dem Unterricht nicht folgen, wird dies dauerhaft Folgen nach sich ziehen. Denn fast alles baut aufeinander auf. Die Grundrechenarten und die Rechenregeln müssen beherrscht werden, um sie flexibel anwenden zu können. Verständnisdefizite und Anwendungsunsicherheiten können für ein Kind über die gesamte Schulzeit hinweg zu Nachteilen führen. Daher ist es zwingend erforderlich, systematisch die Basiskompetenzen je nach Alter der Kinder und Jugendlichen zu überprüfen und zu fördern. Chancenwerk e.V. ist bereits in den meisten Bundesländern aktiv und passt sich den Bedürfnissen und Herausforderungen der jeweiligen Schule flexibel an. Es handelt sich also nicht um Nachhilfe, sondern um die systematische und konzeptionell stetig weiterentwickelte Förderung der grundlegenden und dauerhaft relevanten Fähigkeiten in verschiedenen Fächern – und zwar am Nachmittag, ganz unabhängig davon, ob es sich um eine Ganztagsschule handelt oder nicht. Gefördert werden Kinder und Jugendliche, die Unterstützung benötigen – vor allem aus einkommensschwachen Familien, die Leistungen aus dem Bildungs- und Teilhabepaket empfangen. Bereits nach einigen Wochen steigt das Leistungslevel der meisten Kinder. Die beteiligten Schulen – überwiegend weiterführende Schulen – sind zufrieden. Das Ganze ist effizient und relativ kostengünstig – auch deshalb, weil es sich um einen professionell arbeitenden Verein handelt, der sich für die Organisation vor Ort an den Rahmenbedingungen der jeweiligen Schule und ihrem Kollegium und bei der konkreten Förderung an den individuellen Erfordernissen der einzelnen Kinder orientiert. Bisher finanziert sich der Verein weitgehend über Spenden. Eine flächendeckende Ausweitung dieser oder ähnlicher Programme ist erforderlich, müsste dann aber durch eine staatliche Finanzierung erfolgen.[247]

Ein ganz anderes Projekt stammt vom Verein »Mentor«. Lesepaten suchen sich »Patenkinder«, mit denen sie ihre Freude am Lesen teilen. Es entsteht eine Beziehung zwischen einer lesebegeisterten älteren Person (meist im

Rentenalter) und einem benachteiligten Kind (meist im Grundschulalter). Hier wird also milieuübergreifend eine Beziehung aufgebaut und zugleich Sprach- und Lesekompetenz entwickelt. Das ersetzt keine professionellen Sprachförderprogramme, ist aber in zweifacher Hinsicht von unschätzbarem Wert: Erstens ist eine Lesepatin nicht selten die einzige erwachsene Person aus einem anderen Milieu, mit dem das Kind eine persönliche Beziehung aufbaut; zweitens wird Schriftsprache emotional, ästhetisch und in ihrer Bedeutung auf eine Weise erlebbar gemacht, wie es weder im Unterricht noch in Sprachförderprogrammen noch in der Familie möglich ist.[248] Die besondere Bedeutung von »sozialen Paten« zur Überwindung sozialer Benachteiligung wurde in Kapitel IV dargestellt. Solche Patenprogramme werden zunehmend erfolgreich organisiert. Zugleich handelt es sich um die einzige Form der Förderung, die nicht professionell und daher durchaus ehrenamtlich angeboten werden kann.[249]

Die dritte Initiative ist das »Talentscouting«, bei dem Hochschulabsolventen ganz unterschiedlicher Studiengänge über Seminare und Workshops zu »Talentscouts« weitergebildet werden. Diese Talentscouts orientieren sich bei der Identifizierung von Talenten an der Leistung, die junge Menschen in ihren jeweiligen – ganz überwiegend prekären – Lebensverhältnissen erbringen. Sie motivieren Jugendliche an weiterführenden Schulen, entwickeln gemeinsam mit ihnen berufliche Zukunftspläne, zeigen Zugänge zu existierenden Förderinstrumenten des Bildungssystems und begleiten den Übergang von der Schule in die berufliche Ausbildung oder das Studium. Hier werden also durch die Talentscouts verschiedene, für Jugendliche wichtige Akteure vernetzt, etwa Stipendiengeber, Ausbildungsbetriebe oder Hochschulen, um den Übergang nach der Schule zu strukturieren. Erstaunlicherweise geht das Talentscouting auf die Initiative einer Hochschule zurück.[250]

Diese Beispiele zeigen, dass nicht alles zwingend von staatlichen Stellen umgesetzt werden muss. Lediglich das Talentscouting ist ein Projekt des Landes Nordrhein-Westfalen. Vielmehr wäre es notwendig, verschiedene zivilgesellschaftliche Initiativen, von denen es bereits zahlreiche gibt, in den schulischen Ganztag zu integrieren – und staatlich zu fördern. Da es lokale und regionale Besonderheiten gibt, lässt sich auch dies ohne ein multiprofessionelles Ganztagsteam kaum leisten, weil die Implementierung mit einem enormen schulinternen Koordinierungsaufwand einhergeht.

Von hochwertigen und professionell organisierten und koordinierten Angeboten im Ganztag könnten alle Kinder und Jugendlichen profitieren, gleichzeitig würden systematisch Basiskompetenzen und grundlegende Kulturtechniken gezielt neben dem Unterricht gefördert sowie der Erfahrungshorizont erweitert. Ein multiprofessionelles Team mit einem eigenen Konzept hat folgende Vorteile: Unterschiedliche Fachleute diagnostizieren und fördern, erkennen zum einen Lern- und Entwicklungsstörungen sowie gesundheitliche Beeinträchtigungen (und im Übrigen auch Vernachlässigung, Verwahrlosung, psychische Belastungen und Missbrauch) und zum anderen Begabungen und besondere Fähigkeiten – die nicht selten im Unterricht verdeckt bleiben. Eltern werden von Beginn an mit einbezogen. Ein solches Konzept hätte den Effekt, dass Kinder umso stärker profitieren, je benachteiligter sie sind – und gleichzeitig im Rahmen des Unterrichts und des Ganztags neben Defizitausgleich auch Begabungsförderung und Exzellenzförderung ermöglicht wird. Ungleichheits- und Migrationssensibilität widersprechen keineswegs Begabungsförderung.[251]

Inwieweit der Ganztag und der Unterricht ineinander verschränkt werden, sollte dabei der einzelnen Schule überlassen bleiben. Ohne irgendeine Form der Kooperation wird es nicht gehen, da die Verschränkung der unterschiedlichen Perspektiven und Kompetenzen die große Stärke der Kooperation zwischen Lehrkräften und einem multiprofessionellen Team ist. Allerdings sollte vor Ort über die konkreten Kooperationsstrukturen entschieden werden. Ministerien, Bezirksregierungen und Kommunen sollten lediglich die entsprechenden finanziellen Rahmenbedingungen und die Gestaltungsfreiheit für die Schulen schaffen. Die Schulaufsicht und die Beratungsangebote für die Ganztagsschulentwicklung müssten neu, unter anderem auch multiprofessionell aufgestellt werden.

Während der Primarstufe und der Sekundarstufe I wäre ein derart ausgebauter Ganztag erstrebenswert. Im Übrigen ließe sich über diesen Weg auch der Lehrermangel bewältigen, indem etwa geeignete Quereinsteiger in den Lehrberuf von der Schule selbst identifiziert werden, nämlich Personen, die sich durch Engagement und Kompetenz innerhalb des Ganztags bewährt haben. Diese könnten dann gegebenenfalls durch die Schule selbst aus- und fortgebildet werden. Darüber hinaus könnte auch die Möglichkeit geschaffen werden, dass sich Lehrkräfte eine Unterrichtsauszeit nehmen können, um sich im Ganztagsteam zu engagieren.

Alle schulischen und bildungsbezogenen Probleme, die ich bisher im Rahmen eigener Forschung untersucht habe und die weitgehend – aber nicht immer – mit sozialer Benachteiligung zusammenhängen, wären mit hoher Wahrscheinlichkeit nicht durch einen »besseren« Unterricht verhindert worden, wohl aber durch ein solches soziales Netz von Multi-Professionellen, das sich um die Kinder und Jugendlichen spannt, den Unterricht flankiert und weitreichend ergänzt. Ich spreche hier neben Kompetenzarmut auch von Analphabetismus, Gewalt, Radikalisierung, migrationsspezifischen Herausforderungen und gesundheitlichen Störungen im Kindesalter.[252]

Auf diese Weise könnte die Schule vieles von dem, was sie bisher voraussetzt, fördern und soziale Benachteiligung ausgleichen. Den hehren Zielen, alle Kinder alles erleben zu lassen, was die Welt zu bieten hat, kein Kind zurückzulassen und allen eine Perspektive zu geben, würde man sich zumindest deutlich annähern. Während der Ferien, insbesondere der Sommerferien, sollte mittags und nachmittags ein anregendes, qualitativ hochwertiges Förder- und Freizeitangebot im Ganztag stattfinden (erinnert sei an den Sommerferieneffekt).

Höhere Anforderungen und Erwartungen, veränderte Familien und Kindheiten sowie permanente Reförmchen haben den Schulbetrieb verändert. Lehrkräfte wurden zum Teil verunsichert und überfordert – und konnten und können den Anforderungen und Erwartungen gar nicht entsprechen. Neben der quantitativen Ausweitung des schulischen Ganztags ist nun auch eine qualitative nötig. Dafür bedarf es einer deutlichen Aufwertung des außerunterrichtlichen Bereichs durch eine wesentliche Erhöhung der Anzahl von Fachkräften im Ganztagsbetrieb sowie eine deutliche Verbesserung ihrer Arbeitsbedingungen. Grundsätzlich sollten die Teams »Unterricht« und »Ganztag« als gleichwertig angesehen werden, gerade weil sie mit verschiedenen Arbeitsbereichen und Aufgaben teils die gleichen, teils zumindest sich ergänzende übergeordnete Ziele verfolgen.

33. Kerngeschäft der Lehrkräfte: Unterricht

Der Ganztag dient sowohl der Entlastung der Lehrkräfte als auch der Förderung und Horizonterweiterung der Kinder und Jugendlichen. Wie genau Ganztag und Unterricht verzahnt und verschränkt sowie im Rahmen eines Schulprogramms integriert werden, kann nicht zentral aus den ministeriellen Türmen der Landeshauptstädte entschieden werden. Allerdings muss sich die Schulaufsicht neu aufstellen, und die Länder müssen umfassende Beratungsangebote für die Ganztagsschulentwicklung vorhalten. Aber in jedem Falle müssen Kinder individueller gefördert und Eltern mit einbezogen sowie ein qualitativ hochwertiger und anspruchsvoller Unterricht angeboten werden. Für Letzteres sind die Lehrkräfte verantwortlich und können sich durch die Entlastung von anderen Aufgaben dem Bereich widmen, für den sie ausgebildet wurden: dem Fachunterricht in der Schulklasse. Unterricht muss das einzige Kerngeschäft der Lehrkraft sein.

Eine fundiert ungleichheitssensible Schulpädagogik und Didaktik ist zurzeit nicht gegeben. Im Lehramtsstudium werden die Themenfelder soziale Ungleichheit, Migration und Mehrsprachigkeit nicht systematisch und kaum praxis- und lösungsorientiert gelehrt, weil man kaum etwas darüber weiß, wie sich im Unterricht sozial ungleiche Chancen ausgleichen lassen. Jede Forderung, angehende Lehrkräfte im Hinblick auf die Bekämpfung von Bildungsungleichheit besser auszubilden und die Kandidatinnen und Kandidaten mit entsprechendem methodischen Rüstzeug auszustatten, läuft weitgehend ins Leere. Sich dies einzugestehen, ist bereits viel wert. Hier sollte sich in Forschung und Lehre an Universitäten einiges tun. Allerdings gibt es einige Ankerpunkte, die man in der pädagogischen Arbeit beachten und reflektieren kann (etwa die systematischen Beobachtungsverzerrungen bei der Notengebung und der Begabungsdiagnostik, die Bedeutung habitueller Prägungen und der Lebenswelt der Kinder).

Mit den Schülerinnen und Schülern im Unterricht das Thema soziale Ungleichheit orientiert an ihrer Lebenswelt zu behandeln und die unterschiedlichen Lebenswelten und ihre Folgen zu analysieren, ist eine große Herausforderung. Dadurch könnte man sich aber mit den tatsächlich existierenden Barrieren auseinandersetzen. Im Übrigen würde die Lehrkraft hier eine Menge lernen – auch über die Ausgangsbedingungen der Schülerinnen und Schüler. Dafür müssen Lehrkräfte allerdings auch ihre eigene habituelle Prägung und ihre Folgen auf die Interaktion im Klassenzimmer reflektieren.[253] Ebenso müsste kritisch hinterfragt werden, was sie als »normal« voraussetzen, also welche Ausgangsbedingungen eigentlich vorliegen sollten, damit ihre Arbeit produktiv ist, um dann ihr professionelles Handeln auf ungleichheitsrelevante Kriterien hin reflektieren zu können.

Die Selbstreflexion darf aber nicht bei der Lehrkraft stehen bleiben, sondern muss auch eigene Erwartungen mitdenken: Erwartungen an sich selbst, an andere Lehrkräfte, an die Eltern, an die Schüler, an die Fachkräfte im Ganztagsbereich. Idealerweise werden diese kommuniziert und transparent gemacht. Es geht also nicht nur um die einmalige Formulierung irgendwelcher Leitideen und Prinzipien, sondern auch um einen permanenten Austausch mit dem Ziel der Professionalisierung der pädagogischen Arbeit im Hinblick auf den Abbau sozialer Barrieren. Man muss soziale Hürden abbauen, um so das Arbeits- und Leistungsniveau zu erhöhen.

Die Selbstreflexion der Lehrkraft ist auch deshalb von entscheidender Bedeutung, weil sie für sozial benachteiligte Kinder und Jugendliche einen besonders großen Stellenwert einnimmt: Die Lehrperson als Instrukteur, die Schule als Lernort und als anregendes Lernumfeld sind umso wichtiger, je ungünstiger die Bedingungen in Familie und Milieu sind. Es ist eigentlich eine triviale Botschaft: Die einzelne Lehrkraft ist wichtig, nicht nur in ihrer eher zurückhaltenden Rolle als Konstrukteur eines Lernsettings, als Lernbegleiter und Coach, sondern als aktiv handelnde Person, als Instrukteur und als Reibungs- und Ankerpunkt, als Vorbild.

Entsprechend kann es gar nicht überraschen, dass *Micro-Teaching* als Fortbildung für Lehrkräfte eine derart starke Wirkung nachgesagt wird. *Micro-Teaching* meint, dass eine Unterrichtssequenz mit einer Videokamera gefilmt und anschließend gemeinsam mit Coaches, anderen Lehrkräften und den Schülerinnen und Schüler angeschaut und besprochen wird. Aus diesen verschiedenen

Perspektiven und Rollen wird das Handeln der Lehrperson reflektiert.[254] Diese in Deutschland kaum angewendete Methode wäre auch zur Erprobung und Etablierung neuer Unterrichtskonzepte und offener Unterrichtsformate sinnvoll.

Andere viel diskutierte Maßnahmen sind hingegen eher nachrangig. So kann etwa die Nutzung digitaler Mittel in der Schule sinnvoll sein, löst aber allein kein einziges der vielen Probleme, vor denen die Bildungsinstitutionen stehen. Die Einführung neuer Unterrichtsfächer sollte auch kritisch gesehen werden. Zweifelsfrei werden Themenfelder wie Gesundheit, Wirtschaft, Recht und Informatik immer wichtiger, diese können allerdings auf der Grundlage von Basiskompetenzen aus den bestehenden Fächern erarbeitet werden und lassen sich eher durch Angebote im Ganztag erschließen. Vielmehr wäre die Entrümpelung der Lehrpläne sehr sinnvoll, weil sie kaum noch das repräsentieren, was heute wichtig erscheint, und zudem keine intensive Beschäftigung mit Inhalten und Zusammenhängen ermöglichen.[255]

Die Benotung der Leistungen von Schülerinnen und Schülern bereits ab der zweiten Jahrgangsstufe erscheint viel zu früh und muss kritisch hinterfragt werden. Ganz ohne die Vergabe von Noten kommt das Bildungssystem, so wie es ist, jedoch nicht aus.[256]

Die Leistungen der Schülerinnen und Schüler hängen nicht ausschließlich mit ihrer Auffassungsgabe oder der Qualität des Unterrichts zusammen. Ganz häufig sind es lebensweltliche und soziale Faktoren, die zu Motivationsproblemen führen. Lehrkräfte allein können hier wenig ändern. Auch deshalb ist die deutliche Aufwertung des

Ganztags und die Etablierung multiprofessioneller Zusammenarbeit notwendig. Die Potenziale der Kinder und Jugendlichen werden bei Weitem nicht hinreichend ausgeschöpft. Inwieweit man hier über eine eng geführte Didaktisierung des Lernens Verbesserungen erzielen kann, ist fraglich, und Dogmatismus fehl am Platz. Hervorragende Lehrervorträge können genauso sinnvoll sein wie exzellent vorbereitete und durchgehend begleitete offene Unterrichtsformate, denen die Lernenden gewachsen sind. Alles kann seinen Platz haben, sofern es sich um anspruchsvollen Unterricht handelt, bei dem die Heranwachsenden sich Wissen aneignen, Zusammenhänge erkennen, Gelerntes anwenden, Erkenntnisse und sich selbst reflektieren und vieles mehr. Auswendiglernen, Wiederholen und Trainieren gehören genauso dazu wie ganzheitliches Lernen, die Entwicklung der Fähigkeit, die richtigen Fragen zu stellen, und ein tiefes Verständnis von der Komplexität der Natur und der Gesellschaft. Das kann nicht alles gleichzeitig in einer Unterrichtsstunde geschehen, sondern muss von der Lehrkraft eigenverantwortlich strukturiert und organisiert werden.

Lehrkräfte sollten daher dabei unterstützt werden, sich selbst und ihren Unterricht zu reflektieren, alleine und gemeinsam mit den Schülerinnen und Schüler den Unterricht und sich selbst weiterzuentwickeln, Methoden, Konzepte und Strategien zu nutzen, die zu ihnen passen, und sie gleichzeitig stetig im Hinblick auf die Bedürfnisse, Ausgangsvoraussetzungen und Entwicklungen der Kinder und Jugendlichen zu modifizieren. Unterrichtsevaluationen durch die Schülerinnen und Schüler sind hierfür genauso wichtig wie Fortbildungen für die Lehrkräfte. Eine ausgeprägte Fehler- und Feedbackkultur zwischen Lehrkräften und Lernenden ist zentral. Eine gewisse Emotionalität im Übrigen auch. Kaum etwas kann Schülerinnen und Schüler mehr begeistern als eine fachkundige, engagierte Lehrperson, die dafür sorgt, dass der Funke überspringt. Und ebenso sind Vertrauen und Wertschätzung und damit eine stärkere positive Beziehung zwischen Lehrperson und den Kindern und Jugendlichen wichtig für das gemeinsame Projekt Unterricht. Es geht weder darum, den trägen Unterricht der 1980er- und 1990er-Jahre zu revitalisieren, noch darum, Lehrkräfte in ein modernes Unterrichtskorsett zu zwängen.

Vielleicht könnte ein mittelfristiges Ziel sein, die Unterrichtsverpflichtung um ein bis zwei Stunden zu reduzieren zugunsten eines verbindlichen und qualitativ hochwertigen Angebots der Lehrkräfte im Rahmen des Ganztags. Dabei ist es gar nicht ausschlaggebend, ob diese Angebote mit dem Unterrichtsfach oder einem interessanten Hobby der Lehrkraft zusammenhängen. Entscheidend ist es, dass sich Lehrende und Lernende in einem weniger formalisierten Kontext kennenlernen. Der Aufbau einer weniger distanzierten Beziehung kann sich auch auf den Unterricht positiv auswirken. Diese Maßnahme wäre sicher sinnvoller als die Reduzierung der Klassengröße, die nachweisbar kaum einen messbaren Effekt hat und aufgrund von strukturellem Lehrkräftemangel (insbesondere an Grundschulen) ohnehin mittelfristig nicht umsetzbar ist.

34. Vieles könnte getan werden

Entscheidend ist also, dass Lehrkräfte sich auf ihr Kerngeschäft Unterricht konzentrieren können und diesen stetig weiterentwickeln, sich dabei aber über ihre eigene zentrale Rolle für den Lernerfolg bewusst sind. Vieles von dem, was Lehrkräfte heute zusätzlich leisten, muss durch eine quantitative Ausweitung und eine qualitative Aufwertung des Ganztags teils übernommen, teils unterstützend begleitet werden. Zugleich kommen dem Ganztag ganz eigenständige Aufgaben zu, insbesondere der Ausgleich von Lerndefiziten, programmatische Förderkonzepte, präventive pädagogische und gesundheitliche Maßnahmen sowie der Zugang zu allen Erfahrungswelten und praktischen Kompetenzbereichen (von Musik und Sport über Handwerk bis zu Botanik und Kochen), die im Unterricht nicht abgedeckt werden können. Ebenso könnten die Übergänge von Kita in die Grundschule, von der Grundschule in die weiterführenden Schulen sowie von der weiterführenden Schule in Ausbildung und Hochschule multiprofessionell begleitet und vernetzt werden.

Für die Schulleitungen bedeutet dies eine noch größere Eigenständigkeit und Verantwortung, als dies bisher schon der Fall ist. Entsprechend müssen Schulleitungen, ganz besonders an Grundschulen, aufgewertet und bei der Ganztagsschulentwicklung beraten und begleitet werden.[257]

Verschiedene Akteure haben klare Aufgaben und Pflichten, um jedes Kind und jeden Jugendlichen kümmern sich eine Vielzahl von Erwachsenen in multiprofessionellen Teams, Prävention und Förderung finden systematisch und kontinuierlich statt, die Schule ist ein lebendiger und komplexer Ort, an dem soziale Ungleichheit, Begabungen und Exzellenz erkannt werden und den Ausgangspunkt für Förderangebote bilden. Ein solches komplexes Mikrosystem macht Schulen nicht nur attraktiver, sondern auch weniger krisenanfällig, etwa bei Lehrermangel, aufgrund weiterer Expansion oder besonderer Ereignisse, wie dem erhöhten Zuzug von Neuzugewanderten.

Personalengpässe wird es vor dem Hintergrund der Bildungsexpansion zumindest für den Ganztagsbereich kaum geben, wenn man bei der Rekrutierung der Fachkräfte eine gewisse Flexibilität zulässt. Hochschulabsolventen nahezu aller Studiengänge können im Rahmen von Workshops und Seminaren weitergebildet werden (ähnlich wie es etwa die Wohlfahrtsverbände oder auch das Talentscouting machen).

Die zentrale Herausforderung ist die Vernetzung und Integration verschiedener Akteure in das Schulleben. Genau dies ist aber dringend notwendig. Musikschulen, Kunst- und Sportvereine haben zunehmend Probleme, Kinder und Jugendliche zu erreichen. Die Idee, diese gewachsenen außerschulischen Einrichtungen stärker in das Schulleben zu integrieren, ist nicht neu – und wird schon in Einzelfällen erfolgreich umgesetzt. Besonders in ländlichen und strukturschwachen Regionen könnten dadurch Angebote erhalten bleiben, die sonst gestrichen werden müssten. In und um die Schulen vor Ort könnten sich auch alle anderen Angebote der Kinder- und Jugendhilfe konzentrieren.

Dieser Ausbau wird enorme finanzielle Mittel in Anspruch nehmen und muss sukzessive über einen längeren Zeitraum umgesetzt werden. Es bedarf zudem eines Umdenkens im Hinblick auf die Erfordernisse einer Schule.

Gebäude und Flächen sind in der Regel noch nicht hinreichend auf einen derartigen intensiv arbeitenden Ganztag ausgelegt (man denke nicht zuletzt an angemessene Kantinen). Architektur, Raumplanung und Schulneu- und -ausbau sind in der Vergangenheit enorm vernachlässigt worden.

Bund, Länder und Kommunen hätten hierfür einiges zu leisten. Zentrale Herausforderung ist es dabei, die Finanzierungsstruktur des Bildungssystems mittelfristig auf den Kopf zu stellen: Kindertagesstätten und Grundschulen sollten vom Ausbau am stärksten profitieren. Zum einen werden im Kindesalter die elementarsten Weichen gestellt. Zum anderen ist es gerade wichtig, die Vernetzung von zivilgesellschaftlichen Akteuren, staatlichen Stellen und Eltern in den Kitas und Grundschulen zu bewerkstelligen. Der hier beschriebene Ausbau wäre von den Kitas und Grundschulen bis hinein in die Sekundarstufe I (in allen Schulformen) sinnvoll.

Die meisten dargestellten Veränderungen ließen sich in allen Bundesländern umsetzen, da sie die ohnehin stattfindenden Entwicklungen und bestehenden Herausforderungen aufgreifen. Von allen Ebenen, aber insbesondere vom Bund müsste in Kooperation mit den Ländern das Signal ausgehen, dass sich das Budget für Bildungspolitik sukzessive, verlässlich und planbar über einen längeren Zeitraum wesentlich erhöht.

Handlungsleitend für diese Strategie ist die Feststellung, dass sich Kompetenzarmut, soziale Ungleichheit und prekäre Lebenslagen von Kindern nicht im Bildungssystem, wie es derzeit funktioniert, auflösen lassen. Von einer Gesellschaft, in der sich Kindheit und Familie verändern, in der die Schere zwischen unterschiedlichen Kindheiten derart weit auseinanderklafft und prekäre Lebenslagen in Familien regelmäßig den Alltag beherrschen, ist nicht zu erwarten, dass Bildungsinstitutionen ohne eine wesentliche Aufwertung einen substanziellen Ausgleich leisten können. Tatsächlich hat das Schulsystem das einzigartige Potenzial, sich der meisten sozialen Probleme und Herausforderungen anzunehmen, sie zu bearbeiten und zum Teil aufzulösen, weil nur dort alle Kinder und Jugendlichen erreicht werden. Dieses theoretische Potenzial wird mit den derzeitigen Rahmenbedingungen allerdings bei Weitem nicht ausgeschöpft. Kitas und Schulen müssen komplexer werden, wenn sie komplexe Problemstellungen bearbeiten sollen.

Bildungsinstitutionen müssen in die Lage versetzt werden, allen Facetten von Bildung gerecht zu werden. Die Aneignung der sozialen und natürlichen Welt, die Entwicklung von Kompetenzen in unterschiedlichen Feldern und die Persönlichkeitsbildung sind dabei gleichermaßen relevant. Die Wissensvermittlung im Unterricht und spezielle begleitende Förderprogramme sind unerlässlich. Und sie bilden mindestens die Grundlage für eine umfassende Persönlichkeitsbildung. Dazwischen liegt die sozial ungleiche Realität der Kinder. Insbesondere Kinder aus unteren Schichten und in prekären Lebenskontexten leiden darunter, dass sie nur einen sehr begrenzten Ausschnitt dessen erleben, was unsere Gesellschaft ausmacht. In den Bildungsinstitutionen müsste sich alles abbilden, was die Welt zu bieten hat. Die Vielfalt des Lebens sollte erlebbar sein, und zwar für jedes Kind. Der Abbau sozialer Benachteiligungen und der Ausbau von Begabungs- und

Talentförderung gehören systematisch zusammengedacht, weil sie zwei Seiten einer Medaille sind. Beides muss in der Schule stattfinden, aber nicht nur beschränkt auf den schulischen Unterricht.

Die hier dargelegten Grundideen weisen auf mögliche Wege hin, wie Bildungsinstitutionen in die Lage versetzt werden können, den komplexen Anforderungen und gestiegenen Erwartungen gerecht zu werden. Sie sind von Pragmatismus geprägt: Analyse und Zielformulierung sind evidenzbasiert, die Umsetzungsvorschläge beruhen auf bestehenden Entwicklungstrends und greifen durchweg Maßnahmen auf, die zum Teil derzeit eingeführt werden oder bereits etabliert sind. Zudem profitieren von einem hochwertigen Ganztag nicht nur alle Kinder, sondern auch alle Eltern. Sicherlich wären auch andere Wege denkbar. Egal, für welchen Weg man sich entscheidet, gilt: Ideologische Auseinandersetzungen über die großen Systemfragen führen nicht weiter und der Klassenkampf sollte nicht auf die Klassenzimmer übertragen werden. Die Ausstattung der einzelnen Schule, ihre Rahmenbedingungen und Ressourcen, die Konzentration unterschiedlicher Kompetenzen und Expertisen rund um die Kinder, die Kooperationen und Bündnisse mit Eltern und vielen anderen Akteuren sind um ein Vielfaches entscheidender als abstrakte Systemfragen.

Dennoch löst man damit kein einziges der großen gesellschaftlichen Probleme, etwa die vielen offenen Fragen der Digitalisierung, den fortschreitenden Klimawandel oder den Umgang mit globaler Migration. Selbst die aufgeheizte gesellschaftliche Stimmung oder die Konzentration von Problemlagen in bestimmten Stadtteilen wird sich durch eine Ausweitung und Aufwertung von Bildungsinstitutionen nicht direkt abschwächen. Es geht lediglich um eine Verringerung von Chancenungleichheit, um die Ausweitung von Erfahrungshorizonten und Zukunftsperspektiven für alle Kinder und um die Vorbereitung der nächsten Generationen auf die unbekannten Herausforderungen einer zunehmend komplexer werdenden Gesellschaft. Nur darum geht es. Nicht mehr und nicht weniger.

VII. DIE CORONAPANDEMIE UND IHRE BILDUNGSKRISE

Die Pandemie hat die gesamte Weltgesellschaft in Atem gehalten. Es war eine große Illusion, dass das Virus die Menschen gleicher mache. Nicht alle waren durch Virus und Gegenmaßnahmen gleich betroffen. Die Ungleichheit vergrößerte sich extrem, sowohl global als auch national. Welche Auswirkungen hat die Pandemie auf die Zukunft von Kindern und Jugendlichen hinsichtlich ihrer Entwicklung, ihres Kompetenzerwerbs und ihrer Bildungschancen? Für welche Alters- und Herkunftsklassen sind die Herausforderungen besonders groß? Wie konnte das System in der Pandemie und wie muss es nach der Pandemie reagieren? Was ist also ab Sommer 2021 zu tun? Die Analysen der vorangegangenen Kapitel werden im Folgenden auf die Situation der Pandemie übertragen.

35. Kinder in der Pandemie: randständig

In der Coronakrise waren die Schulen über Wochen geschlossen. Zwischen zwei Schullockdowns (März bis Sommer 2020 und Oktober bis Frühjahr 2021) fand Präsenzunterricht im Krisenmodus statt (Wechselunterricht, Unterricht im Freien etc.), der keineswegs vergleichbar war mit dem vorpandemischen Alltag. Außerdem wurde selbst diese kürzere Präsenzzeit durch Quarantäne-Schließungen unterbrochen. Während der Schulschließungen fand der Unterricht als Fernlehre, also digital, statt (vielfach als Homeschooling bezeichnet).

Aktuell haben wir keine gesicherten Daten zu Ausmaß und Spezifika der Problemstellungen (Stand Juli 2021). Daher werden im Folgenden wissenschaftlich begründbare Thesen aufgestellt, die auch Rückbezüge zu den vorangegangenen Kapiteln machen. Denn im Prinzip hat die Coronapandemie alle beschriebenen Probleme berührt, bestätigt und zum Teil verstärkt. Die grundlegenden und nachhaltigen Erfordernisse (Kapitel VI) bleiben unverändert bestehen. Aber durch die Pandemie haben sich akute zusätzliche Anforderungen gestellt. Insgesamt handelt es sich aller Voraussicht nach um sehr große Herausforderungen, die gesamtgesellschaftlich lange nachwirken werden.

Zu Beginn der Krise wurde darüber diskutiert, wie man zwischen der Gesundheit der Älteren und den Interessen der Wirtschaft abwägen könne. Nach einigen Monaten wurde dann erkannt, dass es um die Abwägung zwischen der Gesundheit und Lebenschancen von Älteren und jenen der Jüngeren geht. Die Entscheidungen fielen so aus, wie es für eine ziemlich alte Bevölkerung zu erwarten war: Diejenigen, die durch Covid-19 am wenigsten gefährdet waren, wurden durch die Gegenmaßnahmen am stärksten eingeschränkt und belastet: Kinder und Jugendliche (zum Teil auch junge Erwachsene). Ihnen muss nun besondere Aufmerksamkeit gelten. Dass die Ungleichheit ohne Schule größer wird, hat die Pandemie offen gezeigt. Grundschulen und Kindertageseinrichtungen, also die Institutionen, die besonders geeignet sind, Ungleichheit auszugleichen, waren in der Pandemie besonders stark eingeschränkt.

36. Lockdowns verstärken Chancenungleichheit

Bis zum Sommer 2021 wird die Coronapandemie den Schulbetrieb und die Entwicklungsmöglichkeiten von Kindern und Jugendlichen bereits anderthalb Jahre stark eingeschränkt haben. Dadurch werden die meisten Kinder in ihrer Lern- und Kompetenzentwicklung eine flachere Kurve haben, als das vor Corona der Fall war. Und Kinder aus benachteiligten Milieus wird es besonders hart treffen. Während der Schulschließungen haben nämlich die Faktoren, die Ungleichheit erzeugen, einen größeren Raum eingenommen. Es gibt Kinder, die leben in einem anregungsreichen Umfeld, haben genug Platz, einen Garten zum Spielen und Förderung, bei anderen sind die Rahmenbedingungen schlecht. Dieser Unterschied war immer da und wird in der Pandemie bedeutsamer, weil sich nahezu das gesamte Leben der Kinder zu Hause abspielt. Dadurch gewinnt die Familie, die zugleich Hauptfaktor für Ungleichheit ist, an Bedeutung.

Die Schule konnte diesen Herkunftseffekt vor der Pandemie schon nicht hinreichend kompensieren, und in der Coronakrise war sie über längere Zeit ein Totalausfall. Da hilft auch die Fernlehre beziehungsweise der Distanzunterricht nicht, auch wenn das in der einen oder anderen Schule recht gut funktioniert hat. Denn selbst, wenn es gut funktionierte, dann nicht mit der Qualität und Wirkung der Präsenzlehre. Zum einen, weil es an den strukturellen Rahmenbedingungen sowie an Kompetenz und Erfahrung in der digitalen Lehre weitgehend fehlte. Zum anderen, weil es vor der Pandemie zu viele Versäumnisse gab:

In den ersten Wochen und Monaten des Lockdowns

passierte an den meisten Schulen praktisch gar nichts und erst recht nichts Ungleichheitssensibles. Denn: Vor der Pandemie gab es faktisch keine systematische Kommunikation mit den Eltern. Das heißt, es vergingen in der Regel Wochen – die Ausnahmen sind eher Leuchttürme –, bis die Lehrkräfte eine Idee von den Lebensbedingungen der Kinder zu Hause hatten. Corona wirkte so tatsächlich wie ein Brennglas. Denn es ist immer, nicht nur in der Coronakrise, sinnvoll zu wissen, wie die Kinder eigentlich aufwachsen und wie die Rahmenbedingungen sind – insbesondere, wenn man die Bildungschancen für Benachteiligte verbessern möchte. Hat das jeweilige Kind ein eigenes Zimmer, einen Arbeitsplatz, einen Computer, gibt es zu Hause einen Drucker, können die Eltern beim Lernen helfen, aber auch: Gibt es Risiken für Kindeswohlgefährdungen in der Familie? Hat man auf all diese Fragen keine präzisen Antworten, kann man in »normalen« Zeiten nicht ungleichheitssensibel fördern und in Pandemie-Zeiten keinen einigermaßen anständigen Unterricht aufrechterhalten.

Besonders benachteiligt sind vermutlich diejenigen, die es ohnehin schwer haben: Zunächst diejenigen Kinder, die gemessen an Lebenslage, Bildungsniveau und Klassenzugehörigkeit der Eltern aus benachteiligten Milieus stammen. Zusätzlich all jene, die bereits vor der Pandemie Probleme hatten, dem Unterricht zu folgen, also leistungsschwächere Schüler:innen. Und zudem sind es die Kinder, die in Familien aufwachsen, die von Suchterkrankungen oder psychischen Erkrankungen oder auch Behinderungen betroffen sind, Familien, in denen Gewalt eine große Rolle spielt und in denen die Kinder zunehmend auf sich gestellt sind. Während eines Shutdowns geht es nicht mehr nur um die »feinen« Unterschiede, sondern um wirklich massive ungleiche Familien- und Lebensverhältnisse.

Die Folgen sind vielschichtig: Migrantenkinder, die immer schon fast ausschließlich in der Schule (im Unterricht und auf dem Pausenhof) Deutsch gesprochen und gelernt haben, hatten während des Shutdowns keine Gelegenheiten dazu, oder haben einmal Gelerntes wieder verlernt. Für Jugendliche gilt dies wahrscheinlich in etwas geringerer Weise, für neu zugewanderte Jugendliche, die kaum Deutschkenntnisse vor der Pandemie erwerben konnten, könnte der Effekt besonders stark sein. Viele benachteiligte Kinder (auch ohne Migrationshintergrund) haben überhaupt nur in der Schule gelesen und geschrieben – inwieweit sich dies während des Lockdowns und durch den Distanzunterricht geändert hat, kann noch nicht beurteilt werden. Hinzu kommen umfangreiche Einschränkungen im Hinblick auf Bewegung und Sport sowie Risiken im Hinblick auf die Ernährung während der Pandemie, was zusammen dazu führt, dass motorische Entwicklungsdefizite und Übergewicht auftreten – im Kindesalter besonders verheerend und mit hohen und nachhaltigen Risiken für die Gesundheit. Neben diesen körperlichen werden auch psychische Belastungen beobachtbarer. Schließlich fehlen Kindern insbesondere ihre Peers, also andere Kinder, von denen sie sowohl inhaltlich als auch sozial (Rollenlernen, Gruppenverhalten, Konfliktbewältigung etc.) viel lernen. Besorgniserregend sind Hinweise darauf, dass Kinder zum Teil gar nicht regelmäßig von den Lehrkräften erreicht wurden. Dass dies ganz überwiegend Kinder aus benachteiligten Milieus sind, ist sehr wahrscheinlich, zumindest wird hier evident, dass die Lehrkräfte auf die aktive Mithilfe der Eltern angewiesen sind.

Es gilt im Großen und Ganzen: Je jünger, desto riskanter der Schulausfall. Gerade für Grundschüler wird es nach einer solch langen Zeit des Shutdowns besonders heikel, und zwar aus drei Gründen: Erstens entwickelt sich das Gehirn bei Kindern um ein Vielfaches schneller als bei Jugendlichen oder gar Erwachsenen, was dazu führt, dass ein Jahr weniger lernen viel drastischere Auswirkungen hat als bei höheren Altersklassen. Außerdem ist die Zeitwahrnehmung bei Kindern anders: Ein Jahr fühlt sich bei einem Sechsjährigen an wie acht Jahre für einen Fünfzigjährigen. Entsprechend sind negative psychische Folgen anzunehmen. Zweitens kann die soziale Ungleichheit eigentlich im Grundschulalter noch am besten bekämpft werden, stattdessen verstärkt die Pandemie die Ungleichheit noch weiter. Und das Dritte ist: Alles, was diese Kinder lernen, sind grundlegende Fähigkeiten. Man kann nicht ein in politischer und ökonomischer Hinsicht eigenständiger Mensch sein, wenn man nicht fast alles kann, was in der Grundschule unterrichtet wird.

Was die Kinder dort nicht gelernt haben, müssen sie also irgendwann nachholen. Im Fach Kunst lernt man ja nicht das Malen, sondern man lernt die Motorik. Und wir sind uns sicher einig darüber, dass man lesen, schreiben und rechnen können muss. Schon vor dem Shutdown gab es einen großen Anteil von Kindern, die mit riskanten Defiziten auf eine weiterführende Schule wechselten. Das betraf jedes fünfte Kind. Für Fünftklässler, deren Eltern bildungsnah sind und die ihre Kinder unterrichtet haben, ist es vielleicht nicht ganz so schlimm. Für andere aber verschlechtert sich die Situation dramatisch. Die Folgen werden für einige verheerend sein. Und ich traue unserem

System nicht zu, das wieder auszugleichen. Obwohl es auszugleichen wäre. Die betroffenen Jahrgänge werden schon jetzt eine Kompetenzdelle haben, die noch in Jahren oder Jahrzehnten messbar sein wird.

Schon vor der Pandemie war ein deutlicher Kompetenzunterschied zwischen sozial benachteiligten und privilegierten Kindern messbar. Wenn dieser verstärkt wurde und die Rückstände nicht ausgeglichen werden (und das deutsche Schulsystem ist bisher nicht dafür bekannt, dass es einmal entstandene Defizite ausgleicht), wird es mehr Risikobiografien geben, was bedeutet, dass immer mehr Kinder später womöglich nicht imstande sein werden, ein eigenständiges Leben zu führen.

Für Jugendliche und junge Erwachsene in prekären Lebenssituationen ist dieses Risiko bereits evident: Schon früh gab es Hinweise darauf, dass die Zahl der Schulabgänge ohne Abschluss sehr deutlich gestiegen ist. Auszubildende und Berufsanfänger:innen befinden sich aufgrund der angespannten wirtschaftlichen Lage, aufgrund von Betriebsschließungen und Insolvenzen ebenfalls in einer extrem schwierigen Situation. Und Hunderttausende Studierende haben auch nach mehreren Semestern keinen Hörsaal von innen gesehen. Für diese älteren Gruppen hat die Pandemie weniger negative kognitive und körperliche Folgen, kann dafür aber umso mehr zu sozialen und beruflichen Nachteilen führen.

Die Tatsache, dass ein sehr großer Teil der Kinder und Jugendlichen derzeit so privilegiert aufwächst wie wahrscheinlich nie zuvor, lässt vermuten, dass der größte Teil der Schüler:innen gar keine oder zumindest keine stärkeren Verschlechterungen im Hinblick auf die schulisch relevanten Kompetenzen aufweisen werden. Fallen die Schulen aus, fallen die sehr ungleichen Familienverhältnisse und Kindheiten umso stärker ins Gewicht.

37. Schulsystem selbst im Katastrophenfall nicht flexibel

Ein Hinweis darauf, dass das gesamte Schulsystem unterfinanziert und dysfunktional ist, lässt sich daran ablesen, dass es selbst in der globalen Krise kaum flexibel reagieren konnte. Daher kann man die Schulen (vielleicht neben den Alten- und Pflegeheimen) als diejenigen Institutionen bezeichnen, die den »Stresstest Corona« nicht bestanden haben. Die Ursachen sind vielfältig: Strenge Hierarchien haben dazu geführt, dass alle Schulleitungen darauf warten mussten, was die Schulministerien entscheiden, die Lehrkräfte blieben zu häufig passive Beobachtende. Das ist ein systemisches Problem: Das Schulsystem ist vielleicht nicht gänzlich innovations- und kreativitätsfeindlich, aber es fördert ein solches eigenverantwortliches Handeln auch nicht. Hinzu kommt, dass es personell und materiell unterversorgt ist. Es war vor Beginn der Pandemie schlecht aufgestellt und konnte in der Coronakrise nie strategisch vorausschauend handeln.

Entsprechend hat man sich auch kaum Gedanken darüber gemacht, wie man mit der geringeren Lernzeit umgeht. Zwar wurde zentral entschieden, dass man sich auf die Kernfächer konzentrieren soll und einige Unterrichtsfächer komplett entfallen. Aber die Lehrkräfte mussten notwendigerweise den Lehrplan innerhalb eines Fachs reduzieren, taten dies also eigenständig und ohne zentrale

Koordination. Daher weiß niemand, welche Themen und Kompetenzbereiche gar nicht oder oberflächlicher als gewöhnlich behandelt wurden. Das liegt auch daran, dass die Schulen im Hinblick auf Digitalisierung sehr ungleich aufgestellt waren. Lehrkräfte wiesen sehr unterschiedliche Kompetenzen und Erfahrungen in der digitalen Lehre auf. Es lag und liegt entsprechend ein Flickenteppich vor, der es kaum mehr ermöglicht, die Lage einheitlich zu beurteilen. Man müsste also sagen: Es ist gar nicht gut und zugleich sehr divers.

Besonders problematisch ist die Situation der Schulen in sogenannten sozialen Brennpunkten. Die Ausstattung dieser Schulen ist tendenziell schlechter, insbesondere im Hinblick auf digitale Unterrichtsmöglichkeiten. Aber noch viel verheerender ist, dass Kinder und Jugendliche in sozial segregierten Stadtteilen während der Pandemie viel häufiger von Schulausfällen betroffen waren als andere Schüler:innen. Denn aufgrund der in benachteiligten Quartieren deutlich höheren Inzidenz kam es dort *zwischen* den Lockdowns (als die Schulen eigentlich geöffnet waren) viel häufiger zu Schulschließungen aufgrund von Quarantäne. Also auch hier: Ohnehin Benachteiligte sind besonders betroffen.

Es ist anzunehmen, dass auch in Kitas in benachteiligter Lage viel häufiger Schließungen aufgrund von Quarantäne stattfanden. Dadurch konnten die wichtigen Förderprogramme im Hinblick auf motorische Entwicklung, Gesundheit, Elternarbeit und Spracherwerb Deutsch im elementaren Bereich nur sehr eingeschränkt umgesetzt werden. Deshalb ist davon auszugehen, dass die im August 2021 eingeschulten Kinder nicht die Voraussetzungen mitbringen, die die Grundschulen bisher gewohnt waren. Entsprechend dürften die ohnehin besonders belasteten und beanspruchten Grundschulen weiter unter Druck geraten.

Einige Befunde haben früh in der Pandemie gezeigt, dass die Versorgung mit Digitalisierung und digitalem Unterricht an Gymnasien um ein Vielfaches höher ist als an allen anderen Schulformen inklusive Grundschulen. Es kommt also auf die einzelne Schule, aber auch auf die jeweilige Schulform an. Kinder sind alles in allem fundamental davon abhängig, dass sie in der Pandemie Hilfestellung in der Familie hatten, engagierte Lehrkräfte, die weit mehr leisten mussten als sonst, eine personell und materiell gut ausgestattete Schule, digitale Endgeräte und guten Internetzugang. Zu befürchten ist, dass ohnehin Benachteiligte durch ein dysfunktionales und unterversorgtes System in der Pandemie von weiterer Mehrfachbenachteiligung betroffen sind.

38. Potenziale und Grenzen der Digitalisierung

Wenn man sich den Distanzunterricht auf den weiterführenden Schulen anschaut, sehe ich mindestens drei wichtige Punkte. Erstens haben wir keinen Hinweis darauf, dass es irgendwelche Konzepte gibt, bei denen Fernlehre gleichwertig mit Präsenzunterricht sein kann, wenn eine Lehrkraft eine Klasse mit zwanzig bis dreißig Kindern unterrichtet. Natürlich gibt es Konzepte von Fernlehre mit einer 1:1- oder höchstens 1:5-Betreuung, die anständig funktionieren. Aber dafür fehlen uns einige Millionen Lehrkräfte. Zweitens haben relativ wichtige (wissenschaftliche)

Akteure, meist Psychologen, die Digitalisierung im Bildungsbereich vor Corona regelrecht verteufelt – neben der allgemeinen Zurückhaltung in Deutschland im Hinblick auf Digitalisierung war das sicher auch ein Grund dafür, dass wir auf den Einsatz digitaler Mittel in der Präsenzlehre bisher weitgehend verzichtet haben. Hätten Kinder und Lehrkräfte vor dem Shutdown schon Erfahrung mit der gemeinsamen Nutzung digitaler Mittel in der Schule gemacht, wäre es wesentlich leichter gewesen, das dann auch auf die Fernlehre zu übertragen. Der dritte Punkt ist eine grundsätzliche Sache: Selbst die Lehrkräfte, die sich auf längeren Fernunterricht eingestellt haben, hatten das Problem, dass sie über die Kinder, wie erwähnt, faktisch nichts wussten.

Es gibt aber gute Indizien, dass digitale Tools helfen können, Ungleichheit zu verringern. Beispielsweise gibt es schon Berichte von Projekten aus anderen Ländern, laut derer Kinder Feedbacks von digitalen Medien total gut finden, weil sie das Gefühl haben, das ist fairer als durch die Lehrkraft. Aus habitustheoretischer Perspektive hat das eine hochgradige Plausibilität. Roboter oder Algorithmen können wahrscheinlich deutlich eher Talente entdecken als eine Lehrkraft. Ich habe die Redewendung geprägt, dass Armut das Talent für Lehrkräfte verdeckt. Die Aufgabe wäre es also, Talent zu entdecken. Man bräuchte folglich Forschergeist. Und ähnlich, wie weite Teile der empirischen Forschung ohne digitale Unterstützungssysteme überhaupt nicht mehr möglich sind, können digitale Mittel auch Lehrkräften helfen, Potenziale zu erkennen.

Es gibt beispielsweise mehrere Projekte, in denen ein Algorithmus im Mathematikunterricht erkennt, was genau die Kinder bei einer Aufgabe nicht können. Ohne dass das Kind in irgendeiner Form beschämt wird, sagt er dem Kind, dass es offenbar diese Regel, die vor zwei Jahren in der Schule behandelt wurde, nicht mehr beherrscht, und gibt ihm Übungen für diese Regel. Und wenn es diese Regel erklärt bekommen und dann ein-, zweimal angewendet hat, wird die ursprüngliche Aufgabe erneut gestellt. Dann schaut man, ob das Kind diese Aufgabe jetzt lösen kann. Meistens ja – und wenn nicht, wird noch eine andere Regel identifiziert, die es nicht beherrscht. Dafür haben Lehrkräfte keine Zeit und die meisten auch nicht die Kompetenz. Auf der anderen Seite können solche digitalen Hilfen auch systematisch erkennen und speichern, was die Kinder beherrschen. Digitalisierung kann also bei der individuellen Diagnose von Defiziten und Potenzialen und bei der individuellen Förderung derselben helfen. Und das hilft den Kindern und der Lehrkraft. Das ist allerdings weitgehend eine Begleitung der Arbeit der Lehrkräfte und kein Ersatz.

Was Lehrkräfte richtig gut können, ist ein Klassenunterricht, in dem man zwanzig bis dreißig Kinder und Jugendliche in eine Richtung lenkt. Eine hoch anspruchsvolle Aufgabe, die sie so gut wie niemand anderes machen. Aber Diagnostik und individuelle Förderung sind eine große Schwäche. Jetzt könnte man fordern, die Lehrkräfte genau darin fortzubilden. Man kann aber auch sagen, hier liegt in den digitalen Mitteln ein riesengroßes Potenzial.

Es geht also darum, wie man digitale und analoge Formen des Lernens in der Schule miteinander verschränkt, auch und insbesondere damit für soziale und kommunikative Prozesse, die nicht digitalisiert werden können, mehr

Raum bleibt. Selbst bei einem Fach wie Mathematik muss man sich unterhalten, diskutieren und reflektieren – die meisten Menschen eignen sich erst über Kommunikation und Emotion Inhalte oder Fähigkeiten an.

Durch die Pandemie hat es einen enormen Digitalisierungsschub gegeben. Für diese Entwicklung hätte es ohne Corona vielleicht ein Jahrzehnt gebraucht. Allerdings ist diese Expansion – ähnlich wie beim Ausbau des Ganztags – reine Quantität. Qualität muss nun folgen. Digitalisierung muss nachhaltig und strategisch in den Schulen implementiert werden. Der Aktionismus im Hinblick auf die Digitalisierung sollte nachhaltigen und langfristigen Strategien weichen. Denn es ist überhaupt nicht trivial, digitale Medien einzusetzen, mit denen erstens die Kinder wirklich gut oder sogar noch besser lernen, die zweitens von den Lehrkräften akzeptiert, genutzt und gut eingebaut werden und die drittens den gesamten (regionalen) Kontext berücksichtigen, etwa die Internetversorgung vor Ort. Das muss unbedingt in Kooperation mit den Schulen und den Lehrerverbänden stattfinden und wissenschaftlich evaluiert werden.

39. Kurz-, mittel- und langfristige Maßnahmen

Die Entscheidung, die Verantwortung weitgehend in die Hände der Familien zu legen, fiel viel zu leicht. In Bildungs- und Familienpolitik lässt sich eine Kontinuität der Relevanzsetzung erkennen (vgl. auch Kapitel V). Will man mit diesen Kontinuitäten brechen, muss man das System dazu überhaupt erst in die Lage versetzen.

In der Pandemie wurde folgenreich evident, was man vorher schon wissen konnte: Wir haben zu wenige Lehrerinnen und Lehrer, zu wenige andere Fachkräfte in den Schulen, die Raumsituation ist katastrophal. Vor allem aber muss das System flexibler werden und stärker daraufhin orientiert sein, die Lebensbedingungen eines jeden einzelnen Kindes zu erkennen. Schulen müssen also flexibler werden. Und das kann nicht von den Landeshauptstädten aus geschehen. Das muss vor Ort in Eigenverantwortung der Schulen organisiert und mit den nötigen rechtlichen und finanziellen Mitteln ausgestattet werden. Mittel- und langfristig gelten also nach wie vor uneingeschränkt die Ideen, Strategien und Konzepte aus Kapitel VI, insbesondere die Erweiterung der Ganztagsschule durch multiprofessionelle Teams und weitere schulexterne Akteure, damit den Kindern und Jugendlichen ermöglicht wird, alles zu erleben, was die Welt und die Gesellschaft zu bieten haben.

Kurzfristig müssen allerdings pandemiebedingt zusätzliche Maßnahmen getroffen werden. Durch die Unterrichtsausfälle und die vielen weiteren Einschränkungen, von denen Kinder und Jugendliche betroffen waren, fehlt es akut und am stärksten an Zeit. Zeit, die Dinge nach- und aufzuholen, die auf der Strecke geblieben sind. Bezogen auf die Schule kann das etwa bedeuten: Verlängerung des Schuljahres (z. B. bis Weihnachten) oder Verschiebung der Lerninhalte in Folgejahre; mehr Unterrichtsstunden täglich oder an einem zusätzlichen Unterrichtstag (samstags); Reduzierung des Lehrplans (in allen Fächern); Reduzierung der Fächer (etwa für einzelne Halbjahre). Ideal wäre eine durchdachte Kombination aus allen vier Maßnahmen.

Zu befürchten ist allerdings, dass es weiterhin recht strategielos zugehen wird.

Neben den rein kognitiven Entwicklungseinschränkungen gibt es zahlreiche weitere, etwa die motorische Entwicklung, psychische Belastungen, Übergewicht und soziale Isolation. Daher müssen kurzfristig eine Reihe von schulischen und außerschulischen Maßnahmen getroffen werden, die weit über »Nachhilfe« hinausgehen: von der Ferien- und Freizeitgestaltung bis zur Förderung von Sport, Kultur und Musik.

Von größter Bedeutung sind Daten und Analysen. Die Entscheidung, die zentralen Lernstandserhebungen 2020 und 2021 entfallen zu lassen, war falsch. Sie hätten ein viel zielgerichteteres Vorgehen ermöglicht. Umso wichtiger ist es, dass diese im Herbst 2021 oder im Frühjahr 2022 umgesetzt und umfassend ausgewertet werden. Denn alles hier von mir Geschriebene ist wissenschaftlich begründbar durch Analogienbildung und erste Explorationen, aber weder Breite noch Tiefe lassen sich derzeit exakt bestimmen (also wer ist wie betroffen?).

Ich vermute Folgendes: Deutschland wird im europäischen und OECD-Vergleich nach fast allen Kriterien (Arbeitslosigkeit, Wirtschaftsentwicklung, Todeszahlen etc.) überdurchschnittlich gut durch die Pandemie gekommen sein, aber eine große Ausnahme wird die Bildung darstellen, insbesondere im Elementar- und Primarbereich – hier vermute ich ein unterdurchschnittliches Ergebnis.[258] Damit wird einmal mehr deutlich: In den Sonntagsreden spricht man vom großartigen Stellenwert von Bildung, die wie ein Wundermittel nahezu alles zu bewirken imstande ist, und schon montags ist das Gesagte vergessen. Derzeit besteht Hoffnung, dass es diesmal nicht bei den Sonntagsreden bleibt.

Bis zum Frühjahr 2020 war in der Politik, selbst unter Bildungspolitiker:innen, die Haltung weit verbreitet, dass es nichts Riskanteres gibt, als umfassende Schulreformen zu fordern oder gar umzusetzen. Jetzt gibt es kein größeres politisches Risiko mehr, als sich nicht um weitreichende Schulreformen zu kümmern. Der Handlungsdruck ist heute also in nie gekannter Intensität da. Es gibt niemanden mehr, der nicht sieht, dass das System unterfinanziert und dysfunktional ist. Die Motivation – auch für die mittel- und langfristigen Veränderungen – war nie höher. Ein Selbstläufer wird es allerdings wahrlich nicht.[259]

Nachwort

Mythos Bildung und das Integrationsparadox

Stellen wir uns vor, die Gesellschaft wäre ein großer Raum mit einem Tisch in der Mitte und einem großen Kuchen. Zunächst sitzen nur wenige Männer am Tisch, die meisten Menschen sitzen in der zweiten und dritten Reihe, viele sogar auf dem Boden. Dann nehmen Frauen am Tisch Platz. Später folgen Migranten, schwarze Deutsche, Ostdeutsche, Menschen mit Behinderung, Nicht-Heterosexuelle (die waren zwar schon vorher dort, mussten aber so tun, als wären sie heterosexuell). Zunächst wird es eng, was nicht immer gemütlich ist. Immer mehr Menschen wollen ein Stück vom Kuchen. Eine Weile geht es also um Verteilung, um Ressourcen und Positionen. Es entsteht eine gewisse Dynamik, deren positive Seiten für viele erkennbar sind. Nach einer Weile fangen die ersten neu am Tisch Sitzenden an, Fragen zu stellen. Ist das eigentlich der richtige Kuchen? Sind die Tischregeln noch zeitgemäß? Manche wollen die Rezeptur des Kuchens und die Esskultur insgesamt verändern. Andere fordern ein Leitrezept. Man fragt sich, was ist bei all dieser Diversität denn noch die Identität der Tischgesellschaft? Einige schlagen vor, mehrere Tische in den Raum zu stellen, andere wollen die gesellschaftliche Einheit wahren, dann fordern die Ersten, die Tischgesellschaft wieder zu schließen. Es entsteht also eine neue Konfliktlinie, in der es um Kultur und Identität, um Offenheit und Geschlossenheit geht, ohne dass die Verteilungskonflikte überwunden wären. Das ist unübersichtlich und anstrengend.

Der neue Konflikt besteht auch darin, dass diese verschiedenen ehemals enorm und heute zunehmend weniger benachteiligten Gruppen gleichzeitig Teilhabe und Zugehörigkeit fordern. Frauen wollen nicht nur Zugang zum bestehenden Arbeitsmarkt, sondern bemängeln, dass der bestehende Arbeitsmarkt eine ziemlich männliche Angelegenheit sei und sich die Arbeitgeber ändern müssen. Und die Männer und der Staat müssen einen Teil der ehemals weiblichen Verantwortung übernehmen. LSBTIQs fragen, ob sie tatsächlich als gleichwertig anerkannt werden. Die Vorstellung, Heterosexualität sei das Normale, wird infrage gestellt. Ostdeutsche erkennen sich in der westdeutsch geprägten Erzählung des vereinten Deutschlands nicht wieder und melden sich sehr deutlich zu Wort. Migranten fragen, ob sich nicht das Deutschsein ändern muss, damit sie wirklich dazugehören können. Menschen mit Behinderung fordern, dass ihre Bedürfnisse und ihre Bewegungsfreiheit in der analogen und digitalen Welt systematisch mitberücksichtigt und nicht, wie bisher, nachträglich Anpassungen vorgenommen werden.

Je mehr Menschen aus benachteiligten Gruppen am Tisch sitzen, desto stärker und selbstbewusster mischen sie sich ein, fordern gleiche Rechte – und stellen die Privilegien der anderen infrage. Die ehemals Privilegierten sehen ihre Dominanz und Deutungshoheit am Tisch schwinden – einige, aber bei Weitem nicht alle, sehen sich nun selbst als Opfer und kämpfen gegen die Veränderungen an. Allgemein hat man das Gefühl, die Gesellschaft sei gespalten und der Zusammenhalt gehe verloren. Man könnte aber auch sagen: Alle sind sich nähergekommen. Das wäre das Gegenteil von Spaltung. Und man könnte ferner feststellen: Der Klebstoff des »alten« Zusammenhalts bestand aus Unterdrückungsverhältnissen, von denen all die genannten Personengruppen betroffen waren. Mit der Überwindung der Unterdrückung ist auch der Klebstoff ausgetrocknet. Der Zusammenhalt wurde durch Konflikte ersetzt. Prinzipien des kulturellen und strukturellen Zusammenlebens wandeln sich.

Die meisten Menschen im Raum sind vom Boden an den Tisch gewechselt. Am Tisch sitzen jetzt sehr unterschiedliche Menschen zunehmend auf Augenhöhe zusammen. Das ist doch toll. Aber der einzelne Platz ist nicht mehr so viel wert, ist nichts Besonderes mehr. Und es gibt viel mehr Streit. Die Stimmung ist schlecht. Warum? Weil viel mehr Menschen teilhaben können und wollen, weil die Gesellschaft offener geworden ist, und man könnte salopp sagen: weil es eigentlich ganz gut läuft.

Aber was ist eigentlich jetzt auf dem Boden los? Natürlich sind da auch noch Menschen. Und hier ist die Stimmung auch schlecht, sehr schlecht. Es gibt nichts Schlimmeres, als zuzusehen, wie es ein Großteil vom Boden an den Tisch schafft, aber man selbst bleibt unten hocken. Viele fühlen sich zurückgelassen und resignieren. Am Tisch wiederum wird erzählt, dass die offenkundig sehr offene Tischgesellschaft unendlich viele Möglichkeiten biete und diejenigen, die jetzt noch auf dem Boden sitzen, selbst schuld seien. Die Solidarität zwischen Tisch und Boden geht verloren. Aus der Logik »wenn es dir schlecht geht, helfen wir dir« wird »gib dir mehr Mühe, damit du der Gemeinschaft nicht auf der Tasche liegst«. Der Ausschluss wird vom kollektiven Schicksal zu einem individuellen Versagen verdreht. Auch die solidarischen Strukturen auf dem Boden lösen sich zunehmend auf oder werden in Form von parallelgesellschaftlichen Strukturen aufrechterhalten.

Schlechte Stimmung unten wie oben, gestörtes Verhältnis zwischen Boden und Tisch. Identitätspolitik, Populismus, Resignation und Parallelgesellschaften, gestiegenes Konfliktpotenzial, überhitzte Diskurse und erodierender gesellschaftlicher Zusammenhalt. Und warum? Weil's recht gut läuft …

So lässt sich das »Integrationsparadox« zusammenfassen. Die Bildungsexpansion ist ein wesentlicher Teil davon – Bildung ist sogar das Leitmedium für diese Entwicklung. Teilhabe wächst, ein Teil der Ungerechtigkeit bleibt erhalten. Die Folgen der Ungerechtigkeit werden immer schwerwiegender – es geht also um die Qualität, nicht die Quantität der Benachteiligung. »Mythos Bildung« beschreibt, wie man über Bildung einen Zugang zum Tisch offenhält, wie man die Teilhabechancen innerhalb der bestehenden Systeme und Gesellschaft insbesondere für Kinder aus benachteiligten Milieus verbessern kann. Gleichzeitig steigert sich dadurch die Dynamik weiter und mit ihr auch das Konfliktpotenzial.

Daher muss man fragen, ob man langfristig ohne ein grundsätzliches »Umdenken« weiterkommt. Ich habe in diesem Buch das Potenzial des Bestehenden umrissen und mich dabei konsequent auf den Bildungsbereich fokussiert. Grundsatzfragen können aber selbstverständlich auch an Sozial-, Steuer-, Wirtschaftspolitik, die etablierten Formen der Partizipation und so weiter gestellt werden. Soziale

Ungleichheit ist genau genommen gar nicht ohne diese Bereiche gestaltbar. Abgesehen vom Grundgesetz kann praktisch alles auf den Prüfstand. Unsere Verfassung führt uns genau dahin, wo wir stehen, aber die Verfasstheit unserer Strukturen sind dem Status quo nicht mehr gewachsen. Deshalb kommt der aktiven Zivilgesellschaft eine wesentlich größere Bedeutung zu als je zuvor.

Mein Kompass ist es, nicht für andere definieren zu wollen, wie die gute Gesellschaft von morgen aussehen soll, sondern: so viele Menschen wie möglich in die Lage zu versetzen, sich in der Gesellschaft zurechtzufinden und an der Gestaltung der Zukunft mitzuwirken – und zwar auf der Grundlage der Legitimationsprinzipien unserer bestehenden Gesellschaft. Über das Bildungssystem schafft man genau das: mehr Menschen, die sich einmischen können und wollen. Die Herausforderungen und Krisen lösen sich damit aber keineswegs auf. Vielmehr benötigen wir noch Grundlagen, Strukturen, Prozesse und Methoden, um die Teilhabe von allen und eine sozial faire Gesellschaft überhaupt konstruktiv und realistisch zu denken.

Und entsprechend gilt: Bildung ist gut, aber keine Lösung.

ANMERKUNGEN

1 Eine präzise Unterscheidung der Begriffe Lernen, Sozialisation, Erziehung und Bildung ist nicht ohne Weiteres möglich. Ein Bildungsprozess ist abhängig von Lernen (Neues erlernen), Sozialisation (ein Teil der Gesellschaft werden) und Erziehung (absichtsvolles Beeinflussen). Sie bilden die Grundlagen für Bildung.

2 Erstaunlicherweise kam Meister Eckhart zu dem Schluss, dass sich Bildung durch das Erlernen von Gelassenheit, durch Passivität und das Von-sich-Ablassen kennzeichnen würde. In dieser Hinsicht handelt es sich um ein einzigartiges Bildungsverständnis, da alle späteren Bildungsbegriffe und -theorien nicht Passivität, sondern gerade die Aktivität in den Vordergrund stellten. Zu diesem und den folgenden Bildungsbegriffen ist jüngst eine sehr empfehlenswerte Einführung in die Bildungstheorien von Markus Rieger-Ladich (2019) erschienen.

3 Vgl. Bourdieu 1983: Die folgende Beschreibung der Kapitalsorten nach Bourdieu basiert auf El-Mafaalani (2012, S. 69–72) und führt diese fort.

4 Vgl. z. B. Münch 2018.

5 Vgl. z. B. Stephan Lessenich (2008), der von einer »Neuerfindung des Sozialen« spricht. Interessant hierzu sind die Ausführungen von Heinz Bude, der die besondere Betonung des Einzelnen (auch durch Bildung) mit einem Verlust an Solidarität in Verbindung setzt. Diese Lücke wurde von Populisten besetzt, die den Solidaritätsbegriff (mit einer sehr exklusiven Stoßrichtung) politisch vereinnahmt haben (Bude 2019).

6 Zusammenfassung des Humboldt'schen Bildungsverständnisses von Hartmut von Henting (1996).

7 Zum Diskurs über das Problem der normativen Bestimmung von Bildung z. B. Rosenberg 2011.

8 Besonders prominent ist derzeit der Ansatz von Marotzki 1990, aber auch etwa Koller 1999.

9 Die folgenden Darstellungen zur Habitustheorie basieren auf mehreren bereits veröffentlichten Texten (insbesondere: El-Mafaalani 2012,

aber auch: 2014a; 2015b; 2017a; 2018b). Eine lesenswerte Einführung in die Habitustheorie: Krais/Gebauer 2008.

10 Das schichtspezifische Sich-unterscheiden-Müssen (Distinktion) wird insbesondere bei den Essgewohnheiten deutlich: Als der Preis einer Kalorie und speziell von Fleisch besonders hoch war, konnte Distinktion durch große und reichhaltige Portionen gewährleistet werden. Mit der Französischen Revolution sank der Preis für Nahrungsmittel, sodass kalorien- und fleischreiche Ernährung im Laufe der Zeit kein Unterscheidungskriterium mehr sein konnte. Portionsgrößen und Schönheitsideal haben sich gewandelt. Vegetarismus (und Veganismus) sind entsprechend auch sozialstrukturell ungleich verteilte Ernährungsweisen. Ähnliche Veränderungen ließen sich im Hinblick auf Urlaubsorte und -arten oder Sportarten zeigen.

11 Hierzu u. a. Bourdieu 2001, S. 206. Ausführlich auch: El-Mafaalani 2012.

12 Juhasz/Mey 2003, S. 70; Bourdieu 1987a, S. 190 f.

13 Hier ein Exkurs zu den Traditionslinien der Habitustheorie und habitusanalytischer Forschung (aus El-Mafaalani 2012, Fußnote 83): Während der historische Materialismus die rechtlichen, politischen und ökonomischen Vorstellungen als »Ideologie« identifizierte, konnte nicht erklärt werden, »*wie* der Weg von der Ökonomie zum menschlichen Kopf oder Herz geht« (Fromm 1932, S. 46). Die Frankfurter Schule hat durch die Bereicherung der Marx'schen Theorie durch die Freud'sche Psychoanalyse versucht, diese Lücke zu schließen (vgl. hierzu Fromm 1981). Fromms Konzeption einer Analytischen Sozialpsychologie war der Versuch, die Ideologien aus dem Zusammenwirken von seelischem Triebapparat und sozial-ökonomischen Bedingungen (Fromm 1932) ursächlich zu erklären. Fromms »Sozialcharakter« hat ebenso eine gewisse Nähe zur Kategorie des Habitus wie der Begriff ›Mentalität‹, wie ihn Geiger (1987) verwendet. Letzterer konstatiert, dass sich auch in der kapitalistischen Gesellschaft der 1930er ständische Sitten und Lebensauffassungen bewahrt hätten, die zu schichtspezifischen geistig-seelischen Haltungen (Mentalitäten) der Individuen führten (vgl. hierzu Vester u. a. 2001, S. 167). Bourdieu nennt dies klassenspezifischen Habitus. Der Habitusbegriff wurde in einer historisch weiter gefassten Betrachtung in ganz unterschiedlichen Kontexten verwandt bzw. umschrieben. Aristoteles hat

mit dem Begriff ›Hexis‹ den Körper als dauerhafte und beständige Entität verstanden, während er unter Dispositionen wandelbare persönliche Eigenschaften verstand; Thomas von Aquin entwickelte darauf aufbauend eine für die katholische Moraltheologie bedeutsame Theorie des Handelns; Max Weber hat mit dem Begriff ›Ethos‹ (u. a. als ein System von Aspirationen, Erwartungen und Hoffnungen) seine Protestantismusstudien entwickelt; Panofsky (1951), auf den sich Bourdieu explizit bezieht, benutzte den Habitusbegriff in kunsthistorischen Zusammenhängen (für eine ausführlichere Darstellung vgl. Kalthoff 2004).

14 Bourdieu 2001, S. 207; El-Mafaalani 2012.

15 Vgl. Umweltbundesamt 2016; Metag u. a. 2015.

16 Zahlungskräftige, aber nicht klimabewusste Personen neigen dazu, Effizienzgewinne direkt zu verbrauchen, etwa wenn aufgrund besserer Wärmedämmung alle Wohnräume, auch bisher unterkühlte, stärker beheizt werden. Zahlungskräftige und klimabewusste Personen verbrauchen solche Effizienzgewinne nicht direkt, aber häufig indirekt. Denn die (manchmal) kostensparenden Investitionen erhöhen die verfügbaren Finanzmittel, die in aller Regel wieder in den Konsum fließen, der wiederum CO_2 verursacht. Dieser direkte bzw. indirekte Rebound-Effekt hat dazu geführt, dass trotz (oder wegen) erhöhter Energieeffizienz der Ressourcenverbrauch zunimmt.

17 Michael Hartmann (2018) rekonstruiert, dass das Erstarken der Populisten mit zwei gegenläufigen Entwicklungen zu tun hat: Immer mehr Menschen wollen Teilhabe, und gleichzeitig verschließen sich die klassischen Eliten, um ihre Macht und Dominanz zu erhalten. Dieses Spannungsfeld wird von Populisten kanalisiert.

18 Vgl. El-Mafaalani 2018a.

19 Etwa: Reckwitz 2017; Fukuyama 2018; El-Mafaalani 2018a.

20 Vgl. Kreckel 2004; Geißler 2008; Hradil 1993.

21 Vgl. u. a. Geißler 2008.

22 Die Idee der prinzipiellen Gleichheit aller Menschen sowie die Meritokratie sind Kinder der Moderne. Soziale Ungleichheit ist der zentrale Begriff, um die unnatürlichen Unterschiede, also die durch Menschen formbaren und veränderbaren Unterschiede zwischen den Menschen, zu erfassen und die Ursachen und Mechanismen zu analysieren (vgl. u. a. Burzan 2011).

23 Einschränkungen des Leistungsprinzips lassen sich dort erkennen, wo angezweifelt wird, dass das Leistungsprinzip wirklich angewandt wird, wo man also leistungsunabhängige Barrieren vermutet. Dies scheint nach sehr langem Abwarten im Hinblick auf die Frauenquote heute der Fall zu sein. Hierbei geht es nicht um einen Nachteilsausgleich durch geringere Leistungsanforderungen, sondern man geht davon aus, dass ungleiche Machtverhältnisse, geschlechterbezogene Vetternwirtschaft und Privilegienabsicherung diese Ungleichverteilung erzeugen und nicht Unterschiede in der Leistungsfähigkeit. Das heißt, Quotenregelung wird mit dem und durch das Leistungsprinzip legitimiert. Auch hier wird also das Leistungsprinzip vorrangig gesehen.

24 Nordrhein-Westfalen hat 1989 als erstes Bundesland ein Gesetz zur Förderung der beruflichen Chancen von Frauen (Frauenförderungsgesetz) verabschiedet. Es enthält eine leistungsbezogene Zielquote von 50 %. Das heißt, man hat das Ziel ausgegeben, dass 50 % der Beschäftigten im öffentlichen Dienst Frauen sein sollen, allerdings unter Wahrung des Leistungsniveaus.

25 Vgl. etwa Meulemann 1979, S. 15.

26 Vermögen sind am stärksten ungleich verteilt. Interessanterweise handelt es sich hierbei überwiegend um vererbtes Vermögen. Erbschaft ist eine Institution, die vom Prinzip her jeder Form gesellschaftlicher Legitimation von sozialer Ungleichheit widerspricht. Es handelt sich um ein historisch gewachsenes Überbleibsel aus vormoderner Zeit.

27 Ausgeblendet wird hier, dass es noch ein weiteres Prinzip gibt, nämlich Erfolg. Dies wird insbesondere bei Unternehmensgründungen wirksam, also wenn im Rahmen einer unternehmerischen Selbstständigkeit ein Risiko eingegangen wird. Wer sich dann im Wettbewerb durchsetzt, »verdient« in doppelter Hinsicht mehr. Aber auch eine solche marktgetriebene Überholspur wird zunehmend abgebaut, beziehungsweise hängen erfolgreiche Unternehmensgründungen immer stärker mit einem höheren formalen Bildungsabschluss zusammen (vgl. Bude 2011).

28 Ein Exkurs zur Komplexität der genannten Begriffe (a) »Klasse/Schicht« sowie (b) »ethnische Herkunft/Migrationshintergrund«: (a) Soziale Klassen und soziale Schichten sind keine Synonyme.

An einem Beispiel lässt sich das vereinfacht darstellen: Wenn die Bundesligasaison beginnt, ist klar, dass es nach 34 Spieltagen eine Rangfolge der 18 Tabellenplätze gibt. Dabei gibt es verschiedene Schichten: Die ersten 4 Plätze sind Champions-League-Plätze (Oberschicht), darauf folgen Europa-League-Plätze (obere Mittelschicht), dann der große mittlere Bereich und unten die Abstiegsplätze (Unterschicht). Vor dem ersten Spieltag gibt es eine theoretische Wahrscheinlichkeit, dass jeder Meister oder Absteiger werden kann. Schicht meint also, dass es einen Unterschied zwischen oben und unten gibt – und nicht mehr. Sollten aber in jeder Saison die Gleichen oben bzw. unten stehen, dann spricht man von (sozialen) Klassen. Auf die Gesellschaft bezogen lässt sich also festhalten, dass kein Klassenbewusstsein (inklusive spezifischer Formen der Solidarität) vonnöten ist, um von Klassen zu sprechen. Karl Marx macht deshalb die Unterscheidung zwischen einer Klasse an sich (ohne Bewusstsein) und Klasse für sich (mit Bewusstsein). Im Unterschied zur Klassengesellschaft sind in der Standes- oder Kastengesellschaft Auf- und Abstiege gar nicht möglich. Man würde also gar nicht gegeneinander bzw. in einer Bundesliga spielen. (b) Der Begriff ethnische Herkunft wird zu Recht kritisch gesehen. Nationale und kulturelle Herkunft spielen eine Rolle, wobei sowohl äußerliche Merkmale betrachtet werden können (Hautfarbe, Haarstruktur, Augenform etc.) als auch etwa Muttersprache oder Religion. Aber auch der Begriff Migrationshintergrund wird zunehmend kritisch betrachtet, weil hier per Definition gar nicht nach äußeren oder kulturellen Merkmalen gefragt wird, sondern nach Geburtsort und Staatsangehörigkeit der Eltern. Entsprechend haben sich in der Jugendsprache entlarvende Begriffswendungen etabliert, etwa wenn von Biodeutschen gesprochen wird (Menschen ohne Migrationshintergrund) oder der Unterschied zwischen Migrationsvordergrund (für Menschen, deren nicht biodeutsche Herkunft man erkennt, etwa durch Hautfarbe oder Namen) und Migrationshintergrund (etwa bei weißen Menschen mit einem britischen oder dänischen Migrationshintergrund) betont werden soll. Hierzu ausführlich: El-Mafaalani 2019.

29 Vgl. Kracke u. a. 2018.

30 Entsprechend zeigen einige Studien, dass das Haushaltseinkom-

men genauso wichtig ist wie das Bildungsniveau der Eltern. Sehr häufig hängt das miteinander zusammen. Allerdings können Eltern mit einem deutlich überdurchschnittlichen Einkommen ein unterdurchschnittliches Bildungsniveau »ausgleichen« – zugunsten der Bildungschancen ihrer Kinder. Genauso können Eltern mit einem hohen formalen Bildungsniveau ein geringes Einkommen ausgleichen. Sehr klar werden die Bildungschancen von Kindern, wenn der Regelfall eintritt, dass ihre Eltern nämlich über viel kulturelles und ökonomisches Kapital verfügen – oder eben umgekehrt, dass beides in geringem Maße vorliegt. Würde man also die Kinder der Oberschicht mit Kindern in SGB II-Bezug (also in relativer Armut) miteinander vergleichen, das Ergebnis wäre entrüstend eindeutig.

31 Zur Information: Von allen Jugendlichen stammen die meisten aus Facharbeiterhaushalten (53 %), 13 % aus Familien von Facharbeitern mit Abitur, nur 6 % haben Eltern ohne jegliche formale berufliche Qualifikation. Akademikerhaushalte stellen die Bildungsherkunft von 28 % dar (vgl. Kracke u. a. 2018).

32 Hochschulreport 2020.

33 Zur frühen Kindheit (u. a. Becker/Lauterbach 2008/2016); zur Schulzeit (u. a. Maaz u. a. 2010); zur Studienzeit (u. a. Schmitt 2011). Ähnliches ließe sich auch im Detail, u. a. in Bezug auf Klassenwiederholung (u. a. Krohne u. a. 2004), Schulformwechsel (u. a. Bellenberg u. a. 2004), Studienabbruch (Heublein u. a. 2010) sowie Weiterbildungsteilnahme (u. a. Bremer 2007), darstellen. Zum Ausbildungsmarkt (u. a. Protsch 2014); zum Arbeitsmarkt (u. a. Pollak 2010). Zum Karriereverlauf: Hartmann 2002; Hartmann 2018; Möller 2015; Graf 2015. Hartmann (2007) hat zudem die soziale Rekrutierung der Eliten in Europa vergleichend untersucht. Dabei unterscheidet er verschiedene gesellschaftliche Bereiche. Es zeigt sich, dass in Deutschland in allen Bereichen die Herkunft eine nachweisbare Rolle spielt, wobei die Wirtschaft besonders selektiv und die Bereiche Politik und Wissenschaft etwas offener sind. Im Gegensatz zu Deutschland zeichnet sich insbesondere der schwedische Arbeitsmarkt durch einen vergleichsweise geringen Zusammenhang zwischen Herkunft und Spitzenposition aus. Hier lässt sich bereits vermuten, dass es strukturelle Zusammenhänge geben muss, die bspw. die schwedische Gesellschaft

deutlich egalitärer als die deutsche erscheinen lassen – dies gilt sowohl im Bildungssystem als auch am Arbeitsmarkt.

34 Die Wahrscheinlichkeit, trotz einer Hochschulzugangsberechtigung *kein* Studium aufzunehmen, steigt mit sinkendem Bildungsniveau der Eltern. Über den dritten Bildungsweg ein Studium aufzunehmen (Hochschulzugang für beruflich Qualifizierte ohne Abitur), wird politisch zunehmend erleichtert, jedoch stieg der Anteil dieser Studierenden an allen Studienanfängerinnen und Studienanfängern in den letzten 10 Jahren von rund 1% auf 3%. Ebenso zeigen verschiedene Studien, dass die Studienfachwahl und der Studienerfolg mit der sozialen Herkunft korrelieren (ausführlich hierzu Schmitt 2010, S. 70 ff.; Kracke u. a. 2018; BMBF 2007). Insbesondere der Zusammenhang von Studienabbruch und sozialer Herkunft hat sich mehrfach bestätigt (u. a. Heublein u. a. 2003; Lange-Vester/Teiwes-Kügler 2004). Auch beim Übergang vom Studium zur Promotion schließen sich Akademiker und Akademikerinnen aus benachteiligten Elternhäusern selbst aus: sowohl im Hinblick auf den Anteil derer, die eine Promotion anstreben, als auch bezüglich jener, die eine Promotion abschließen (Hochschulreport 2020; Bargel 2007; BMBF 2007). Zudem sei erwähnt, dass die Notwendigkeit, neben dem Studium zu arbeiten, bei Arbeiterkindern deutlich stärker ausgeprägt ist als bei Vergleichsgruppen, was zu größerem »Stress« führt (Bargel 2007, S. 9). Auslandsaufenthalte während der Studienzeit sind bei Arbeiterkindern ebenso deutlich seltener (Schmitt 2010).

35 Bei Nicht-Akademikerkindern ist die Wahrscheinlichkeit unabhängig von einem Migrationshintergrund fast identisch. Interessant ist der Befund, dass Akademikerkinder mit Migrationshintergrund an Hochschulen noch stärker überrepräsentiert sind als Akademikerkinder ohne Migrationshintergrund (DZHW 2018).

36 Diese Diskussion zur Bedeutung eines Migrationshintergrunds für die Bildungsungleichheit wurde bereits formuliert bei: El-Mafaalani/Kemper 2017; El-Mafaalani/Massumi 2019.

37 Zur genannten Hypothese: vgl. Werfhorst/Tubergen 2007; Diehl/Fick 2016. Zu den Bildungsaspirationen vgl. u. a. Becker 2010 / Kapitel IV in diesem Buch. Bildungsaspirationen wird in der Ungleichheitsforschung ein hoher Stellenwert zugesprochen, und allgemein wird ein deutlicher positiver Zusammenhang zwischen Bildungs-

aspiration und Bildungserfolg angenommen – weshalb das Konstrukt der Bildungsaspirationen auch zur Prognose von Bildungserfolg angewendet wird. Von daher müssten die Bildungschancen von Migrantenkindern deutlich besser sein (vgl. El-Mafaalani 2017b). Dieser belastbare Befund verstärkt sich sogar, wenn die sozialen Rahmenbedingungen kontrolliert werden (vgl. Becker 2010). Die Differenz zwischen den Bildungsaspirationen von Migranten und Einheimischen steigt deutlich an, wenn nur Personen beziehungsweise Haushalte mit der gleichen Schichtzugehörigkeit beziehungsweise mit dem gleichen formalen Bildungsniveau verglichen werden.

38 Einen wesentlichen Einfluss soll zudem das Einreisealter des Kindes beziehungsweise des Jugendlichen haben (vgl. u. a. Esser 2006; in Bezug auf Geflüchtete Müller u. a. 2014). Inwieweit Flucht eine andere Bedeutung für die Bildungschancen hat als andere Formen der Migration, ist noch weitgehend ungeklärt. Vieles spricht allerdings dafür, dass es keinen Unterschied macht. Ausführlich hierzu: El-Mafaalani/Massumi 2019a.

39 Vgl. u. a. Helbig 2012a. Die positive Entwicklung der Bildungschancen von Mädchen und Frauen lässt sich in nahezu allen Ländern der Welt nachweisen, wobei natürlich Ausgangsniveau und Geschwindigkeit – zum Teil deutlich – variieren (UNESCO 2009; McDaniel 2010).

40 Vgl. u. a. Helbig 2012 sowie Becker/Müller 2011. Dass Mädchen schon immer bessere Noten und höhere Kompetenzen aufwiesen, kann zum Teil mit biologischen Unterschieden zusammenhängen, wesentlich erscheinen jedoch Leistungsbereitschaft und Engagement (vgl. OECD 2015). »Schon immer« ist etwas salopp formuliert. Gemeint ist, seitdem man dazu Daten hat. Eine internationale Studie kann dies für mehr als 100 Jahre zeigen (Voyer/Voyer 2014).

41 Im Übrigen ist auch dies sehr schichtspezifisch zu sehen: Als Erstes hat sich das Frauenbild – und haben sich damit auch die Bildungschancen von Mädchen – in den oberen Schichten gewandelt, weshalb diese Mädchen bereits vor Jahrzehnten enorm wachsende Bildungschancen hatten. Nach und nach wandelte sich das Frauenbild dann auch in unteren Schichten, was in diesen sozialen Sphären die Bildungschancen von Mädchen ebenfalls verbesserte.

42 Blossfeld u. a. 2009. Verschiedene Studien kommen bei diesem Zusammenhang allerdings zu zum Teil abweichenden Ergebnissen.

43 In der Gesamtbetrachtung sind Mädchen nicht nur kompetenter, sondern werden auch etwas besser bewertet. Dieser Effekt lässt sich sogar noch in der gymnasialen Oberstufe zeigen (u. a. Deißner 2013).

44 Vgl. Bos/Wendt/Köller u. a. 2016; Bos u. a. 2003.

45 Erstmals im Übrigen bereits durch Preuß 1970. Darüber hinaus zeigen diese Studien deutlich, dass gemessene Kompetenz kaum mit der Schulnote korreliert. Selbst im Fach Mathematik kann ein in den standardisierten Tests erzieltes durchschnittliches Kompetenzniveau durch die Lehrkräfte mit jeder Note beurteilt werden (bei TIMSS Note 1 bis Note 4), vgl. Stubbe u. a. 2016.

46 Einige markante Befunde im Einzelnen: Bereits in der ersten PISA-Studie wurden die ungleichen Bildungschancen folgendermaßen beziffert: Selbst bei Kontrolle der kognitiven Grundfähigkeiten und der Lesekompetenz haben Kinder der oberen Dienstklasse im Vergleich zu Arbeiterkindern eine dreifach so große Chance, das Gymnasium zu besuchen (Baumert/Schümer 2001, S. 357; Wenzel 2010, S. 60). Daran hat sich seither nichts Nennenswertes geändert. Vgl. auch Bos u. a. 2004; Arnold u. a. 2007; Stubbe/Bos 2008; Maaz/Nagy 2009; Dumont u. a. 2013. In einer anderen Studie heißt es: »Betrachtet man z. B. die Durchschnittsnote 2,0, dann variiert die Wahrscheinlichkeit einer Gymnasialempfehlung zwischen 75,5 Prozent in der niedrigsten Bildungs- und Einkommensgruppe und 96,5 Prozent in der höchsten. Bei schlechteren Noten werden die sozialen Unterschiede noch größer: So divergieren die Wahrscheinlichkeiten einer Gymnasialempfehlung bei Durchschnittsnote 2,5 zwischen 19,5 Prozent und 70 Prozent, je nachdem, ob das Kind der niedrigsten oder der höchsten Sozialschicht zugehört« (Schulze/Unger/Hradil 2008, S. 85). Eine andere Untersuchung zeigt: Lehrkräfte geben nach eigener Auskunft etwa 5 % der Schüler eine Gymnasialempfehlung, obwohl sie selbst diese nicht für gerechtfertigt halten. Auch hier liegt ein leichter Herkunftseffekt vor (u. a. Deißner 2013).

47 Müller/Ehmke 2013; Stubbe u. a. 2012; Wendt/Stubbe/Schwippert 2012, im Hinblick auf soziale Mobilität: Pollak 2010.

48 Zur Vergabe von Stipendien vgl. Middendorff/Isserstedt/Kandulla 2009, S. 21 ff.; Stipendienstudie 2016. Zu den Karriereverläufen vgl. u. a. Hartmann/Kopp 2001; Hartmann 1993/1995, 2007, 2002.

49 Vgl. Boudon 1974. In Boudons Modell wird der Herkunftseffekt sys-

tematisch unterteilt in primäre und sekundäre Herkunftseffekte. Der primäre meint die allgemeinen Rahmenbedingungen und bezieht sich auf die schlechtere Lernentwicklung. Der sekundäre auf das Entscheidungsverhalten in Bezug auf die Laufbahn. Das Bildungssystem selbst wird – aus meiner Perspektive – zu wenig gewürdigt, weshalb hier nicht stringent Boudons Systematik gefolgt wird. Das Entscheidungsverhalten der Lehrkräfte kann auch als *indirekter* sekundärer Herkunftseffekt verstanden werden, Entscheidungen von Kindern und Eltern als *direkter* sekundärer Herkunftseffekt (z. B. Baumert/Maaz/Jonkmann 2010). Damit hätte man auch Lehrkräfte im Modell, allerdings nicht das Schulsystem selbst.

50 Dieser Herkunftseffekt bezieht sich sowohl auf den Bereich der Entwicklungsstörung und der Kindesgesundheit (vgl. Strohmeier 2006; El-Mafaalani/Strohmeier 2015) als auch auf die Kompetenzen, etwa den Wortschatz (Autorengruppe Bildungsberichterstattung 2014). Ein Blick auf die Beteiligung im vorschulischen Elementarbereich zeigt, dass sowohl das Haushaltseinkommen als auch der Bildungsstand der Eltern mit der Nutzung von Kindertageseinrichtungen korrelieren, u. a. Kreyenfeld 2008. Zum positiven Effekt vorschulischer Bildung: vgl. Kratzmann/Schneider 2009; Becker 2010a.

51 Am stärksten sind sie im Bereich Musik ausgeprägt (frühkindliche Musikerziehung und Musikschulen). Kinder aus einem Haushalt mit hohem formalem Bildungsniveau nehmen solche Angebote mehr als fünfmal häufiger wahr als Kinder aus bildungsbenachteiligten Milieus (Autorengruppe Bildungsberichterstattung 2014). Dabei ist das Erlernen eines Musikinstruments nicht nur wichtig, sondern kann im Jugend- oder Erwachsenenalter kaum mehr in gleicher Intensität erfolgen. Dies ist im Übrigen auch ein Grund, weshalb die soziale Selektivität in Musikhochschulen und in den großen Orchestern noch stärker ist als in den meisten anderen Bereichen. Die Fähigkeiten der Eltern, die Kinder beim Lernen zu unterstützen, Hausaufgaben zu kontrollieren oder frühzeitig Lernprobleme zu erkennen, sind sozial genauso ungleich verteilt wie die Möglichkeiten, sich die Unterstützung zu erkaufen, etwa mit professioneller Nachhilfe. Durch das Bildungs- und Teilhabepaket wird dieser Effekt erstmals abgeschwächt. Ob diese Kompensation optimal organisiert ist, kann zwar angezweifelt werden, nicht aber die Notwendigkeit einer solchen Kompensation.

52 Vom Beginn eines Schuljahres bis zu den Sommerferien werden die Unterschiede etwas kleiner, am Anfang des neuen Schuljahres (also unmittelbar nach den Sommerferien) sind sie größer als vor den Sommerferien, vgl. Becker u. a. 2008; Ditton 2008; Maaz u. a. 2010; Alexander/Entwisle/Olson 1997. Zum sozialen Umfeld zeigen Nast/Blockland (2013) im Rahmen einer Studie in einer Berliner Grundschule, dass die Kontaktwahl innerhalb einer Institution trotz sozialer Mischung an der Schule nicht zur Mischung der gelebten sozialen Beziehungen führt. Schon die Kinder »sortieren« sich – nicht nur, aber auch, weil Eltern Einfluss auf den »Umgang« ihrer Kinder nehmen. Zudem entstehen die engsten Freundschaften (zumindest in der Grundschule) zwischen Kindern, die sowohl in dieselbe Schule gehen als auch in unmittelbarer Nähe wohnen.

53 Vgl. Maaz u. a. 2010; Ditton 2008; Lehmann u. a. 1997; Gomolla/Radtke 2002). Auch die Notenvergabe bei gleicher Kompetenz ist sozial selektiv (Angelone u. a. 2013; Maaz/Nagy 2009; Maaz u. a. 2013; Neumann u. a. 2010; Schauenberg 2007).

54 Etwa: Ditton / Krüsken 2006; Stahl 2007; Stubbe/Bos 2008.

55 KMK 2006, 5, meine Hervorhebung.

56 Hier scheinen Lehrkräfte direkt und indirekt durch die Eltern beeinflusst zu werden. Indirekt, weil die Lehrkräfte bei der Übergangsempfehlung auch die Ambitionen und die Unterstützungsmöglichkeiten mitberücksichtigen (vgl. Nölle u. a. 2009). Direkt, indem die Eltern sich aktiv einschalten (Klinge 2016; Pohlmann-Rother 2010). Welchen Hintergrund Eltern haben, die sich mit der Grundschullehrkraft auseinandersetzen und sich zutrauen, sie zu beeinflussen – und dies auch schaffen –, bedarf keiner weiteren Erläuterung.

57 Vgl. Klinge 2016; Pohlmann-Rother 2010; Nölle u. a. 2009; Solga/Wagner 2008; El-Mafaalani 2014c.

58 Es gibt bisher keine wissenschaftlichen Erkenntnisse darüber, ob eine Prognose über die Lern- und Bildungsentwicklung eines Kindes überhaupt solide möglich ist. Maximal zwei Jahre kann man einigermaßen verlässlich prognostizieren – der Bildungsweg ist aber viele Jahre länger.

59 Das sagte mir eine Lehrkraft, als ich sie fragte, warum sie viel weniger Empfehlungen für die Hauptschule ausspricht als früher. 2 der 4 Hauptschulen am Ort wurden geschlossen. Da dadurch weniger

Plätze an Hauptschulen vorhanden sind, vergibt sie entsprechend auch weniger Empfehlungen.

60 Vgl. Gomolla/Radtke 2002, S. 126.

61 Nicht zu unterschätzen ist auch, inwiefern Schule und Familie »zusammenpassen«. Lehrer haben eine Idealvorstellung von Familie, Eltern haben eine Idealvorstellung von Schule, ein Kind erlebt nicht Ideale, sondern sehr unterschiedliche Realitäten daheim und auf der Schulbank und muss dies irgendwie vereinen. Solche Passungsverhältnisse zwischen Bildungsinstitutionen und Familie werden im folgenden Kapitel noch eine größere Rolle spielen.

62 In diesem Zusammenhang wird auch erkennbar, dass sich die Entwicklungschancen der Kinder (insbesondere die Lernentwicklung) je nach Schulform, aber auch je nach Einzelschule unterscheiden (Baumert u. a. 2003, S. 286; Ackeren/Klemm 2009).

63 Vgl. El-Mafaalani 2014c.

64 Zaborowski/Breidenstein 2010; El-Mafaalani 2014c. Auch unterschiedliche Lehrpläne und Anspruchsniveaus (insbesondere im fremdsprachlichen Unterricht) können einen verspäteten Übergang zu einem Risiko werden lassen.

65 Vgl. u. a. Wößmann 2007; Maaz u. a. 2010. »Folglich weisen die PISA-Ergebnisse darauf hin, dass die im internationalen Vergleich ungewöhnlich große Leistungsstreuung am Ende der Vollzeitschulpflicht zu einem nicht unerheblichen Teil in der Sekundarstufe I institutionell erzeugt oder zumindest verstärkt wird« (Wenzel 2010, S. 61).

66 Vgl. Maaz/Nagy 2009.

67 Esser/Hoenig 2018. Interessant ist, dass Eltern mit Migrationshintergrund nicht von der Empfehlung abweichen, auch nicht nach unten – unabhängig vom Bildungsniveau. In diesem Befund drücken sich die hohen Bildungsambitionen, die mit Migration einhergehen, aus. Dazu später mehr. Relevant ist der zentrale Befund von Esser/Hoenig 2018: Eine strenge leistungsbezogene Selektion (in einigen Bundesländern) hat insgesamt Vorteile für die Lernentwicklung von Kindern mit und ohne Migrationshintergrund, ohne dass dabei die Ungleichheit zunimmt. Eingeschränkt wird die Interpretation dieses Befunds allerdings dadurch, dass notwendigerweise nur die bestehenden, eher selektiven oder eher offenen Schulsysteme verglichen werden. Da die in Deutschland real existierenden offenen Systeme

der Elternentscheidung großes Gewicht geben (und diese Elternentscheidung die Bildungsungleichheiten zu großen Teilen erzeugt), erscheinen die Befunde plausibel. Diese Befunde lassen sich aber sowohl als Argument für strengere Leistungsdifferenzierung durch mehr Selektion als auch für eine grundlegende Veränderung offenere Systeme nutzen. Zur ausführlicheren Abwägung zwischen strengerer Selektion und stärkerer Offenheit (auch unter Berücksichtigung gesellschaftlicher Rahmenbedingungen) vgl. Kapitel 31.

68 Der sogenannte »sekundäre Herkunftseffekt« nach Boudon.

69 Es geht um den sogenannten Nettonutzen. Dieser wird in dem Modell nach folgender Formel errechnet: Nettonutzen = Erfolgswahrscheinlichkeit der Kinder multipliziert mit der Bildungsrendite (Nutzen) minus Kosten. Sehr mathematisch, aber dennoch plausibel, dass hier unterschiedliche Eltern ganz unterschiedlich kalkulieren. Jede dieser Variablen wird subjektiv eingeschätzt. Insgesamt geht es also um eine herkunftsgeprägte Einschätzung von Kosten, Nutzen und Erfolgswahrscheinlichkeit (vgl. Eriksson/Jonsson 1996).

70 Die Kosten werden von unteren Schichten regelmäßig überschätzt, der Nutzen unterschätzt. In oberen Schichten ist es anders, die Kosten spielen keine Rolle, die Nutzeneinschätzung ist enorm. Hinzu kommt, dass selbst die gleichen Kosten je nach Schicht zu unterschiedlichen Belastungen führen.

71 Zum Zusammenhang von sozialer Ungleichheit und Scham: vgl. Neckel 1991a; 1991b.

72 Vgl. Eriksson/Jonsson 1996; ähnlich auch Gambetta 1987.

73 Das ausdifferenzierte und professionalisierte Berufsbildungssystem steht – bei allen Vorteilen – sozialer Mobilität, also sozialen Aufstiegen, eher im Wege (Pollak 2010, S. 40 f.). Denn: In den beiden Staaten, in denen das Berufsbildungssystem am stärksten ausgeprägt ist, Deutschland und Japan, ist auch der Einfluss des Berufs des Vaters auf die eigene Platzierung am Arbeitsmarkt am stärksten (Jonsson u. a. 2009). Die insgesamt niedrige Hochschulquote und die hohe soziale Selektivität beim Universitätszugang werden daher teilweise als Effekte der Ausweitung von Fachhochschulen und der Berufsbildung gesehen (Müller/Pollak 2008).

74 Nimmt man noch diejenigen hinzu, die ihr Abitur an beruflichen Schulen machen, steigen die Werte. Dann haben derzeit etwas mehr

als die Hälfte eines Jahrgangs die Hochschulreife (bundesweit), in manchen Bundesländern liegt dieser Wert bei 60 %, in manchen bei 40 %. Vgl. Chancenspiegel 2017; ähnlich auch Statistisches Bundesamt 2018.

75 Ähnliches gilt auch für die durchschnittlichen Kompetenzen oder für die Häufigkeit von Klassenwiederholungen oder die Durchlässigkeit innerhalb der Sekundarstufe I. Im Bundesländervergleich gibt es enorme Unterschiede (Autorengruppe Bildungsberichterstattung 2018).

76 Vgl. Allmendinger/Helbig 2008; El-Mafaalani 2012; Chancenspiegel; PISA-E und viele mehr.

77 In den ostdeutschen Ländern ist der Herkunftseffekt beispielsweise schwächer ausgeprägt als in den westdeutschen. Dieser Effekt hat nichts mit dem höheren Anteil an Kindern mit Migrationshintergrund zu tun. Denn: Wenn man nur die Kinder ohne Migrationshintergrund untersucht, fällt der Unterschied zwischen Ost und West in Bezug auf den Herkunftseffekt stärker aus.

78 Zu den Unterschieden auf Regional- bzw. Kreisebene vgl. u. a. Kemper 2015; El-Mafaalani/Kemper 2017. Zu innerstädtischen Differenzen vgl. u. a. El-Mafaalani/Kurtenbach/Strohmeier 2015; Bogumil u. a. 2010.

79 Vgl. Helbig/Jähnen 2018. Hier wird gezeigt, dass allgemeine und spezielle sozialpolitische Maßnahmen die soziale Segregation tendenziell verstärken.

80 Exkurs zu Bewertung, Entstehung und Folgen von Segregation: Segregation ist nicht per se problematisch. Nur die unfreiwillige, erzwungene Segregation, von der arme und einkommensschwache Personen betroffen sind, stellt ein Problem dar. Unbestritten ist: Je wohlhabender eine Person oder ein Haushalt ist, desto freier ist die Wohnortwahl. Und interessanterweise führt diese Freiheit dazu, dass die Wohlhabendsten sich sehr einheitlich verhalten: Sie suchen ihresgleichen. Den ärmsten Menschen bleibt in der Regel nichts anderes übrig, als dort zu wohnen, wo es die günstigsten Mietpreise gibt – und die sind dort günstig, wo die meisten nicht wohnen wollen. Sie finden notgedrungen ihresgleichen, es handelt sich nicht um eine wirkliche Wahlfreiheit. So entsteht eine räumliche Konzentration von Ober- und Unterschicht, wobei die Oberschicht deutlich konzentrierter unter sich bleibt. Am wenigsten voraussehbar sind Entscheidungen der sozialstrukturellen

Mitte (El-Mafaalani/Strohmeier 2015). Zudem sind benachteiligte Familien weniger flexibel im Hinblick auf die Schulwahl. Sie nehmen die am wenigsten weit entfernte Schule. Beispielsweise thematisiert dies Terpoorten (2014) in einer bildungsgeografischen Untersuchung der Schulwahl im Übergang von der Primar- in die Sekundarstufe. Dazu arbeitet er am Beispiel der Stadt Duisburg das sozialstrukturelle und räumliche Muster der Schulwahl heraus und weist nach, dass mit dem Wegfall der Schulbezirke die Schülerschaft sozial selektiver wird, wodurch die ohnehin festzustellende Polarisierung der Ruhrgebietskommune noch weiter verfestigt wird.

81 Entsprechend wird die Sozialraumorientierung in der Bildungsforschung immer stärker fokussiert. Hierzu u. a.: Ackeren u. a. 2016; Bonsen u. a. 2010. Auch in der Bildungsberichterstattung und im Bildungsmonitoring wird die soziale Lage von Schulen immer stärker berücksichtigt (vgl. Autorengruppe Bildungsberichterstattung 2018).

82 Für das Ruhrgebiet steht der »Sozialäquator« (die Autobahn 40) beispielhaft für soziale Disparitäten (Kersting u. a. 2009; Terpoorten 2014). Sowohl Bildungsbeteiligung als auch andere Indikatoren wie die Gesundheit der dort lebenden Kinder unterscheiden sich zwischen dem Norden und dem Süden des Ruhrgebiets enorm. Das nördliche Ruhrgebiet kann dabei als großflächigste Armutskonzentration in Deutschland verstanden werden, da über die Stadtgrenzen von mehreren benachbarten Großstädten die segregierten Zonen zusammenhängen – was für den reichen Süden aber genauso gilt. Schulen sind unmittelbar in einen sozialen Raum integriert, der die Rahmenbedingungen der Schulen und die Chancen der Kinder wesentlich beeinflusst (El-Mafaalani/Strohmeier 2015; Bogumil u. a. 2010; Strohmeier 2006).

83 Aus dieser Perspektive ist es eher ungünstig, dass Schulpolitik in die Hoheit der Länder fällt, da die zentralen Herausforderungen eher auf Bundesebene (einheitlichere Standards und Rahmenbedingungen in allen Regionen) sowie insbesondere durch Kommunalpolitik (Rahmenbedingungen vor Ort) bewältigt werden können.

84 Bereits Preuß 1970.

85 Vgl. etwa Hradil 2013; Lippl/Wegener 2004.

86 Eine zunehmende Ungleichheit lässt sich im Hinblick auf Vermögen und Einkommen zeigen, nicht aber bezüglich der Bildungschancen. Diese sind relativ stabil.

87 Wenn Menschen nicht mehr die Wahrnehmung haben, dass dieses Bemühen vorliegt, dann werden Konflikte, u. U. sogar abweichendes Verhalten, wahrscheinlicher.

88 Beide Ansätze können hier nicht angemessen gewürdigt werden. Bei allen Unterschieden kann man zusammenfassend aber sagen, dass beide umfassende (qualitative) Reformen und (quantitative) Bildungsexpansion forderten. Ob Ersteres in ihrem Sinne gelungen ist, mag bezweifelt werden. Vgl. Picht 1964; Dahrendorf 1965.

89 Natürlich gelten als Ursachen für die politisch forcierte Ausdehnung des Bildungssystems neben den normativen Motiven auch der wachsende wissenschaftlich-technische Fortschritt und die damit zusammenhängende zunehmende Spezialisierung und Differenzierung in der Gesellschaft. Von Beginn an wurde also die Expansion mit Gerechtigkeit (normativ) und Wettbewerbsfähigkeit (ökonomisch) begründet.

90 Anders ist es in den neuen Bundesländern. Ab 1990 wurden dort Gymnasien eröffnet und haben zu einer erheblichen Expansion in den 1990ern geführt. Denn in den letzten 20 Jahren der DDR gab es keine Expansion. Diese wurde unmittelbar nach der Wiedervereinigung nachgeholt.

91 Direkt nach dem Zweiten Weltkrieg gingen noch 82 % der Jugendlichen auf eine »Volksschule« (später umbenannt in Hauptschule), vgl. Geißler 1996, S. 254.

92 Vgl. Statistisches Bundesamt 2018. Interessant ist diese Steigerung auch vor dem Hintergrund des enormen Anstiegs der Schülerzahlen aufgrund der geburtenstarken Jahrgänge (1960–1970). Während sich die Schülerzahlen deutlich erhöht haben, ist der Anteil der Realschüler und Gymnasiasten kontinuierlich gestiegen. Es handelt sich also um absolute und relative Steigerungen. Hierzu kommt ab Ende der 1960er die zunehmende Gründung von weiteren Schulformen, die zu höheren Abschlüssen führen, insbesondere Gesamtschulen.

93 Es gibt zudem noch eine Vielzahl weiterer Möglichkeiten, seine Hochschulreife nachzuholen (u. a. Berufs- und Weiterbildungskollegs). Dies gilt auch für die Mittlere Reife.

94 Etwa eine Verdoppelung des Anteils von 6 % auf 11 % von 1960 bis 1970, eine weitere Verdoppelung von 11 % auf 22 % von 1970 bis 1980. Und von 1980 bis heute nochmals mehr als eine Verdoppelung auf über 50 %. Vgl. Bode 2016.

95 Für das Jahr 2017: Anzahl der Studienanfänger 511 000 Personen; Neuzugänge in die duale Berufsausbildung 490 000 Personen, im Schulberufssystem (schulische Berufsausbildung ohne betrieblichen Teil, etwa Erzieher) 214 000 Personen. Also rund 700 000 junge Menschen starten eine Berufsausbildung, allerdings ein Drittel keine duale. Daneben gibt es den Übergangssektor für Personen, die nach dem allgemeinbildenden Schulsystem weder eine Ausbildung noch ein Studium absolvieren. Hier liegt die Zahl der Neuzugänge bei rund 292 000 Personen.

96 Bode 2016.

97 Nida-Rümelin 2014.

98 Ein anderes Beispiel verdeutlicht die Dynamik einer solchen Entwicklung: Würde sich das Budget aller Bundesligavereine verdoppeln, wären nicht nur die Unterschiede verdoppelt, sondern es hätte den Effekt, dass die Wahrscheinlichkeit für die »kleinsten« Vereine, Bayern München oder Borussia Dortmund zu besiegen, wesentlich geringer wird.

99 Entsprechend ist dies auch ein Hinweis darauf, dass die Hauptstrategie von Gewerkschaften nicht zu einer Verringerung von Ungleichheit führt. Prozentuale Erhöhungen erhöhen die absoluten Einkommensunterschiede und stabilisieren die relativen Unterschiede. Anders wäre es, wenn alle 300 Euro mehr bekämen. Das würde den absoluten Unterschied gleich halten, aber der relative würde kleiner werden. Auch diese Form der Erhöhungen wird von Gewerkschaften manchmal verfolgt, bildet aber nicht den Schwerpunkt.

100 Geißler 1996, S. 263. Selbstständige Akademiker sind insbesondere Rechtsanwälte und Ärzte.

101 Einerseits konnten alle Gruppen ihre Studienchancen zwischen 1969 und 2000 in etwa verdoppeln. Andererseits ist dadurch die Schere weiter auseinandergegangen. Insbesondere Kinder von Beamten und Selbstständigen haben vom Ausbau der Universitäten profitiert, während der Anteil der Arbeiterkinder, die eine Universität besuchen, nach wie vor gering ist.

102 Geißler 1996, S. 260.

103 Beck 1986. Eine andere Metapher ist die des »Rolltreppeneffekts«, Castel 2005.

104 Zum Begriff »Gastarbeiter« und zur Unterschichtung der Sozialstruktur: Hoffmann-Nowotny 1987; Geißler 2011; El-Mafaalani 2020.

105 Hierzu auch El-Mafaalani 2018a.

106 Seit den 1990ern haben Einwanderer ein höheres Bildungsniveau als zu Zeiten der Gastarbeitermigration.

107 Vester 2008.

108 Geißler 2011, S. 286.

109 Im Vergleich zu anderen Studien zeigt sich, dass »die soziale Mobilität in Deutschland im internationalen Vergleich mit am geringsten ausgeprägt ist. Für Männer weist Deutschland den größten Einfluss der sozialen Herkunft auf« (Pollak 2010, S. 37). Auch im Zeitverlauf ändert sich an der Abhängigkeit der Mobilitätschancen vom Elternhaus kaum etwas.

110 Das ist bei Inflation häufiger so. Zurück zum Beispiel mit der Professorin und ihrer Sekretärin: Durch die Verdoppelung der Einkommen wird es zu einer Inflation kommen. Allerdings ist die durchschnittliche Inflation wenig aussagekräftig. Es ist wichtig zu wissen, was besonders stark im Preis steigt und was weniger stark. Wenn sich Produkte und Dienstleistungen der Grundversorgung im Preis mehr als verdoppeln und etwa Luxusgüter nur geringer im Preis ansteigen, dann steigt der Lebensstandard der Sekretärin nicht, während sich die Professorin real mehr leisten kann. Die Inflation belastet unterschiedlich stark.

111 Die Überholspur gibt es in unserer Gesellschaft kaum noch, wie es Heinz Bude formuliert. Ohne mühsame Bildungskarriere ist auch keine Berufskarriere mehr möglich. Dies hat Folgen für einen Teil der Benachteiligten. Früher konnte man daran glauben, dass man durch Findigkeit und Engagement auch ohne höhere Abschlüsse etwas aus seinem Leben machen konnte – zumindest war das etwas wahrscheinlicher als heute. Dadurch, dass daran niemand mehr glaubt, macht sich in bestimmten Milieus – sogar bei Jugendlichen – Resignation breit.

112 Vergleichbar mit einer Inflation des Geldes, wo man ja auch zunehmend auf andere Zahlungsmittel (Gold oder Zigaretten) umsteigt.

113 So erfreut sich der Lateinunterricht zunehmender Beliebtheit. Eine aktuelle Studie weist darauf hin, dass es sich um eine Distinktionsstrategie der oberen Klassen handelt, um sich von der Masse abzuheben. Offenbar mit Erfolg. Gleichzeitig weisen die Autoren darauf hin,

dass ein positiver Effekt im Hinblick auf die sprachliche Kompetenz im Allgemeinen, insbesondere zum Erlernen anderer Fremdsprachen, nicht gegeben ist (Gerhards u. a. 2019).

114 Das sind Durchschnittswerte. Im Detail und in bestimmten Bereichen kann dies anders sein.

115 Ob diese Erhöhung in gleicher Weise stattgefunden hat wie die Erhöhung des Bildungsniveaus, ist umstritten. Geißler 2011, S. 282, diskutiert neuere Daten, die darauf hinweisen, dass sich höhere und mittlere Berufspositionen in ähnlichem Umfang vermehrt haben wie höhere und mittlere Bildungsabschlüsse. Daher könne nicht (mehr) von einer allgemeinen Bildungsinflation die Rede sein. Anders als er es noch 1996 analysiert hatte.

116 Die Bildungserträge in Deutschland sind im internationalen Vergleich sehr hoch, was insbesondere daran liegt, dass für fast alle Berufe ein ganz bestimmter Berufs- bzw. Bildungsabschluss vorausgesetzt wird (Pollak 2009). Der Zugang zu vielen Berufen wird also über ein vergleichsweise rigides Berechtigungswesen geregelt, wodurch Berufseintritt und -wechsel schwieriger zu realisieren sind als in anderen Ländern. Und ohne »anständige« Qualifikation geht im Prinzip nichts mehr.

117 U. a. Geißler 1996; Vester 2008; Krah/Wahl 2006.

118 Das Beispiel in Anlehnung an Fred Hirsch 1977.

119 Dies lässt sich nicht ewig fortführen. Wahrscheinlich ist es wie mit der Körpergröße. Bessere Rahmenbedingungen haben diese permanent steigen lassen. Irgendwann ist ein Maximum erreicht. Mit dem IQ scheint es in den Industriestaaten auch langsam, aber sicher zu einem Sättigungs- bzw. Deckeneffekt zu kommen. Aber dennoch: Wer heute einen durchschnittlichen IQ hat, wäre vor 50 Jahren weit überdurchschnittlich gewesen und vor 100 Jahren hochbegabt.

120 Selbst in diesem Jahrtausend scheint der IQ-Anstieg sich leicht fortzusetzen, auch für Deutschland (Flynn 2012) – insbesondere im visuellen und logischen Denken, während sich der Wortschatz *nicht* verschlechtert.

121 Etwa bei PISA zwischen 2000 und 2012 deutlich messbar. Studien zur Entwicklung bei Grundschülern (insbesondere IGLU) weisen darauf hin, dass die Kompetenzen auf stabilem Niveau bleiben. Vor dem Hintergrund einer immer heterogeneren Schülerschaft und

eines steigenden Anteils von Kindern mit Migrationshintergrund ist dies vielleicht als positive Entwicklung zu verstehen. Lediglich bei der TIMSS-Studie, bei der es um die mathematischen Kompetenzen geht, schneidet Deutschland auch unterdurchschnittlich ab.

122 Erste Analysen haben einen messbaren Zusammenhang zwischen dem zwischen 2000 und 2009 gestiegenen Anteil der Gymnasiasten und dem gesunkenen Anteil der Hauptschüler auf der einen Seite und den Lesekompetenzzuwächsen in diesem Zeitraum auf der anderen Seite festgestellt. Damit würde die quantitative Bildungsexpansion mit der qualitativen Kompetenzsteigerung eng zusammenhängen (vgl. u. a. Ehmke/Klieme/Stanat 2013).

123 Vgl. u. a. Preuß 1970.

124 Empirisch belegt ist ein solcher Effekt im Hinblick auf die Unterschiede zwischen Jungen und Mädchen. Sie können in jeder Schulform größer sein als im Durchschnitt aller Mädchen und Jungen der gesamten Generation (vgl. z. B. Blossfeld u. a. 2009, S. 101 f.).

125 Zu den sehr komplexen Verhältnissen an Berufskollegs folgen in den Kapiteln V und IV weitere Ausführungen.

126 Segregationstendenzen verschärfen sich tendenziell, vgl. Bogumil u. a. 2010; Helbig/Jähnen 2018.

127 In Bezug auf die Noten an Hochschulen vgl. Müller-Benedict/Grözinger 2017; zu Abiturnoten vgl. die regelmäßigen Berichte der Kultusministerkonferenz (https://www.kmk.org/dokumentation-statistik/statistik/schulstatistik/abiturnoten.html).

128 Dies ist eine rein rechnerische Annahme. In einigen Ländern hat eine stärkere soziale Durchmischung der Schulen zu einem Anstieg von Privatschulen geführt. Privatschulen haben regelmäßig den Effekt einer sozialen Entmischung.

129 Die folgenden Erkenntnisse wurden im Rahmen einer Studie zur Dortmunder Nordstadt gewonnen (vgl. El-Mafaalani/Kurtenbach 2014/2015). Analysiert wurden die Veränderungen zwischen 2004 und 2014.

130 Insbesondere dem kriminellen Milieu war dies natürlich ein »Dorn im Auge«.

131 All das ist auch für die Kommunalpolitik verheerend. Diejenigen, die von den Maßnahmen profitieren, ziehen weg und stehen nicht mehr als Wähler zur Verfügung – wo sie sich doch für die Wiederwahl eig-

nen würden. Diejenigen, die geblieben sind und nicht profitiert haben, sind unzufrieden mit der Politik. Das kann dazu führen, dass es für Politikerinnen und Politiker rationaler erscheint, sich um die wohlhabenderen Stadtteile zu kümmern, weil dort die Fluktuation gering und die Wahlbeteiligung hoch ist. Zudem erscheint die Politik als nicht erfolgreich, da sich ja der Stadtteil nicht verbessert, obwohl man so viel Geld investiert. Das kann dazu führen, dass auch Wähler aus anderen Stadtteilen, die sich für den benachteiligten Stadtteil engagieren, unzufrieden sind – u. a. die Lehrer an den Schulen. Hierin liegt eine große Stärke von Forschung: darzustellen, dass die Politik erfolgreich war. Nur die Ziele waren die falschen! Bildungspolitik ist Bildungspolitik. Stadtteilentwicklung ist Stadtteilentwicklung. So einfach ist das. Das sind unterschiedliche Dinge, die beide wichtig sind und genauso viel oder wenig miteinander zu tun haben wie andere Politikfelder auch.

132 Tatsächlich wurde in den 1970ern propagiert, man müsse in Steine investieren. Seit den 1990ern erkennt man einen Turn: Nun solle man in Köpfe investieren. Heute setzt sich (hoffentlich) zunehmend durch, dass man beides tun muss. Hier sieht man einen Nachteil von Forschung: Meist wird einseitig etwas betont. Denn diese verschiedenen »Moden« kamen tatsächlich auch von Wissenschaftlern. So wie es Wissenschaftler waren, die den Städten in den vergangenen Jahrzehnten gesagt haben, sie sollen sich auf Bevölkerungsschrumpfung vorbereiten. Das war schlichtweg falsch. Unsere Gesellschaft altert, auch in den Städten, aber es wird aufgrund von Migration keinen Bevölkerungsrückgang geben. Tragisch ist, dass sich viele Städte auf Schrumpfung vorbereitet haben (Schulen und Kitas wurden geschlossen, Wohnungsbau wurde dramatisch vernachlässigt, Wohnungspolitik fand jahrelang nicht statt), die es nicht gibt, sich aber nicht auf Alterung der Bevölkerung eingestellt haben, die es aber garantiert gibt (der Effekt des Alterns wird durch Migration nur etwas verlangsamt, aber unmöglich aufgehalten).

133 Autorengruppe Bildungsberichterstattung 2018. Bereits in den PISA-Studien konnte dieser Effekt gezeigt werden.

134 Ein erster Hinweis, was man eigentlich unbedingt machen muss, wenn es zu Bildungsexpansion kommt: sich zu überlegen, was man mit denjenigen macht, die nicht profitieren, weil sich ihre Situation verschärft.

135 Vgl. z. B. im Hinblick auf Eltern von Hauptschülern Bittlingmeyer/Bauer 2007; zum allgemeinen Zusammenhang u. a. El-Mafaalani u. a. 2017.

136 Zur gesellschaftlichen Reflexion der hier dargestellten Folgen der Bildungsexplosion, auch im Hinblick auf die Klassengesellschaften, vgl. Reckwitz 2019.

137 Die gesamten Darstellungen im Teil IV basieren auf eigenen Studien und veröffentlichten Texten, insbesondere El-Mafaalani 2012, 2014a, 2015b, 2017b. Diese Befunde und Analysen werden zusammenfassend dargestellt, um die Herausforderungen aus der »Innenperspektive« deutlich zu machen.

138 Bourdieu hat die Funktionslogik stark betont. Deshalb prägte er den Begriff »Habitus der Notwendigkeit«. Mit dem Begriff »Management des Mangels« werden die anderen Züge dieses Habitus mitbetont.

139 Damit könnte man erklären, dass Übergewicht und Konsum zentrale Probleme einer materiell besser ausgestatteten Unterschicht sind. Im Hinblick auf das Körpergewicht, aber auch auf die Anzahl an Fernsehgeräten und Spielekonsolen liegen schichtspezifische Analysen vor. Der Kauf vieler Geräte wird häufig auf ein schlechtes Gewissen der Eltern zurückgeführt, die, weil sie ihren Kindern so wenig ermöglichen können, dann jedem erfüllbaren Wunsch nachgeben. Daran mag etwas Wahres sein. Allerdings würde das bedeuten, dass dies in Singlehaushalten anders wäre. Danach sieht es aber nicht aus.

140 Was für viele Pädagogen irritierend, »unvernünftig« oder befremdlich erscheinen mag, ist bei genauerem Hinsehen häufig hochgradig rational. Zahlreiche Studien haben zeigen können, dass viele Routinen in benachteiligten Milieus nicht nur aus den Lebenserfahrungen und Sozialisationsbedingungen – also aus den jeweiligen Biografien – heraus plausibel rekonstruiert werden können, sondern darüber hinaus zur Bewältigung des Alltags auch tatsächlich tauglich und sinnstiftend sind.

141 Vgl. Jünger 2010. Ein weiterer interessanter Unterschied zwischen den beiden Extremen ist, dass Benachteiligte in den Ferien die Schule eher vermissen, wohingegen dies für Privilegierte keineswegs zutrifft. Ein interessanter Befund, denn – wie in Kapitel II dargestellt – der Leistungsabstand zwischen Lernenden aus unteren und jenen aus oberen Schichten wird nachweislich in den Schulferien, in denen

die einen ein wenig anregendes und die anderen ein intensives ›Kulturprogramm‹ genießen, vergrößert (Ditton 2008).

142 Dass die Entstehung dieser habituellen Muster bereits in der Kindheit beginnt, konnte beispielsweise Rahel Jünger empirisch zeigen. Sie stellt heraus, dass bei Kindern aus benachteiligten – oder wie sie es formuliert: »nichtprivilegierten« – Familien im Zusammenhang mit Schule und Bildung die folgenden drei Aspekte auffällig sind: »*Erstens* hat das Lernen von Dingen, die in den Augen der Kinder später nicht direkt verwendbar sind, wenig Sinn, womit auch die Motivation wegfällt, sich etwas anzueignen, das nicht in einem direkten Verwertungszusammenhang steht. Ein Junge beispielsweise, der nicht Sänger werden möchte, muss in den Augen der Kinder auch nicht singen lernen [...]. Und ein Kind, das nicht Sportlerin/Sportler oder Turnlehrerin/Turnlehrer werden will, muss eigentlich gar nicht am Turnen teilnehmen. *Zweitens* wird der Bildungshorizont der nichtprivilegierten Kinder deutlich eingeschränkt. Denn Gehalte, die über den basalen Zweck hinausgehen, wie die Freude an der Sprache oder an der Musik, ihre Schönheit oder stilistischen Feinheiten usw., können mit der funktionalen Logik nicht aufgenommen werden. Dies kann auch dazu führen, dass die Motivation, etwas wirklich gut können zu wollen, wegfällt. *Drittens* werden die schulischen Lerninhalte stets auf die Zukunft bezogen und erhalten damit keine eigene gegenwärtige Wichtigkeit und Bedeutung« (Jünger 2010, S. 177; vgl. auch Kramer 2011).

143 Die Kinder privilegierterer Milieus wachsen in einem Umfeld auf, in dem vieles »der Sache wegen« – und nicht vor dem Hintergrund von (Knappheits-)Zwängen – gemacht wird. Man spielt Klavier, weil man es können möchte, man liest Bücher, weil es Freude bereitet, und so weiter. Engagement wird auch dann erwartet, wenn kein eindeutiger, individuell zurechenbarer, kurzfristiger Nutzen erkennbar ist. Paradoxerweise hat dieses Engagement langfristig den höchsten Nutzen – auch im Bildungssystem. Zudem besteht auch eine habituelle Nähe zu den Lehrkräften, die mehrheitlich dem gleichen Milieu entstammen.

144 Vgl. hierzu u. a. die Sinus-Studie zu Erziehungsstilen.

145 Vgl. Bohnsack 2002; El-Mafaalani 2014b.

146 Im Folgenden geht es nicht lediglich um Musikpräferenzen, sondern

um darüber hinausgehendes jugendliches Engagement in Szenen und Subkulturen (hierzu auch El-Mafaalani 2015).

147 Ausführlich: Craig O'Hara 2001. Dabei handelt es sich um eine wirklich interessante Monografie zur »Philosophie des Punks«.

148 Vgl. Dietrich 2012.

149 Die Ausdifferenzierung des Punk-Rock in Subszenen verlief besonders selektiv: Von Streetpunk bis Hardcore gibt es Dutzende Spielarten, die sich wiederum sozialstrukturell differenzieren lassen.

150 Neuere jugendkulturelle Entwicklungen zeigen trotz enorm modifizierter Erscheinungsbilder diese Muster weiterhin. Das Phänomen des Hipsters etwa ist auf radikale Weise individualistisch/kosmopolitisch auf Form und Stil angelegt. Ohne ideologisches Fundament geht es ums Eloquent-, Anders- und Einzigartigsein. Eine Zugehörigkeit wird von Hipstern selbst weitgehend abgelehnt. Das Phänomen Hipster kann gewissermaßen als extreme Variante des »Zwangs zur Kreativität« gelesen werden (Reckwitz 2012). Im Hip-Hop-Milieu hat »Du Hipster« den Status einer Beschimpfung. Entsprechend überrascht es nicht, dass es sich um eine sozialstrukturell gesehen fast schon elitäre Richtung handelt. Ähnliche Zusammenhänge ließen sich in salafistischen Jugendgruppen zeigen (vgl. El-Mafaalani 2014b). Askese und Kollektivismus spielen hier eine zentrale Rolle. In gewisser Weise bietet der Salafismus eine Kombination aus einer radikal gesellschaftskritischen Haltung und sichtbarer Provokation auf der einen und einer extremen Klarheit auf der alltagspraktischen Handlungsebene auf der anderen Seite. Die Askese (Handlungsebene) wird durch die Ideologie (Nostalgie bzw. Orientierung an den Gründungszeiten des Islam) ergänzt, indem aus der Not eine Tugend wird: Die Konsumangebote, die ohnehin außerhalb des finanziell Möglichen liegen, werden weitgehend verachtet; dem Kreativitätszwang wird der Konformitätszwang entgegengestellt. Die strengen Regeln und klaren Orientierungen beziehen sich insbesondere auf traditionelle Geschlechterrollen, präferierte Sexualität, auf die Kleiderordnung u. v. m. Vielschichtige Ausschlusserfahrungen begünstigen die jüngsten Entwicklungen – auch und insbesondere bei Bildungsaufsteigern (El-Mafaalani 2014b).

151 Sehr zu empfehlen ist ein aktuelles Buch, das eine Vielzahl autobiografischer Reflexionen von Arbeiterkindern, die heute selbst Professorinnen und Professoren sind, versammelt: Reuter u. a. 2020.

152 Die dargestellten Befunde und Interpretationen sind Ergebnis einer vergleichenden Analyse. Aufsteiger werden anderen Gruppen gegenübergestellt, insbesondere Personen aus dem Herkunftsmilieu, die nicht aufgestiegen sind, sowie Menschen in Spitzenpositionen, die privilegiert aufgewachsen sind. Es handelt sich also um zwei Vergleichsgruppen, wobei die Aufsteiger mit den einen die Herkunft und mit den anderen den aktuellen Status gemeinsam haben, sodass der Weg rekonstruiert werden kann. Ausführlich dazu: El-Mafaalani 2012, 2014a. Mit dem Fokus auf Aufsteiger mit Migrationshintergrund: El-Mafaalani 2017b.

153 Dabei ist eine vertikale Distanzierung, also vom Milieu, gemeint. Diese wird von der horizontalen Distanzierung, also der adoleszenztypischen Ablösung vom Elternhaus, unterschieden (vgl. El-Mafaalani 2012). Die Herausforderung für Aufsteiger besteht darin, mehrdimensionale Ablösungsprozesse zu vollziehen.

154 Eine habituelle Distanz zum Herkunftsmilieu wurde in vielen Studien zu Bildungs- und sozialer Mobilität beschrieben, in älteren und neueren Arbeiten: vgl. u. a. Schlüter 1999, S. 338 f.; Haeberlin/Niklaus 1978, S. 167; Pott 2002, S. 135 f.; Schmitt 2010.

155 Rückzug ins Herkunftsmilieu in Bezug auf das Verhalten von Kindern und Jugendlichen in der Schule wird beispielsweise bei King 2009 oder Grundmann u. a. 2008 beschrieben. Ähnliches kann auch bei gewaltbereiten Jugendlichen rekonstruiert werden (El-Mafaalani/Toprak 2011).

156 Inwieweit sich ein Habitus wirklich grundlegend wandeln kann, also nicht Änderungen im Muster, sondern Änderungen des Musters, ist in der Soziologie umstritten. Man könnte entsprechend auch von Diversifizierung oder Modifikation des Habitus sprechen. Für die hier vollzogene Analyse spielen diese theorieorientierten Diskussionen eine nachgeordnete Rolle. Denn in jedem Fall handelt es sich um ein mühsames Unternehmen.

157 Besonders problematisch ist, dass das Verhältnis zum Herkunftsmilieu und zur Herkunftsfamilie dauerhaft prekär bleibt. Werte, Handlungsmuster und Lebensstile, die die Kindheit und Jugend prägten, werden im Aufstiegsprozess weitgehend entwertet. Dadurch fehlen bei der Kommunikation mit den Eltern und früheren Freunden nicht nur die gemeinsamen Interessen und Themen, sondern auch eine habituelle Übereinstimmung. Sozialer Aufstieg ist ein steiniger, oft schmerzhafter

Prozess. Das erklärt auch, warum viele irgendwann aufgeben oder umkehren. Man muss es aushalten können, zeitweise Außenseiter zu sein. Dieser Distanzierungsprozess ist wesentlicher Bestandteil des Aufstiegsprozesses und kann zu einer so starken Entfremdung führen, dass Nostalgie und Sehnsucht starke biografische Themen werden. Diese einschneidenden und durchaus schmerzhaften Erfahrungen sind aber zugleich auch Motoren für Kreativität, indem sie die Motivation für den Aufstieg steigern können.

158 Hier liegt es natürlich auf der Hand, dass sich ein Unterschichtskind mit solchen Vorbildern viel stärker identifizieren kann als mit einem Anwalt, einer Ärztin oder einem Lehrer. Diese erscheinen habituell – u. a. vom Sprachgebrauch und dem äußeren Erscheinungsbild – derart fern, dass tendenziell Vorbilder gesucht werden, die zum einen von vielen Menschen verehrt werden und zum anderen eine habituelle Nähe zum eigenen Milieu aufweisen. Zugleich erscheint ein Aufstieg über Bildung auch aus der Prozessperspektive wenig attraktiv, da es sich um ein sehr zeitintensives und zugleich riskantes bzw. wenig bekanntes Vorhaben handelt.

159 An diesem Befund wird deutlich, dass der gut gemeinte Hinweis »Das musst du tun, damit du später einen guten Beruf hast und genug Geld verdienst« – den (bildungsferne) Eltern ohnehin ständig geben –, kaum eine zentrale Bedeutung für die Genese von Aufstiegsprozessen haben kann. Im Gegenteil: Die Zuspitzung eines solchen instrumentellen Motivs scheint für Bildungserfolg eher ungünstig zu sein (vgl. El-Mafaalani 2012).

160 In älteren Studien zu Bildungsaufstiegen wurden – wenn auch eher am Rande – ähnliche Ergebnisse dargestellt. Motive waren wenig instrumentell, vgl. etwa Schlüter 1999; Truschkat 2002.

161 Diese Veränderungsmotive ermöglichen zwar noch keinen ›selbstverständlichen‹ Umgang mit Bildung, aber sie stützen sich auf eine veränderte habituelle Logik: Es wird nicht (ausschließlich) nach den funktionalen Notwendigkeiten von Bildung gefragt, sondern es werden (auch) Möglichkeiten der individuellen Weiterentwicklung – indirekt über Bildung – gesucht. Eine solche Motivlage erscheint vor dem Hintergrund einer langjährigen Schul- und Hochschullaufbahn, bei der man (sich) permanent fragen könnte, *wofür man das eigentlich braucht, was man da lernt*, weitaus erfolgversprechender als das

an sich schon auf Notwendigkeits- und Funktionsdenken fundierte Streben nach Geld und Macht.

162 Es konnten 4 Typen des Umgangs mit dem Aufstieg entwickelt werden, wobei der Prozessverlauf auf einer abstrakten Ebene einheitlich beschreibbar ist. Lediglich die Deutungen des Aufstiegs (im Hinblick auf die beiden Fragen) unterscheiden sich. Ausführlicher kann dies in diesem Rahmen nicht dargestellt werden. Zur vertiefenden Lektüre: Buch zu diesen Typen und dem Prozessverlauf (El-Mafaalani 2012) sowie mehrere Aufsätze zu Prozessverlauf (El-Mafaalani 2015) oder den Typen (El-Mafaalani 2017a, 2017b).

163 Hierbei geht es insbesondere um Aufsteiger der zweiten Generation, also um Menschen, die in Deutschland aufgewachsen, deren Eltern aber Einwanderer sind (vgl. El-Mafaalani 2017b).

164 U. a. Badawia 2002; Bohnsack/Nohl 2001; El-Mafaalani 2017; El-Mafaalani / Toprak 2011; in Bezug auf Sinti und Roma vgl. Scherr/Sachs 2017. Dieser Befund ist kein Spezifikum in Deutschland lebender Migrantenkinder, sondern konnte auch in anderen Einwanderungsländern belegt werden, vgl. El-Mafaalani 2017b. Allerdings sind die beschriebenen Effekte umso stärker, wenn die kulturellen Unterschiede besonders groß sind. Sie beschränken sich allerdings nicht nur auf Türkisch- und Arabischstämmige oder Roma und Sinti, sondern lassen sich zum Beispiel auch bei Vietnamstämmigen zeigen (vgl. El-Mafaalani 2014a).

165 Wie schnell es dadurch bereits in der Grundschule zu Missverständnissen kommen kann: El-Mafaalani 2013.

166 Im Hinblick auf die Loyalitätserwartungen scheint dies früher anders gewesen zu sein. Häufig wurde darauf hingewiesen, dass es einen gewissen Arbeiterstolz gab und »echte« Arbeit positiv konnotiert war. Damals mag es stärkere Loyalitätserwartungen gegeben haben, die sich mit der Erosion des klassischen Arbeitermilieus deutlich abgesenkt haben. Interessant ist darüber hinaus, inwieweit die gleichen habituellen Muster, je nach Situation, zu ganz anderen Formationen führen. Der Habitus, in den Kurzzeit-, Funktions- und Nutzenorientierung eingeschrieben sind, konnte früher, als alle Arbeiter noch Arbeit hatten, positive Zugehörigkeiten und Anerkennungsstrukturen generieren, während er in einem traditionslosen Unterschichtsmilieu das Misstrauen und die Resignation verstärken kann. Ausführlich hierzu: El-Mafaalani/Strohmeier 2015.

167 Zu den Ursachen für diese Erwartungskonstellation siehe: El-Mafaalani 2017b und El-Mafaalani 2018a.

168 Vgl. El-Mafaalani 2018a.

169 Solche widersprüchlichen Erwartungen in der äußeren Sphäre wurden an anderer Stelle ausführlicher thematisiert, hierzu: El-Mafaalani 2019.

170 Vgl. Attia 2009.

171 Die Habitustransformation kann aus zwei Perspektiven als Notwendigkeit im Aufstiegsprozess begriffen werden: Erstens um die Transformation der *objektiven Herkunftsbedingungen* subjektiv zu verarbeiten sowie eine Identifikation mit *dem eigenen Leben* zu ermöglichen, während der Habitus im Herkunftsmilieu auf einen anderen Kontext abgestimmt ist; zweitens um den *Anforderungen in den Institutionen* höherer Bildung sowie im Beruf gerecht werden zu können.

172 Lehrkräfte werten (unbewusst) bestimmte Kinder und Jugendliche ab, haben aber gleichzeitig (bewusst) eine gute pädagogische Absicht. Dies hat dann auch einen Einfluss auf die Interaktion und die soziale Beziehung zwischen Kind und Lehrkraft insgesamt. Qualitativ-empirische Analysen der Lebenswelten von Jugendlichen an Hauptschulen haben Rosenberg (2008) und Twardella (2008) vorgelegt. In beiden Studien wird auch deutlich, dass Lehrkräfte einen Habitus haben, also nicht losgelöst von sozialen Sozialisationsgeschichten die pädagogische Praxis gestalten können. Dieser zunächst triviale Befund wird spätestens dann zu einem komplexen Problem, wenn man bedenkt, dass Lehrkräfte in der Regel aus der Mittelschicht rekrutiert werden und fast vollständig an Gymnasien ihre Schulzeit verbracht haben – also aus einer anderen Zone des sozialen Raums stammen. Und auf der anderen Seite scheinen manche junge Menschen besser in die Institutionen zu »passen« als andere. Man bezeichnet dies häufig als soziale Nähe (oder Distanz), Passungsverhältnis oder als habituelle Nähe. Vgl. auch Ditton (2008).

173 Vgl. bereits Rolff 1997. Weite Teile dessen, was Gomolla/Radtke 2002 als institutionelle Diskriminierung bezeichnen, nämlich Benachteiligung (insbesondere von Kindern mit Migrationshintergrund), ohne dass dabei vorsätzliches Handeln unterstellt werden muss, sind hiermit angesprochen. Daher forderten bereits Bourdieu/Passeron 1971 in

ihrer umfassenden Studie zum französischen Bildungswesen (mit dem bezeichnenden Titel: »Die Illusion der Chancengleichheit«) eine »rationale Pädagogik«, die als Reflexion des schulischen Handelns der Lehrenden soziale Ungleichheiten zu neutralisieren versucht – ohne dabei aus ›Rücksicht‹ auf bestehende Leistungsrückstände oder Lebensumstände den Bildungsanspruch zu senken. Die Bildungsziele sollten für alle Schüler und Schülerinnen einen gleichartigen Anspruch haben. Ähnliche Forderungen an die pädagogische Praxis äußern bspw. auch Böttcher 2005a und Vester 2008.

174 Dass die reichsten Eltern sich für ihre Kinder Privatschulen leisten können, was im Übrigen immer häufiger der Fall ist, sei an dieser Stelle zumindest erwähnt.

175 KMK 2006, 5. Hier hilft es auch nicht, dass ein paar Sätze vorher steht: »*Jedem Kind muss – ohne Rücksicht auf Stand und Vermögen der Eltern – der Bildungsweg offenstehen, der seiner Bildungsfähigkeit entspricht.*« Denn was unter Bildungsfähigkeit zu verstehen ist, hat dann doch etwas mit »Stand und Vermögen der Eltern« zu tun.

176 Sozialwissenschaftler sprechen hier von Pfadabhängigkeit: Ein einmal über längere Zeit eingeschlagener Weg lässt sich korrigieren, aber nur von dort, wo man steht. Man kann nicht mehr zurück an den Anfang und neu beginnen. Es ist gewissermaßen das »Politik-Erbe« (Ostheim/Schmidt 2007).

177 Schmidt 2003.

178 Die folgenden Darstellungen zu »Logik und Trägheit des Systems« basieren auf eigenen älteren Studien und Texten (El-Mafaalani 2011a; 2012c). Hier werden historische Zusammenhänge dargestellt, um im nächsten Kapitel (24) auf die aktuelle Situation einzugehen.

179 Er schafft durchaus einen intergenerationalen Ausgleich, also jüngere Arbeitnehmer zahlen an ältere Rentner. Aber innerhalb einer Generation ist der Ausgleich relativ gering.

180 Esping-Andersen 1990.

181 Kaufmann 2003; Esping-Andersen 1998.

182 Widerstände gegen die Chancenungleichheit kamen in den letzten 150 Jahren hauptsächlich von sozialdemokratischen und reformpädagogischen Lagern und wurden infolge der Einführung der Realschulen, der Facharbeiterausbildung und insbesondere der Sozialversicherungen stillgestellt (von Friedeburg 1989; Heidenheimer 1981).

183 Bereits Anfang der 1990er – also noch vor der Agenda 2010 – formuliert Wolf Wagner: »Entgegen ihrem eigenen Anspruch, Not zu verhindern, und dort, wo sie dennoch entstanden ist, die Menschen so schnell wie möglich wieder aus ihr herauszuführen, lässt Sozialpolitik systematisch zu, dass Menschen in Armut und Not leben, obwohl – und oft genug auch weil – sie Dauerklienten der Sozialpolitik geworden sind.« Wagner (1991), S. 57.

184 Allmendinger betont die Parallelen zwischen selektiven Strukturen im Schulsystem und in der Sozialpolitik: »Klassischerweise war die Sozialpolitik dreigegliedert in die Sicherung für die höheren Stände [...], die Sicherung für die Arbeiter und Fürsorge für die Armen im Armenwesen. Die klassische Dreigliederung entspricht derjenigen im Bildungswesen, mit der Ausnahme, daß hier das unterste Glied historisch breiter angesetzt, also die gesamte Bevölkerung erfaßt (so sie nicht in anderen Bildungsanstalten erfaßt wird)« (Allmendinger 1999, S. 47 f.). Zum Verhältnis zwischen Bildungs- und Sozialpolitik vgl. auch Allmendinger 2012.

185 Ein kurzer Exkurs (aus El-Mafaalani 2012, S. 24 Fußnote 10): Rabe-Kleberg rekonstruiert die historische Entwicklung des Kindergartens in Deutschland. Dabei wird deutlich, dass es bei der Etablierung einer professionellen frühkindlichen Bildung nicht an innovativen Konzepten, sondern an gesellschaftlicher Akzeptanz gemangelt hat. Nachdem das sich langsam verbreitende Konzept eines Kindergartens als Ort der frühen Menschenbildung nach der gescheiterten 1848er-Revolution verboten wurde, wanderten die Anhänger dieses Modells (überwiegend Erzieherinnen) nach England und die USA aus, wo sie ihre Ideen erfolgreich verbreiten konnten. Ebenso haben die skandinavischen Länder viele dieser Ideen aufgegriffen. So kann also konstatiert werden, dass die Stärken der angelsächsischen und skandinavischen Bildungssysteme, nämlich eine professionelle frühkindliche Bildung für alle Kinder, aus deutschen Ideen und Konzepten entwickelt wurden, die sich jedoch hierzulande nicht haben durchsetzen können (Rabe-Kleberg 2010, S. 48 ff.).

186 Hierzu u. a. Gottschall/Hagemann 2002.

187 Solga/Wagner 2008; Hillmert 2008. Die Verantwortung der Familie drückt sich heute auch durch selbstfinanzierten Zusatzunterricht aus, was Nachhilfe zu einem zunehmend lukrativen Geschäft werden lässt.

Im Jahr 2000 haben etwa 33% der in PISA getesteten Schüler Nachhilfedienstleistungen in Anspruch genommen (Rauschenbach u.a. 2004, S. 388). Seitdem sind die Umsätze von Nachhilfe-Unternehmen stetig gewachsen. Nachhilfe benachteiligt damit diejenigen Gruppen, die sich diese nicht leisten können. Mit dem »Bildungs- und Teilhabepaket« wurde hier erstmals versucht, einen Ausgleich zu schaffen.

188 Die Ausgaben für das Jahr 2016 im Einzelnen: Für ein Kind an einer Grundschule im Bundesdurchschnitt 6200 Euro pro Jahr, an einer Realschule sind es 6700 Euro, an einem Gymnasium 8100 Euro, an einer Hauptschule 9300 Euro, vgl. Statistisches Bundesamt 2019. Hier werden die Ausgaben pro Schüler differenziert nach Schulform und Bundesland für allgemeinbildende Schulen ausgewiesen. Vgl. auch Autorengruppe Bildungsberichterstattung 2018.

189 Dass es sich hierbei um ein systemisches Problem handelt, zeigt der Befund, dass die Berufsfachschule – die hauptsächlich dazu dient, an berufsbildenden Schulen allgemeinbildende Abschlüsse nachzuholen – einer der teuersten Bildungsgänge in Deutschland ist. Das gilt auch für andere Vollzeitbildungsgänge an beruflichen Schulen, vgl. etwa Autorengruppe Bildungsberichterstattung 2008, S. 33.

190 Ganz unabhängig von sozialer Benachteiligung zeigt die Bildungsökonomie, dass die Investitionen in die Zeit vor der Einschulung und in der Primarstufe langfristig die höchsten Renditen bringen (Heckman/Lochner 2000).

191 Lediglich Österreich und die Schweiz haben ähnlich stark in die Schullaufbahn eingreifende Selektionsmechanismen.

192 Frauen und Männer sollen sich frei entscheiden können, ob sie im Schwerpunkt Familien- oder Erwerbsarbeit nachgehen wollen. Aber: Wenn zu viele sich allzu frei für Familienarbeit entscheiden würden, dann wäre der Sozialstaat zukünftig nicht finanzierbar. Was häufig übersehen wird: Es kommt nicht auf das Verhältnis von Alten zu Jungen an, sondern auf das Verhältnis von Beitragszahlern zu Leistungsempfängern. Würden Frauen genauso erwerbstätig sein wie Männer, und würde man die Arbeitslosigkeit gering halten können, dann könnte man trotz demografischen Wandels das Rentenniveau erhöhen. Was ist also für den Sozialstaat besonders wichtig? Neben der Erwerbsquote von Frauen geht es um Bildung im Sinne von Qualifizierung und Beschäftigungsfähigkeit der jüngeren Generationen. Beides kann durch

den Kita-Ausbau unterstützt werden. Es handelt sich also um eine sehr rationale politische Entscheidung – auch wenn es leichtsinnig erscheint, ein Recht für alle Kinder zu beschließen, wenn man weiß, dass nicht annähernd alle einen Platz bekommen können.

193 Um die Hauptschule zu erhalten, wurden etwa in Bayern die meisten Hauptschulen in Mittelschulen umbenannt – mit kleinen Modifikationen in Lehrplan und Schwerpunkten, aber im Wesentlichen unverändert, versucht man also durch ein anderes »Etikett« den Niedergang aufzuhalten. Andere Bundesländer haben Haupt- und Realschulen zusammengelegt und dann umbenannt, wieder andere lassen beobachtend die Hauptschulen nach und nach schrumpfen. Die Strategien sind sehr unterschiedlich, aber die sinkenden Anteile lassen sich überall zeigen.

194 Vgl. z. B. Baumert/Schümer 2001, S. 371. Diese Aussage ist in dieser Verallgemeinerung durchaus zulässig, auch wenn es sehr starke Unterschiede je nach Bundesland, Region und Stadtteil gibt. Dass dieser Zusammenhang nur dort gilt, wo es noch Hauptschulen gibt, versteht sich von selbst.

195 Vgl. El-Mafaalani/Massumi 2019. Unter Seiteneinsteigern versteht man ältere zugewanderte Kinder, die also nicht ab dem ersten Schuljahr in eine deutsche Schule gingen und dann in eine höhere Jahrgangsstufe eingeschult werden.

196 Dies dokumentierte sich etwa in der im Jahr 2019 medial ausgetragenen Diskussion darüber, ob Kinder nicht erst eingeschult werden sollten, wenn sie die deutsche Sprache auf angemessenem Niveau beherrschen.

197 Interessant ist die Studie von Protsch 2014, die zeigt, dass Jugendliche mit einem Hauptschulabschluss mit Diskriminierungs- und Diskreditierungstendenzen leben müssen. Nur ein Beispiel: Unternehmen, die über einen Eignungstest die Ausbildungsplätze vergeben, fragen Wissen ab, das erstens an der Hauptschule gar nicht gelehrt wird und das zweitens im Lehrplan der Berufsschule vorgesehen ist. So werden gute Hauptschüler zwar zum Test eingeladen, aber praktisch nie eingestellt, weil sie – völlig unabhängig vom Potenzial – gar keine realistische Chance haben. Nur zur Erinnerung: Es sind diejenigen, die seit ihrer Kindheit ohnehin benachteiligt sind und es in jeder Hinsicht schwerer hatten als alle anderen. Zu-

dem findet eine enorme Verdrängung statt: Dadurch, dass im Zeitverlauf der Anteil der Abiturienten pro Geburtsjahrgang permanent gestiegen ist, strömen diese höher qualifizierten Jugendlichen in Ausbildungsberufe, die zuvor auch für geringer Qualifizierte zur Verfügung standen, wodurch Realschüler abgedrängt wurden. Diese wiederum verdrängten Hauptschüler.

198 Jene, die nicht an der Bildungsexpansion teilhaben, sind die doppelten Verlierer. Sie haben objektiv immer weniger Chancen. Und ihr Schulversagen, und selbst der erfolgreiche Hauptschulbesuch, wird als individuelles Versagen gesehen.

199 Vgl. El-Mafaalani 2010a / El-Mafaalani 2010b.

200 El-Mafaalani 2010.

201 Wie deutlich wurde, ist das Berufsbildungssystem äußerst komplex und kann nicht in der notwendigen Ausführlichkeit beschrieben werden. Weiterführende Informationen findet man beim Bundesinstitut für Berufsbildung (www.bibb.de).

202 In den Vorbereitungs- und Begleitkursen werden zum Teil Themen wiederholt und Fähigkeiten entwickelt, die »theoretisch« in der Sekundarstufe I gelernt werden sollten. Dies bezieht sich in Natur- und Ingenieurwissenschaften im Schwerpunkt auf mathematische Kompetenzen, in Geistes- und Sozialwissenschaften auf sprachliche Kompetenzen. Das bedeutet, dass selbst die Grundvoraussetzungen für die akademische Spezialisierung zu Beginn des Studiums nicht hinreichend vorliegen. Dadurch verändert sich das Wesen des Studiums für Studierende und Dozenten. Die elitäre Aura der Universität geht dadurch verloren, ob das gut oder schlecht ist, ist damit noch nicht entschieden.

203 Für die pädagogische Arbeit ist eine Kategorisierung, bei der Mitglieder der kleineren Gruppe weniger Gemeinsamkeiten haben als die große Gruppe, außergewöhnlich wenig hilfreich (vgl. El-Mafaalani 2018a).

204 Vgl. Terkessidis 2017.

205 Zur Mehrsprachigkeit: Gerade in den Stadtteilen, die häufig als soziale Brennpunkte bezeichnet werden, liegen auch besondere Potenziale. Gerade dort ist die Wahrscheinlichkeit am höchsten, dass mehrere Schülerinnen und Schüler einer Klasse verschiedene Sprachen beherrschen – wahrscheinlich mehr als die Lehrkraft. Diese versteht

dann nicht alles, was sie sagen, und die Schülerinnen und Schüler spielen nicht selten mit ihrem »Wissensvorsprung«. Das ist anstrengend. Aber die Lehrkraft sollte anerkennen, dass darin ein Potenzial liegt, das durchaus gefördert werden könnte und sollte. Damit hat man bisher nur zögerlich begonnen.

206 Das soll nicht heißen, dass die Lehrkräfte in einer Schule in einem extrem wohlhabenden Viertel es in jeder Hinsicht leichter hätten als in einem armutssegregierten Stadtteil. Auf unterschiedliche Weise sind Segregationen eine Herausforderung.

207 Der Grund dafür, dass ich im gesamten Text nur an ganz wenigen Stellen die Inklusion von Kindern mit Beeinträchtigung oder geflüchtete Kinder erwähne, ist schnell erklärt: Es sind wichtige Themen, aber in keinem Fall die Ursachen für Probleme im System, sondern bestenfalls Kontrastmittel, die einen Mangel an Reformen an der einen Stelle und eine Überlastung durch Reformen an einer anderen Stelle sowie eine Schieflage im System insgesamt erkennbar gemacht haben.

208 In Bezug auf die schulische Integration von Geflüchteten, vgl. El-Mafaalani/Massumi 2019.

209 Die Pflichtstundenzahl pro Lehrkraft variiert je nach Bundesland und Schulform. Grundsätzlich kann man sich an folgenden Zahlen orientieren (Unterrichtsstunden für Vollzeitbeschäftigte pro Woche): an Grundschulen sind es etwa 28, an Haupt- und Realschulen 27, an Gymnasien und Beruflichen Schulen 25. Diese Werte variieren nicht nur zwischen den Bundesländern, sondern selbst innerhalb mancher Bundesländer. Zudem gibt es Sonderregelungen z. B. bezüglich des Alters von Lehrkräften. Ausführliche Aufstellungen bei der KMK 2016.

210 Ich habe mich in meiner Zeit im Schuldienst auf die berufliche Benachteiligtenförderung spezialisiert, insbesondere auf die Jugendlichen ohne Schulabschluss beziehungsweise ohne Ausbildungsplatz. Darstellungen und Reflexionen der pädagogischen Konzepte und der Praxis (zumindest damals innovativ) können bei Interesse nachgelesen werden: El-Mafaalani 2009a, 2009b, 2009c, 2010a, 2010b, 2011b, 2011c. Zudem habe ich mich immer schon aus einer soziologischen Perspektive dafür interessiert, vgl. Kapitel IV.

211 Jedes Schuljahr wurde irgendeine Änderung bekannt gegeben, die vom Ministerium per Erlass oder in anderer Form an die Schullei-

tung übermittelt wurde. Ich kann mich gar nicht mehr an die genauen Regelungen erinnern, wohl aber an die Reaktionen im Kollegium. Der eine Kollege verließ laut nörgelnd das Lehrerzimmer, eine andere Kollegin schüttelte mit geschlossenen Augen den Kopf, wieder ein anderer fing an zu grinsen, wie Menschen grinsen, wenn sie eigentlich laut »Scheiße« schreien wollen.

212 Die folgenden Darstellungen zu den Haltungen von Lehrkräften basieren auf älteren Studien und Texten, die fortgeführt werden (El-Mafaalani 2014c, El-Mafaalani 2012c).

213 Dieselbe Lehrkraft war gegen die Aufnahme von Kindern mit einer Beeinträchtigung, wenn diese Beeinträchtigung kognitiver Art war (zwischenzeitlich war das etwa in NRW so). Denn: »*Warum soll ein behindertes Kind aufs Gymnasium kommen dürfen, egal, wie leistungsschwach es ist, aber ein leistungsschwaches Kind, das in einer Hartz-IV-Familie aufwächst, darf das nicht. Damit wird das System nicht nur ad absurdum geführt, es wird auch immer ungerechter*« (die Schiedsrichterin). Genau dieses Absurdum wird im System mitgetragen. Nun ist es in vielen Bundesländern so (auch in NRW), dass das Gymnasium nur leistungsstarke Jugendliche mit Beeinträchtigung aufnehmen muss, alle anderen Schulformen müssen auch leistungsschwache aufnehmen. Das ist, systemimmanent betrachtet, etwas logischer, aber kein bisschen besser, denn die Schulen mit besonderen Herausforderungen stehen dadurch vor noch mehr Herausforderungen.

214 Genau dies zeigen die Kompetenzmessungen, etwa PISA: Ein beträchtlicher Anteil der 15-Jährigen an Haupt- und Realschulen weist das gleiche Kompetenzniveau auf wie ein beträchtlicher Teil der Gleichaltrigen an Gymnasien.

215 Die eingeschränkte Möglichkeit *eines Schulwechsels* innerhalb der Sekundarstufe I wurde bereits in Kapitel II thematisiert. Eine weitere Besonderheit im deutschen Bildungssystem ist der relative hohe Anteil an *Klassenwiederholungen*. Die meisten empirischen Untersuchungen zeigen, dass Sitzenbleiber in der Regel noch schlechter werden, während der Rest der Klasse im weiteren Bildungsverlauf keinen erkennbaren Nutzen daraus zieht, dass die Sitzenbleiber den Klassenverband verlassen haben. Vgl. z. B. Krohne/Meier/Tillmann 2006. Die Verteilung der von Klassenwiederholungen Betroffenen macht

sichtbar, wie sehr dieses Selektionsinstrument sozial benachteiligend wirkt, insbesondere in Bezug auf Schüler mit Migrationshintergrund. Beachtlich sind die Kosten, die durch Sitzenbleiben entstehen. Sie beliefen sich in den Jahren nach der ersten PISA-Untersuchung auf etwa 1,2 Mrd. Euro jährlich (Statistisches Bundesamt 2003/04), die Personalkosten alleine betragen dabei bundesweit 892,5 Mio. Euro (Frein/Möller 2005). Durch den deutlichen Rückgang von Sitzenbleibern (von 2008 bis 2012 um 30 %) sinken die Kosten und werden für 2012 von Klemm (2013) auf 650 Mio. beziffert. Die mit einer Klassenwiederholung verbundenen Kosten für die Eltern sowie die Kosten durch den verspäteten Berufseintritt sind in diesen Modellrechnungen *nicht* enthalten. Bis 2017 ist die Anzahl der jährlichen Klassenwiederholungen weiter gesunken, liegt allerdings mit knapp 150 000 Schülerinnen und Schülern pro Jahr immer noch auf hohem Niveau (Statistisches Bundesamt 2018).

216 Die Intransparenz von Leistungserwartungen und Leistungsbewertungen sowie der uneinheitliche Umgang mit Leistungsabweichungen sind auch ein Resultat unsystematischer Vorgaben und fehlender Vorbereitung der (angehenden) Lehrkräfte auf einen wesentlichen Bestandteil ihrer Arbeit. Niklas Luhmann beschreibt die prinzipielle Überbetonung von Lehre und Bildung in der Schule; dadurch »bleibt die andere Seite der Form, die Beteiligung des Pädagogen an der sozialen Selektion, unterreflektiert«(Luhmann 1998, S. 977 f.). Dieser Tatbestand gewinnt in Deutschland eine besondere Qualität, da hier weder einheitliche Standards für die Bildungs- noch für die Selektionsfunktion (Bildungsstandards bzw. Bewertungsstandards) von Schule vorliegen. Beide Funktionen werden konzeptionell und operativ in den Verantwortungsbereich der einzelnen Lehrkraft gestellt. Dass in der Lehrerausbildung das Unterrichten die alles dominierende Rolle einnimmt und das Bewerten kaum eine Rolle spielt, wird in der allgemeinen Bildungsdiskussion vollständig ausgeblendet. Dies fördert ein Berufsverständnis, welches Bewertung, Beurteilung und dann auch Evaluation als notwendiges Übel und nicht als eine Kernfunktion begreift. Diese Intransparenz von Beurteilungskriterien birgt aus politischer Sicht eine gewisse Attraktivität, denn durch transparente Prüfungs- und Beurteilungsformen setzt man sich der öffentlichen Kritik aus und muss explizieren, was bisher im-

plizit (und mehr oder weniger intendiert) wirksam war. Die großen Irritationen bei der Einführung von Zentralprüfungen oder auch von ›Kopfnoten‹ für das Arbeits- und Sozialverhalten (beispielsweise in Nordrhein-Westfalen) sind hierfür markante Beispiele. Die wesentlichen Funktionen des Bildungssystems (Leistungsbewertung und Selektion) werden daher auch weiterhin überwiegend in die ›pädagogische‹ Verantwortung des Lehrpersonals gestellt, das hierfür weder ausgebildet ist noch hinreichende Orientierung bekommt. Ein solches Einsozialisiertwerden in ein bestehendes System kann gewiss von Vorteil sein, nämlich wenn dieses System gut funktioniert. Aber es wird enorme Nachteile nach sich ziehen, wenn es – wie gezeigt wurde – dysfunktional ist: Es werden unreflektiert Routinen übernommen, die gewiss zu hinterfragen wären (El-Mafaalani 2012c).

217 Nur Haupt- und Förderschulen haben letztlich nicht mehr die Möglichkeiten, die Schüler »abzuschieben«. Allerdings wird auch dort stark selektiert. Die meisten Klassenwiederholungen finden an Hauptschulen statt, gefolgt von Realschulen, und erst dann kommen die Gymnasien (Statistisches Bundesamt 2018). Schulformwechsel vom Gymnasium in eine andere Schulform ist häufig. Klassenwiederholung ist das häufigere Selektionsinstrument an den anderen Schulformen. Dadurch erhärtet sich der Verdacht, dass eine Schule gut daran tut, rigide Auslese zu betreiben, da ein solches Verhalten eher zu einem »guten Ruf« beiträgt als pädagogische Qualität. Zumindest wäre das in der Logik des Systems plausibel (hierzu auch: Deutsches PISA-Konsortium 2003, S. 308).

218 Dies gilt nicht nur für die Abiturnoten, sondern auch für die Noten an Universitäten – übrigens in allen Fächergruppen, also auch in den Ingenieur- und Naturwissenschaften.

219 Hierzu u. a. Rauin/Meier 2007.

220 Da gäbe es viel zu ändern. Lehrerausbildung und Schulstruktur hängen dabei miteinander zusammen. In der Lehrerausbildung werden die Kandidaten auf eine bestimmte Schulform und damit ein bestimmtes Klientel spezialisiert, was auch mit Unterschieden im Hinblick auf Lehrinhalte und -anspruchsniveaus sowie Besoldungshöhe einhergeht.

221 Im Übrigen wird die zentrale Ambivalenz von Hochschullehrern, die den angehenden Lehrern soziale Ungleichheit näherbringen,

kaum gesehen: Wir beschreiben – so wie ich es in Kapitel II gemacht habe –, wie viele Mechanismen sozialer Ungleichheit in der Schule wirksam sind, können aber keine Hilfen, Methoden oder Strategien an die Hand geben, die Abhilfe schaffen. Die Studierenden lernen also – wenn sie denn überhaupt damit wirklich in Berührung kommen –, dass es ganz schrecklich ist und auch schon immer so war, und man müsste etwas tun, aber was?! Das führt dann dazu, dass alle Lehrkräfte ein gewisses Problembewusstsein haben, aber niemand etwas Zielgerichtetes tun kann.

222 Denn: Selbst dann, wenn man als Lehramtsanwärter hoch engagiert in die zweite Phase der Lehrerausbildung einsteigt, treten fachdidaktische Fragen und ›optische Settings‹ (Schauspielstunden) in den Vordergrund. Zwar gehören die Bereiche Diagnostizieren und Fördern offiziell zu den Lehrerfunktionen, allerdings wird dies nicht systematisch entwickelt, gefördert und geprüft. Die Ausbildung von Lehrkräften bezieht sich nach wie vor auf eine Form des Klassenunterrichts, die homogen zusammengesetzte Lerngruppen und ein Lernen im Gleichschritt voraussetzt. Diese allgemeine Problematik der Diagnose, Förderung und Bewertung von Schülerleistungen wird umso verheerender, wenn man die ungleichen Startchancen mitdenkt. Es ist ein nach wie vor großes Defizit im Schulwesen, dass in der Schule Fähigkeiten vorausgesetzt werden, die eigentlich in der Schule gelernt werden sollten (Böttcher 2005). Die einzelne Lehrkraft müsste sich mit einer entsprechenden Geisteshaltung, zeitlichem Mehraufwand und permanenter Selbstreflexion der Problematik einer umsetzbaren ungleichheitssensiblen Unterrichtsgestaltung in Eigenregie annehmen.

223 Beförderungen werden in der Regel für besondere Leistungen im Bereich Schulverwaltung und -organisation ausgesprochen. Es existieren keinerlei Anreize zur systematischen Förderung von benachteiligten Kindern und Jugendlichen, denn weder die Besoldung noch eine Beförderung, weder Anerkennung noch Unterstützung sind hierfür vorgesehen. Das Thema Benachteiligtenförderung hängt vom persönlichen Engagement und von den Kompetenzen der einzelnen Lehrkraft ab und wird institutionell nicht gestützt oder honoriert, was der Professionalisierung einer ungleichheitssensiblen Praxis entgegensteht.

224 Obwohl bereits seit über 50 Jahren bekannt, wird der heimliche Lehrplan kaum berücksichtigt. Kinder lernen insbesondere in der Schule bestimmte Verhaltensweisen, die sie eigentlich nicht lernen sollen. Was will der Lehrer? Wie kann man sich beliebt bei Lehrkräften machen? Wie kann ich vorbereitet oder wissend wirken, selbst wenn ich es nicht bin? Wie kann ich schummeln, ohne erwischt zu werden? Auch simuliertes aktives oder interessiertes Zuhören bei völliger innerer Abwesenheit gehört zum Repertoire des geheimen Lehrplans. Dies und anderes sind Ausdrucksweisen der Fremdbestimmtheit des Schülers, der sich auf seine Schülerrolle reduziert sieht. Man erlernt gewissermaßen, die Erwartungen der Lehrkraft zu antizipieren und zu erfüllen, in Konkurrenz zu anderen zu treten und vieles mehr, was wir gemeinhin nicht als Bildung verstehen. In der heutigen Gesellschaft sind dies gleichzeitig nicht unwichtige Fähigkeiten. Deshalb spricht man auch vom heimlichen Lehrplan – er steht im Hintergrund, ist aber nicht ganz unerwünscht (vgl. bereits Parsons 1955 oder Spranger 1962).

225 Wie Arnold und Gómez Tutor 2006 plausibel darlegen, stellen instruktive Methoden »eine Art Sprungbrett und Voraussetzung für die Aktivierung von Lernenden [dar] und helfen, das anfängliche Chaos einer noch unstrukturierten Lernsituation einzudämmen und deren Komplexität so zu reduzieren, dass Lernenden die Situation bewältigbar wird oder erscheint, die ansonsten zu verwirrend und damit demotivierend wirkt« (S. 70).

226 Vgl. Budde u. a. 2015.

227 Statistisches Bundesamt 2018.

228 Genau dies scheint etwa das Erfolgsgeheimnis der vietnamstämmigen Kinder zu sein (vgl. El-Mafaalani/Kemper 2017b; Helmke u. a. 2003; Portes u. a. 2001).

229 Weinert 2001, S. 27 f.

230 Einige Autoren sehen in der Etablierung neuer Bildungsstandards auf der oben genannten Grundlage die Gefahr der Zementierung habitueller Muster oberer sozialer Schichten und damit der Benachteiligung nicht privilegierter Gruppen (bspw. Ecarius/Wahl 2009, S. 25).

231 Dass der Systemerhaltungstrieb im Bildungswesen paradoxerweise durch steigende Ausgaben befriedigt wird, zeigt auch die

einstimmige öffentliche Diskussion über die Verkleinerung der Klassengröße. Demgegenüber bestätigt eine Vielzahl von in Deutschland durchgeführten Studien, dass durch kleinere Lerngruppen bei ansonsten unveränderten Bedingungen keine Verbesserung der Schülerleistungen und der Bildungsgerechtigkeit zu erwarten ist (im Brahm 2006). (Das mit Abstand »günstigste« Lehrer-Schüler-Verhältnis besteht an Förderschulen, gefolgt von Hauptschulen. Das gilt und galt bspw. auch an der Berliner Rütli-Schule, was die kurzzeitige Einstellung des Unterrichtsbetriebs nicht hat aufhalten können.) Die kostspielige, ineffektive, aber systemerhaltende Lösung »mehr Geld ins System« kann bei gegebenen Rahmenbedingungen offensichtlich nicht die Lösung sein (hierzu auch Wößmann 2003). Der sich weiter verschärfende Lehrkräftemangel lässt dies ohnehin als Phantomdiskussion erscheinen.

232 Die starke Orientierung an Homogenitäts- und Normalitätsvorstellungen der Lehrkräfte und des Schulwesens insgesamt spiegelt sich in semantischen Umdeutungen von Begriffen wider. So wird in pädagogischen und didaktischen Kontexten der Begriff Heterogenität inkonsistent bis widersprüchlich verwendet. Mit ›heterogenen Lerngruppen‹ werden häufig Probleme assoziiert, sodass sozial-homogen zusammengesetzte, schwache Lerngruppen als heterogene Lerngruppen bezeichnet werden. Ebenso wird eine individuelle Förderung häufig mit der Förderung von besonders schwachen Schülern assoziiert, obwohl damit die Förderung jedes Kindes gemeint ist.

233 In Bezug auf Digitalisierung sehr aufschlussreich: Nassehi 2019.

234 Tatsächlich ließen sich durch Mustererkennung die großen Nachteile der Planwirtschaft auflösen. Wenn man zuverlässig die Bedarfe der Haushalte absehen könnte, würde eine zentral gesteuerte Planwirtschaft vielleicht effizienter und auch nachhaltiger funktionieren als marktwirtschaftliche Systeme.

235 Auch wenn viele Autoren interessante und durchaus plausible Thesen und Szenarien stark machen, bleiben es unterschiedliche Spekulationen (etwa: Rifkin 2005, Harari 2017, Precht 2018, Nassehi 2019).

236 Eine zentralistische Bildungspolitik kann auf lokale Besonderheiten noch weniger Rücksicht bzw. Einfluss nehmen. Darüber hinaus bestünde die Gefahr, dass ein bundesweit einheitliches Bildungssystem noch reformresistenter wäre oder aber voreilig ungünstige Entschei-

dungen bundesweit umgesetzt würden. Die Frage ist grundsätzlich auch, auf welchen Kompromiss man sich unter den 16 Bundesländern einigen könnte. Hinzu kommen beamtenrechtliche Hindernisse uvm.

237 Das sollte man etwa auch beim Thema Digitalisierung in der Schule berücksichtigen.

238 Eine ältere Übersicht bei Wößmann 2007 (hier hat sich allerdings nichts Wesentliches verändert).

239 Vgl. hierzu Kapitel II sowie u. a. Wößmann 2007. Zur Veränderung des Sekundarschulsystems in den Bundesländern ist ein guter Überblick bei Tillmann 2015.

240 Berufsbildungsbericht 2019. Im Zeitverlauf erkennt man, dass die Zahl der Auszubildenden leicht sinkt, die Zahl der Erstsemester deutlich steigt.

241 An Hochschulen und Forschungseinrichtungen sollte eine systematische und praxisnahe Forschung zum Ausgleich sozialer Ungleichheit, zur Vermeidung von Kompetenzarmut, zur schulischen Integration von Quereinsteigern und Zugewanderten (auch Spracherwerb) sowie zur Förderung besonderer Begabungen (bei allen) und von Exzellenz (bei einigen) forciert werden. Solche Forschungen sollten idealerweise von den Landesministerien sowie vom BMBF gefördert werden.

242 Für viele Neuzugewanderte besteht das Spannungsfeld zwischen frühzeitiger (gering qualifizierter) Beschäftigung und nachhaltiger Qualifizierung. Um auch den Weg in eine nachhaltige Beschäftigungsfähigkeit und beruflichen Aufstieg zu ermöglichen, sind umfassende Weiterbildungsstrategien und Einstiegsmöglichkeiten von zentraler Bedeutung. Vgl. El-Mafaalani/Massumi 2019b.

243 Vgl. El-Mafaalani 2014c.

244 Gäbe es diese Bündnisse, dann würden die allermeisten Probleme mit muslimischen Familien im Hinblick auf Schwimmunterricht, Klassenfahrten oder Fasten an Ramadan gar nicht erst entstehen. Das Gefühl der Entfremdung, das in Kapitel IV auf die Heranwachsenden bezogen wird, kann auch von den Eltern wahrgenommen werden (vgl. El-Mafaalani 2018).

245 Am Rande sei erwähnt, dass dies keine Fiktion ist, sondern in einigen Ländern praktiziert wird. So unterscheiden sich die Schulen in Finn-

land eher dadurch von deutschen, dass sie ein *pupils welfare team* haben.

246 In TIMSS 2015 erreichten hierzulande lediglich 5 % aller Viertklässlerinnen und Viertklässler ein mathematisches sowie 8 % ein naturwissenschaftliches Leistungsniveau, das der fünften und somit höchsten Kompetenzstufe zuzuordnen ist. Während diese hierzulande als Ausnahmetalent gelten, erreichten 30 % bis 50 % aller getesteten Viertklässlerinnen und Viertklässler in den asiatischen Teilnehmerstaaten entsprechende Testleistungen in Mathematik (vgl. Bos u. a. 2016). In den Naturwissenschaften sind es 29 % bzw. 37 % der Schülerinnen und Schüler in den zwei höchstplatzierten Ländern Singapur und Südkorea (vgl. Steffensky u. a. 2016). Aber auch in zahlreichen europäischen Nachbarländern, wie England, Dänemark oder Belgien, ist ein weitaus größerer Anteil leistungsstarker Grundschülerinnen und Grundschüler in beiden Testbereichen zu verzeichnen als in Deutschland (vgl. Bos 2016). Wäre es ein Begabungsfach, ließen sich diese Unterschiede kaum erklären. Vielmehr ist das zentrale Problem, dass bereits Viertklässler Schwächen in den Basiskompetenzen haben und diese in der Sekundarstufe und darüber hinaus zu nachhaltigen Lern- und Verständnisproblemen führen werden.

247 Dieser Verein ist bei Weitem kein »Geheimtipp« mehr. Er arbeitet bereits in den meisten Bundesländern, jedes Jahr kommen weitere Schulen hinzu. Das Jahresbudget des Vereins beträgt mehrere Millionen Euro. Sowohl der wissenschaftliche Beirat als auch der Wirtschaftsbeirat sind hochkarätig besetzt. Es handelt sich der Rechtsform nach um einen Verein, allerdings geht es nicht um ehrenamtliches Engagement, sondern um ein professionell und innovativ arbeitendes gemeinnütziges Sozialunternehmen. Mit anderer Schwerpunktsetzung haben sich in den vergangenen Jahren viele solcher Organisationen etabliert, etwa »Teach First« und »apeiros«.

248 Ihrem Selbstverständnis nach handelt es sich um eine soziale Bewegung. Es gibt nach eigener Auskunft mittlerweile 12 000 Mentoren, die sich als Leselernhelfer ehrenamtlich engagieren oder die Vereinsarbeit anderweitig unterstützen (mentor-bundesverband.de).

249 Inwieweit sich dieses bisher freiwillige Engagement auch ausweiten und verbindlicher strukturieren lässt, was mit Kosten verbunden wäre, muss hier offenbleiben. Von den drei Beispielen ist dieses das

einzige, bei dem der Status des Ehrenamtes sinnvoll sein kann, da es gerade auf den nicht professionellen Charakter und den milieuübergreifenden Austausch ankommt.

250 Die Westfälische Hochschule in Gelsenkirchen entwickelte das Konzept des Talentscoutings. Es wird vom Wissenschaftsministerium des Landes Nordrhein-Westfalen finanziert. Die Scouts sind mittlerweile an 17 Hochschulen in NRW beschäftigt und betreuen und beraten bereits die Schülerinnen und Schüler in mehr als 30 % der weiterführenden Schulen des Landes (nrw-talentzentrum.de). Inspiriert durch diese Initiative, gibt es mittlerweise verschiedene ähnliche Programme, die teils durch die Länder, teils durch Stiftungen (etwa das Förderprogramm »Studienpioniere«) gefördert werden.

251 Inwieweit der Ganztag ein Pflichtangebot (etwa im Sinne eines gebundenen Ganztags) oder ein freiwilliges/zusätzliches Angebot (im Sinne eines offenen Ganztags) darstellt, muss letztlich vor Ort entschieden werden. Wichtig ist, dass das Angebot attraktiv gestaltet und stetig weiterentwickelt wird, damit es für Kinder nicht ausschließlich einen Pflichtcharakter hat und die Eltern mit gutem Gewissen ihre Kinder freiwillig im Ganztag anmelden.

252 In Bezug auf Analphabetismus (El-Mafaalani 2011c), Radikalisierung (El-Mafaalani u. a. 2016; El-Mafaalani 2014b), Gewalttaten und Intensivtäter (El-Mafaalani / Toprak 2011; Toprak u. a. 2011), Antisemitismus (El-Mafaalani 2010c), Gesundheit und Resignation (El-Mafaalani / Strohmeier 2015), migrationsspezifische Herausforderungen (El-Mafaalani 2013, 2014d), Schulabsentismus (El-Mafaalani 2010a, 2010b).

253 Erste konzeptionelle Überlegungen liegen unter dem Stichwort »Habitussensibilität« für verschiedene Professionen bereits vor (vgl. u. a. Sander 2014; Kergel/Heidkamp 2019). In diesem Rahmen kann es auch um die Reflexion von Normalitätserwartungen und der impliziten Regeln, der Unterrichtsorganisation sowie der Arbeitstechniken und Curricula gehen (Alkemeyer/Rieger-Ladich 2008; El-Mafaalani 2013; Rieger-Ladich u. a. 2009).

254 Vgl. etwa Hattie 2013.

255 Allerdings gibt es keine geeigneten Verfahren, um Lehrpläne transparent und sinnvoll zu reduzieren. »Mut zur Lücke« liegt ganz offensichtlich nicht im Repertoire der jeweiligen Kommissionen und Konferenzen.

256 Exemplarisch sei zum Kontext früher Benotung ein eindrückliches Zitat des Grundschulverbandes NRW erwähnt: »Wären Noten ein Medikament, wären sie wegen der erheblichen Nebenwirkungen längst vom Markt genommen« (Grundschulverband 2006, S. 4). Tatsächlich haben Ziffernnoten einige nachteilige Effekte. Das entscheidende Problem der Notengebung ist die geringe Aussagekraft. Als Rückmeldung für einen Schüler im Hinblick auf seine Leistungsentwicklung im Zeitverlauf und im Vergleich zu den Mitschülern hat sie derzeit noch eine gewisse Aussagekraft, sie nimmt aber darüber hinaus (etwa zur Parallelklasse, Nachbarschule, zu einer anderen Region, zu einem anderen Bundesland) enorm ab. Daher könnte man zumindest für alle Abschlussprüfungen, die bundesweit gleichwertig sind, einheitliche Standards etablieren – diese gibt es aber im Übrigen auch nicht an Fachhochschulen und Universitäten. Noch entscheidender ist es, den Schülerinnen und Schülern deutlich zu machen, was zu dieser Bewertung geführt hat und was getan werden müsste, damit eine bessere Note erreicht wird. Dies wird im Übrigen heute viel stärker als früher praktiziert.

257 Wie genau man etwa über ein gemeinsames Schulprogramm den Unterricht und den Ganztag miteinander verzahnt, aufeinander abstimmt und weiter professionalisiert, muss vor dem Hintergrund der Herausforderungen und Rahmenbedingungen vor Ort entschieden werden. Es wäre also durchaus denkbar, dass sich die Schulen evolutionär dorthin bewegen, wo sie die Revolutionäre gerne sehen würden.

258 Eine Reihe von Studien hat die Vermutungen bestätigt. Die wichtigste ist der IQB Bildungstrend 2021 (Stanat u. a. 2022), der enorme Verschlechterungen der Lern- und Kompetenzentwicklungen in der 4. Jahrgangsstufe in allen Bundesländern belegt. Darüber hinaus gibt es zahlreiche weitere Analysen, vgl. hierzu etwa: https://www.fachportal-paedagogik.de/forschungsinformation/forschung-zu-corona-12831-de.html sowie https://www.bildungsserver.de/bildung-in-zeiten-von-corona-12774-de.html

259 Auch dieser Eindruck hat sich bestätigt. Neben einigen Programmen ist hier das Ganztagsförderungsgesetz (GaFöG) hervorzuheben, das im Herbst 2021 von Bundestag und Bundesrat verabschiedet wurde (vgl. Vorwort).

LITERATURVERZEICHNIS

Ackeren, I. van; Bremm, N.; Klein, E. D.; Racherbäumer, K. (2016): Schulen in »schwieriger« Lage. In: Die Deutsche Schule, 108 (4).

Ackeren, I. van; Klemm, K. (2009): Entstehung, Struktur und Steuerung des deutschen Schulsystems. Eine Einführung, Wiesbaden.

Alexander, K. L.; Entwisle, D. R.; Olson, L. S. (1997): Children, schools, and inequality. Boulder, CO: Westview.

Alkemeyer, Th.; Rieger-Ladich, M. (2008): Symbolische Gewalt im pädagogischen Feld. Überlegungen zu einer Forschungsheuristik. In: Schmidt, R. / Woltersdorff, V. (Hg.): Symbolische Gewalt. Herrschaftsanalyse nach Pierre Bourdieu, Konstanz, 103–123.

Allmendinger, J. (2012): Schulaufgaben – Wie wir das Bildungssystem verändern müssen, um unseren Kindern gerecht zu werden. München.

Allmendinger, J. (1999): Bildungsarmut. Zur Verschränkung von Bildungs- und Sozialpolitik. In: Soziale Welt 50, S. 35–50.

Allmendinger, J.; Helbig, M. (2008): Zur Notwendigkeit von Bildungsreformen. In: WSI Mitteilungen 61, S. 394–399.

Angelone, D.; Keller, F.; Moser, U. (2013): Entwicklung schulischer Leistungen während der obligatorischen Schulzeit. Bericht zur vierten Zürcher Lernstandserhebung zuhanden der Bildungsdirektion des Kantons Zürich. Zürich. https://www.ibe.uzh.ch/dam/jcr:00000000-7f28-1670-ffff-ffffba93c96f/Lernstandserhebung_9KlasseZH_Bericht.pdf

Arnold, K.-H.; Bos, W.; Richert, P.; Stubbe, T. C. (2007): Schullaufbahnpräferenzen am Ende der vierten Klassenstufe. In: Bos, W. u. a. (Hg.): Erste Ergebnisse aus IGLU. Schulleistungen am Ende der vierten Jahrgangsstufe im internationalen Vergleich, Münster , 271–298.

Arnold, R.; Gómez Tutor, C. (2006): Selbstgesteuertes Lernen lernen. Erfahrungen mit handlungsorientierten Seminaren zur Entwicklung von Selbstlernkompetenz. In: Dieckmann, H.; Dittrich, K.-H.; Lehmann, B. (Hrsg.): Kompetenztransfer durch selbstgesteuertes Lernen. Bad Heilbrunn, S. 53–78.

Attia, I. (2009): Die »westliche Kultur« und ihr Anderes. Zur Dekonstruktion von Orientalismus und antimuslimischem Rassismus. Bielefeld.

Autorengruppe Bildungsberichterstattung (2018): Bildung in Deutschland 2018. Bielefeld.

Autorengruppe Bildungsberichterstattung (2014): Bildung in Deutschland 2014. Bielefeld.

Autorengruppe Bildungsberichterstattung (2010): Bildung in Deutschland 2010. Bielefeld.

Autorengruppe Bildungsberichterstattung (2008): Bildung in Deutschland 2008. Bielefeld.

Badawia, T. (2002): Der dritte Stuhl. Eine Grounded Theory-Studie zum Umgang bildungserfolgreicher Immigrantenjugendlicher mit kultureller Differenz. Frankfurt/M.

Bargel, T. (2007) (Hrsg.): Soziale Ungleichheit im Hochschulwesen. Barrieren für Bildungsaufsteiger. Hefte zur Bildungs- und Hochschulforschung 49. Konstanz.

Baumert, J; Maaz, K.; Jonkmann, K. (2010): Der Übergang von der Grundschule in die weiterführende Schule als Forschungsgegenstand: Robuste Befunde, die Bewährung von Wert-Erwartungs-Modellen und offene Fragen. In: Maaz, K.; Baumert, J.; Gresch, C.; McElvany, N. (Hrsg.): Der Übergang von der Grundschule in die weiterführende Schule: Leistungsgerechtigkeit und regionale, soziale und ethnisch-kulturelle Disparitäten. Berlin, 385–398.

Baumert, J.; Schümer, G. (2001): Familiäre Lebensverhältnisse, Bildungsbeteiligung und Kompetenzerwerb. In: Deutsches PISA-Konsortium (Hrsg.): PISA 2000. Basiskompetenzen von Schülerinnen und Schülern im internationalen Vergleich. Opladen, S. 323–407.

Beck, U. (1986): Risikogesellschaft. Auf dem Weg in eine andere Moderne. Frankfurt.

Becker, B. (2010a): Wer profitiert mehr vom Kindergarten? Die Wirkung der Kindergartenbesuchsdauer und Ausstattungsqualität auf die Entwicklung des deutschen Wortschatzes bei deutschen und türkischen Kindern. In: KZfSS, Jg. 62, H. 1, S. 139–163.

Becker, B. (2010b): Bildungsaspirationen von Migranten. Determinanten und Umsetzung in Bildungsergebnisse. Arbeitspapiere Mannheimer Zentrum für Europäische Sozialforschung, Nr. 137. Mannheim.

Becker, R.; Lauterbach, W. (Hrsg.) (2016): Bildung als Privileg. Erklärungen und Befunde zu den Ursachen der Bildungsungleichheit. Wiesbaden: Springer VS.

Becker, R.; Müller, W. (2011): Bildungsungleichheiten nach Geschlecht und Herkunft im Wandel. In: Hadjar, A. (Hrsg.), Geschlechtsspezifische Bildungsungleichheiten (S. 55–76). Wiesbaden.

Becker, R.; Lauterbach W. (2008): Vom Nutzen vorschulischer Erziehung und Elementarbildung. Bessere Bildungschancen für Arbeiterkinder? In: Becker, R.; Lauterbach, W. (Hrsg.): Bildung als Privileg. Erklärungen und Befunde zu den Ursachen der Bildungsungleichheit. Wiesbaden, S. 129–160.

Bellenberg, G.; Hovestadt, G.; Klemm, K. (2004): Selektivität und Durchlässigkeit im allgemein bildenden Schulsystem. Rechtliche Regelungen und Daten unter besonderer Berücksichtigung der Gleichwertigkeit von Abschlüssen. Essen.

Berufsbildungsbericht 2019. Berlin/BMBF. Abrufbar: https://www.bmbf.de/SharedDocs/Publikationen/de/bmbf/3/31488_Berufsbildungsbericht_2019.pdf?__blob=publicationFile&v=5

Bittlingmayer, U. H.; Bauer, U. (2007): Aspirationen ohne Konsequenzen. In: Zeitschrift für Soziologie der Erziehung und Sozialisation, Jg. 27, H. 2, S. 160–180.

Blossfeld, H.-P.; Bos, W.; Hannover, B.; Lenzen, D.; Müller-Böling, D.; Prenzel, M.; Wößmann, L. (2009): Geschlechterdifferenzen im Bildungssystem. Jahresgutachten 2009. Wiesbaden.

BMBF (Hrsg.) (2007): Die wirtschaftliche und soziale Lage der Studierenden in der Bundesrepublik Deutschland 2006. Bonn.

Bode, Ch. (2016): Kommentierte Grafiken zum deutschen Hochschul- und Forschungssystem. Bonn.

Böttcher, W. (2005a): Soziale Auslese und Bildungsreform. Aus Politik und Zeitgeschichte, Jg. 12, 21, 7–13.

Böttcher, W. (2005b): Soziale Benachteiligung im Bildungswesen. Die Reduktion von Ungleichheit als pädagogischer Auftrag. In: Opielka, M. (Hrsg.): Bildungsreform als Sozialreform. Zum Zusammenhang von Bildungs- und Sozialpolitik. Wiesbaden, S. 61–76.

Bogumil, J.; Heinze, R. G.; Lehner, F.; Strohmeier, K. P. (2010): Viel erreicht – wenig gewonnen: Ein realistischer Blick auf das Ruhrgebiet. Essen.

Bohnsack, R. (2002): »Die Ehre des Mannes«. Orientierungen am tradierten Habitus zwischen Identifikation und Distanz bei Jugendlichen türkischer Herkunft. In: Kaul, Margret; Marotzki, Winfried (Hrsg.): Biographische Arbeit. Opladen, S. 117–141.

Bohnsack, R.; Nohl, A.-M. (2001): Ethnisierung und Differenzerfahrung. Fremdheiten der Identität und des Habitus. In: Zeitschrift für qualitative Bildungs-, Beratungs- und Sozialforschung, Jg. 2, Heft 1, S. 189–207.

Bonsen, M. u. a. (2010): Zur Konstruktion von Sozialindizes. Ein Beitrag zur Analyse sozialräumlicher Benachteiligung von Schulen als Voraussetzung für qualitative Schulentwicklung. Bonn.

Bos, W. (2016): TIMMS-Studie. Deutsche Grundschüler nur Mittelmaß. Online: https://www.deutschlandfunk.de/timms-studie-deutsche-grundschueler-nur-mittelmass-100.html (Zugriff: 20. Juni 2017)

Bos, W.; Lankes, E. M.; Prenzel, M.; Schwippert, K.; Walther, G.; Valtin, R. (Hrsg.) (2003): Erste Ergebnisse aus IGLU. Schülerleistungen am Ende der vierten Jahrgangsstufe im internationalen Vergleich. Münster.

Bos, W.; Voss, A.; Lankes, E. M.; Schwippert, K.; Thiel, O.; Valtin, R. (2004): Schullaufbahnempfehlungen von Lehrkräften für Kinder am Ende der vierten Jahrgangsstufe. In: Bos, W.; Lankes, E. M.; Prenzel, M.; Schwippert,K.; Valtin, R.; Walther, G. (Hrsg.), IGLU. Einige Länder der Bundesrepublik Deutschland im nationalen und internationalen Vergleich (S. 191–228). Münster.

Bos, W.; Wendt, H.; Köller, O.; Selter, Ch.; Schwippert, K.; Kasper, D. (2016): Wichtige Ergebnisse im Überblick. In: Wendt, H.; Bos, W.; Selter, Ch.; Köller, O.; Schwippert, K.; Kasper, K. (Hrsg.): TIMSS 2015. Mathematische und naturwissenschaftliche Kompetenzen von Grundschulkindern in Deutschland im internationalen Vergleich. Münster, S. 15–26

Boudon, R. (1974): Education, Opportunity and Social Inequality. Changing Prospects in Western Society. New York.

Bourdieu, P. (2001): Wie die Kultur zum Bauern kommt. Über Bildung, Schule und Politik, Schriften zur Politik und Kultur. Hamburg.

Bourdieu, P. (1987a): Die feinen Unterschiede. Kritik der gesellschaftlichen Urteilskraft. Frankfurt/M: Suhrkamp.

Bourdieu, P. (1987b): Sozialer Sinn. Frankfurt/M: Suhrkamp.

Bourdieu, P. (1983): Ökonomisches Kapital, kulturelles Kapital, soziales Kapital. In: Keckel, R. (Hrsg.): Soziale Ungleichheit. Soziale Welt, Sonderband 2, S. 183–198.

Bourdieu, P.; Passeron, J.-C. (1971): Die Illusion der Chancengleichheit. Untersuchungen zur Soziologie des Bildungswesens am Beispiel Frankreichs. Stuttgart.

Brahm, G. im (2006): Klassengröße: eine wichtige Variable für Schule und Unterricht? In: bildungsforschung.org – Abrufbar unter: https://bildungsforschung.org/ojs/index.php/bildungsforschung/article/download/28/26/

Bremer, H. (2007): Soziale Milieus, Habitus und Lernen. Zur sozialen Selektivität des Bildungswesens am Beispiel der Weiterbildung. Weinheim.

Bublitz, H. (1980): Ich gehörte irgendwie so nirgends hin. Arbeitertöchter an der Hochschule. Gießen: Focus Verlag.

Bude, H. (2019): Solidarität. Die Zukunft einer großen Idee. München.

Bude, H. (2011): Bildungspanik. Was unsere Gesellschaft spaltet. München.

Budde, J.; Blasse, N.; Bossen, A.; Rißler, G. (2015) (Hrsg.): Heterogenitätsforschung. Empirische und theoretische Perspektiven. Weinheim.

Burzan, N. (2011): Soziale Ungleichheit. Eine Einführung in die zentralen Theorien. Wiesbaden.

Castel, R. (2005): Die Stärkung des Sozialen. Hamburg.

Chancenspiegel 2017 – eine Zwischenbilanz. Zur Chancengerechtigkeit und Leistungsfähigkeit der deutschen Schulsysteme seit 2002. Gütersloh. (Herausgegeber: Bertelsmann Stiftung, Institut für Schulentwicklungsforschung der TU Dortmund, Institut für Erziehungswissenschaft der FSU Jena). Abrufbar: https://www.ganztaegig-lernen.de/sites/default/files/Chancenspiegel_2017_WEB.pdf

Dahrendorf, R. (1965): Bildung ist Bürgerrecht. Plädoyer für eine aktive Bildungspolitik. Hamburg.

Deißner, D. (2013) (Hrsg.): Chancen bilden. Wege zu einer gerechteren Bildung – ein internationaler Erfahrungsaustausch. Wiesbaden.

Deutsches PISA-Konsortium (Hrsg.) (2003): PISA 2000. Ein differenzierter Blick auf die Länder der Bundesrepublik Deutschland. Opladen.

Diehl, C.; Fick, P. (2016): Ethnische Diskriminierung im deutschen Bildungssystem. In: Diehl, C. u. a. (Hrsg.), Ethnische Ungleichheiten im Bildungsverlauf (S. 243–286). Wiesbaden: Springer VS.

Dietrich, M. (2012): Von Miami zum Ruhrpott. Analyse von Gangsta-Rap Performances in den USA und Deutschland. In: Dietrich, M. / Seeliger, M. (Hrsg.): Deutscher Gangsta-Rap. Sozial- und kulturwissenschaftliche Beiträge zu einem Pop-Phänomen. Bielefeld, S. 187–231.

Ditton, H. (2008): Der Beitrag von Schule und Lehrern zur Reproduktion von Bildungsungleichheit. In: Becker, R.; Lauterbach, W. (Hrsg.): Bildung als Privileg. Erklärungen und Befunde zu den Ursachen der Bildungsungleichheit. Wiesbaden, S. 247–275.

Ditton, H. / Krüsken, J. (2006): Der Übergang von der Grundschule in die Sekundarstufe I. In: Zeitschrift für Erziehungswissenschaft 9/3, S. 348–372.

Dravenau, D.; Groh-Samberg, O. (2008): Bildungsbenachteiligung als Institutioneneffekt. Zur Verschränkung kultureller und institutioneller Diskriminierung. In: Berger, P. A.; Kahlert, H. (Hrsg.): Institutionalisierte Ungleichheiten. Wie das Bildungswesen Chancen blockiert. Weinheim, S. 103–129.

Dumont, H.; Neumann, M.; Becker, M.; Maaz, K.; Baumert, J. (2013): Der Übergangsprozess von der Grundschule in die Sekundarstufe I vor und nach der Schulstrukturreform in Berlin: Die Rolle primärer und sekundärer Herkunftseffekte. In: Maaz, K; Baumert, J.; Neumann, M.; Becker, M.; Dumont, H. (Hrsg.), Die Berliner Schulstrukturreform: Bewertung durch die beteiligten Akteure und Konsequenzen des neuen Übergangsverfahrens von der Grundschule in die weiterführenden Schulen (S. 133–207). Münster: Waxmann.

Ecarius, J.; Wahl, K. (2009): Bildungsbedeutsamkeit von Familie und Schule. Familienhabitus, Bildungsstandards und soziale Reproduktion. Überlegungen im Anschluss an Pierre Bourdieu. In: Ecarius, J.; Groppe, C.; Malmede, H. (Hrsg.): Familie und öffentliche Erziehung. Theoretische Konzeptionen, historische und aktuelle Analysen. Wiesbaden, S. 13–33.

Ehmke, T.; Klieme, E.; Stanat, P. (2013): Veränderungen der Lesekompetenz von PISA 2000 nach PISA 2009. Die Rolle von Unterschieden in den Bildungswegen und in der Zusammensetzung der Schülerschaft. Zeitschrift für Pädagogik, 59. Beiheft, S. 132–150.

El-Mafaalani, A. (2020): Das Integrationsparadox. Warum gelungene Integration zu mehr Konflikten führt. Aktualisierte und erweiterte Neuausgabe. Köln.

El-Mafaalani, A. (2019): Migration und Sozialisation. In: Grendel, T. (Hrsg.): Sozialisation und Soziale Arbeit. Studienbuch zu Theorie, Empirie und Praxis. Wiesbaden.

El-Mafaalani, A. (2018a): Das Integrationsparadox. Warum gelungene Integration zu mehr Konflikten führt. Köln.

El-Mafaalani, A. (2018b): Habitus. In: Kölbl, C; Sieben, A. (Hrsg.): Stichwörter zur Kulturpsychologie. Gießen.

El-Mafaalani, A. (2017a): Transformationen des Habitus. Praxeologische Zugänge zu sozialer Ungleichheit und Mobilität. In: Rieger-Ladich, M.; Grabau, Ch. (Hrsg.), Pierre Bourdieu: Pädagogische Lektüren (S. 103–128). Wiesbaden: Springer VS.

El-Mafaalani, A. (2017b): Sphärendiskrepanz und Erwartungsdilemma. Migrationsspezifische Ambivalenzen sozialer Mobilität. In: Zeitschrift für Pädagogik 6/2017.

El-Mafaalani, A. (2015): Ambivalenzen sozialer Mobilität. Zur Transformation des Habitus auf dem Weg von ganz unten in die ›Elite‹. In: Graf, A.; Möller, Ch. (Hrsg.): Bildung, Macht, Eliten. Zur Reproduktion sozialer Ungleichheit. Frankfurt/M.

El-Mafaalani, A. (2014a): Vom Arbeiterkind zum Akademiker. Über die Mühen des Aufstiegs durch Bildung. Berlin: Konrad-Adenauer-Stiftung.

El-Mafaalani, A. (2014b): Salafismus als jugendkulturelle Provokation. Zwischen dem Bedürfnis nach Abgrenzung und der Suche nach habitueller Übereinstimmung. In: Schneiders, T. G. (Hrsg.), Salafismus in Deutschland. Ursprünge und Gefahren einer islamisch-fundamentalistischen Bewegung (S. 355–263). Bielefeld: Transcript.

El-Mafaalani, A. (2014c): Habitus-Struktur-Sensibilität. (Wie) kann ungleichheitssensible Schulpraxis gelingen? In: Sander, T. (Hrsg.): Habitussensibilität. Neue Anforderungen an professionelles Handeln. Wiesbaden.

El-Mafaalani, A. (2014d): Migrations- und Ungleichheitssensibilität in psychosozialen Handlungsfeldern. In: Zeitschrift für systemische Therapie und Beratung, Heft 3, 2014.

El-Mafaalani, A. (2013): Erziehungs- und Erwartungsdifferenzen im Alltag von Migrantenkindern. In: Zeitschrift für Grundschulforschung 1/2013.

El-Mafaalani, A. (2012). BildungsaufsteigerInnen aus benachteiligten Milieus. Habitustransformation und soziale Mobilität bei Einheimischen und Türkeistämmigen. Wiesbaden: Springer VS.

El-Mafaalani, A. (2012b): Antisemitismus bei Jugendlichen mit Migrationshintergrund. (Neue) Herausforderungen für die politische Bildung. In: Theorie und Praxis der Sozialen Arbeit 6/2012.

El-Mafaalani, A. (2012c): (Wie) lässt sich Chancengleichheit steuern? Zur Unwahrscheinlichkeit ungleichheitssensibler Schulpraxis. In: Soeffner, H.-G. (Hrsg.): Transnationale Vergesellschaftung. Verhandlungen des 35. Kongresses der Deutschen Gesellschaft für Soziologie in Frankfurt am Main 2010. Wiesbaden.

El-Mafaalani, A. (2011a): Bildungsungleichheit im Wohlfahrtsstaat. Statussicherung als kraftvolle Traditionslinie in der deutschen Bildungs-, Familien- und Sozialpolitik. In: Zeitschrift für Sozialpädagogik 3/2011.

El-Mafaalani, A. (2011b): Warteschleife oder Übergangssystem? Zur Notwendigkeit von Schulsozialarbeit in der beruflichen Benachteiligtenförderung. In: Unsere Jugend 3/2011.

El-Mafaalani, A. (2011c): Das deutsche Schulsystem: Unsystematische Diagnostik oder organisierte Verantwortungslosigkeit? Wie Analphabeten durch die Schule kommen – eine Fallanalyse. In: Theorie und Praxis der Sozialen Arbeit 3/2011.

El-Mafaalani, A. (2010a): Ohne Schulabschluss und Ausbildungsplatz. Konzeptentwicklung und Prozesssteuerung in der beruflichen Benachteiligtenförderung. Marburg.

El-Mafaalani, A. (2010b): Jung, qualifikationsarm, ausbildungsmüde – was tun mit Schulversagern? In: OrganisationsEntwicklung – Zeitschrift für Unternehmensentwicklung und Change Management 1/2010.

El-Mafaalani, A. (2010c): Antisemitische Einstellungen bei muslimischen Jugendlichen in Deutschland. In: Politisches Lernen 1–2/2010.

El-Mafaalani, A. (2009a): Do Underachievers need Sociology? In: Journal of Social Science Education Vol. 8, No. 4, 2009.

El-Mafaalani, A. (2009b): Heterogenität als Potenzial nutzen. Möglichkeiten individueller Förderung in der vollzeitschulischen beruflichen Bildung. In: Berufsbildung in Wissenschaft und Praxis 1/2009.

El-Mafaalani, A. (2009c): Diversität in der beruflichen Benachteiligtenförderung. Herausforderungen für Unterrichts-, Personal- und Organisationsentwicklung. In: Migration und Soziale Arbeit 3+4/2009

El-Mafaalani, A.; Fathi, A.; Mansour, A.; Müller, J.; Nordbruch, G.; Waleciak, J. (2016): Ansätze und Erfahrungen der Präventions- und Deradikalisierungsarbeit (HSFK-Report Reihe Salafismus in Deutschland). Frankfurt/M.

El-Mafaalani, A.; Kemper, Th. (2017a): Bildungsteilhabe geflüchteter Kinder und Jugendlicher im regionalen Vergleich – Quantitative Annäherungen an ein neues Forschungsfeld. Z'Flucht – Zeitschrift für Flüchtlingsforschung, 1(2).

El-Mafaalani, A.; Kemper, Th. (2017b): Bildungserfolgreich trotz ungünstiger Rahmenbedingungen. Empirische Analysen und theoretische Überlegungen zum Bildungserfolg vietnamesischer Jugendlicher. In: Schultze, G.; Kolb, A.; Long, T. (Hrsg.): Unsichtbar. Deutsch-Vietnamesische Wirklichkeiten. Köln.

El-Mafaalani, A.; Kurtenbach, S. (2015): Das Raumparadoxon der Bildungsexpansion. In: El-Mafaalani, A.; Kurtenbach; S.; Strohmeier, K. P. (Hrsg.): Auf die Adresse kommt es an … Segregierte Stadtteile als Problem- und Möglichkeitsräume begreifen. Weinheim.

El-Mafaalani, A.; Kurtenbach, S. (2014): Das Raumparadoxon der Bildungspolitik – Warum Bildungsinvestitionen sozialräumlicher Segregation nicht entgegenwirken. In: Theorie und Praxis der Sozialen Arbeit 5/2014.

El-Mafaalani, A.; Kurtenbach; S.; Strohmeier, K. P. (Hrsg.) (2015): Auf die Adresse kommt es an … Segregierte Stadtteile als Problem- und Möglichkeitsräume begreifen. Weinheim.

El-Mafaalani, A.; Massumi, M. (2019a): Flucht und Bildung: frühkindliche, schulische, berufliche und non-formale Bildung. State-of-Research Papier 08a, Verbundprojekt ›Flucht: Forschung und Transfer‹, Osnabrück, Juni 2019.

El-Mafaalani, A.; Massumi, M. (2019b): Junge Geflüchtete im Bildungssystem – Herausforderungen für Schule, Politik und Verwaltung. Policy Brief 8a, Verbundprojekt ›Flucht: Forschung und Transfer‹ Osnabrück, Juni 2019.

El-Mafaalani, A.; Strohmeier, K. P. (2015): Segregation und Lebenswelt – Die räumliche Dimension sozialer Ungleichheit. In: El-Mafaalani, A.; Kurtenbach, S.; Strohmeier, K. P. (Hrsg.): Auf die Adresse kommt es an … Segregierte Stadtteile als Problem- und Möglichkeitsräume begreifen. Weinheim.

El-Mafaalani, A.; Toprak, A. (2011): Muslimische Kinder und Jugendliche in Deutschland. Lebenswelten, Denkmuster, Herausforderungen. Sankt Augustin: Konrad-Adenauer-Stiftung.

El-Mafaalani, A.; Waleciak, J.; Weitzel, G. (2017): Tatsächliche, messbare und subjektiv wahrgenommene Diskriminierung. In: Scherr, A., El-Mafaalani, A.; Yüksel, E. G. (Hrsg.), Handbuch Diskriminierung (S. 173–190). Wiesbaden: Springer VS.

El-Mafaalani, A.; Wirtz, St. (2011): Wie viel Psychologie steckt im Habitusbegriff? Pierre Bourdieu und die ›verstehende Psychologie‹. In: Journal für Psychologie 1/2011.

Erikson, R.; Jonsson, J. O. (1996): Explaining Class Inequality in Education: The Swedish Test Case. In: Erikson, R. u. a. (Hrsg.): Can Education Be Equalized? The Swedish Case in Comparative Perspective. Stockholm, S. 1–63.

Esping-Andersen, G. (1998): Die drei Welten des Wohlfahrtskapitalismus. Zur politischen Ökonomie des Wohlfahrtsstaats. In: Lessenich, St.; Ostner, I. (Hrsg.): Welten des Wohlfahrtsstaatskapitalismus. Der Sozialstaat in vergleichender Perspektive. Frankfurt, S. 19–56.

Esping-Andersen, G. (1990): The Three Worlds of Welfare Capitalism. Cambridge.

Esser, H. (2006): Migration, Sprache und Integration. AKI-Forschungsbilanz 4. Berlin.

Esser, H.; Hoenig, E. (2018): Leistungsgerechtigkeit und Bildungsungleichheit. Effekte der Verbindlichkeit der Grundschulempfehlungen beim Übergang auf das Gymnasium. Ein Vergleich der deutschen Bundesländer mit den Daten der »National Educational Panel Study« (NEPS). In: Kölner Zeitschrift für Soziologie und Sozialpsychologie, 70, S. 419–447.

Flynn, J. R. (2012): Are we getting smarter? Rising IQ in the Twenty-First Century. Cambridge.

Frein, T.; Möller, G. (2005): Nach PISA – weniger »Sitzenbleiben« in Deutschland und in NRW? In: Schulverwaltung NRW, 1/2005, S. 17–19.

Friedeburg, L. von (1989): Bildungsreformen in Deutschland. Geschichte und gesellschaftlicher Widerspruch. Frankfurt.

Fromm, E. (1932): Über Methode und Aufgabe einer Analytischen Sozialpsychologie. Bemerkungen über Psychoanalyse und historischen Materialismus. Zeitschrift für Sozialforschung, 1, 28–54.

Fromm, E. (1981): Die Furcht vor der Freiheit. München.

Fukuyama, F. (2018): Identitäten. Wie der Verlust der Würde unsere Demokratie gefährdet. Hamburg.

Gambetta, D. (1987): Were They Pushed or Did They Jump? Individual Decision Mechanisms in Education. Cambridge.

Geiger, Th. (1987): Die soziale Schichtung des deutschen Volkes. Soziographischer Versuch auf statistischer Grundlage. Stuttgart.

Geißler, R. (2008): Die Metamorphose der Arbeitertochter zum Migrantensohn. Zum Wandel der Chancenstruktur im Bildungssystem nach Schicht, Geschlecht, Ethnie und deren Verknüpfungen. In: Berger, P. A.; Kahlert, H. (Hrsg.): Institutionalisierte Ungleichheiten. Wie das Bildungswesen Chancen blockiert. Weinheim, S. 71–100.

Geißler, R. (2011): Die Sozialstruktur Deutschlands. Zur gesellschaftlichen Entwicklung mit einer Bilanz zur Vereinigung. Wiesbaden. (6. Auflage)

Geißler, R. (1996): Die Sozialstruktur Deutschlands. Zur gesellschaftlichen Entwicklung mit einer Bilanz zur Vereinigung. Opladen. (2. Auflage)

Gerhards, J.; Sawert, T.; Kohler, U. (2019): Des Kaisers alte Kleider. Fiktion und Wirklichkeit des Nutzens von Lateinkenntnissen. In: Kölner Zeitschrift für Soziologie und Sozialpsychologie, 71, 2, S. 309–326.

Gomolla, M.; Radtke, F.-O. (2002): Institutionelle Diskriminierung. Die Herstellung ethnischer Differenz in der Schule. Opladen.

Gottschall, K.; Hagemann, K. (2002): Die Halbtagsschule in Deutschland: Ein Sonderfall in Europa? In: Aus Politik und Zeitgeschichte, 41, S. 12–22.

Grundmann, M.; Bittlingmayer; U. H.; Dravenau, D.; Groh-Samberg, O. (2008): Bildung als Privileg und Fluch. Zum Zusammenhang zwischen lebensweltlichen und institutionalisierten Bildungsprozessen. In: Becker, R.; Lauterbach, W. (Hrsg.): Bildung als Privileg. Erklärungen und Befunde zu den Ursachen der Bildungsungleichheit. Wiesbaden, S. 47–74.

Grundschulverband NRW (2006): Individuelle Förderung braucht heterogene Gruppen. Noten und Kopfnoten erschweren individuelle Förderung. Dinslaken.

Haeberlin, U.; Niklaus, E. (1978): Identitätskrisen. Theorie und Anwendung am Beispiel des sozialen Aufstiegs durch Bildung. Bern.

Harari, Y. N. (2017): Homo Deus. Eine Geschichte von Morgen. München.

Hartmann, M. (2018): Die Abgehobenen. Wie die Eliten die Demokratie gefährden. Frankfurt.

Hartmann, M. (2007): Eliten und Macht in Europa. Frankfurt/M.
Hartmann, M. (2002): Leistung oder Habitus? Das Leistungsprinzip und die soziale Offenheit der deutschen Wirtschaftselite. In: Bittlingmayer, U., Eickelpasch, R., Kastner, J.; Rademacher, C. (Hrsg.), Theorie als Kampf? Zur politischen Soziologie Pierre Bourdieus (S. 361–377). Opladen: Leske/Budrich.
Hartmann, M. (1995): Deutsche Topmanager. Klassenspezifischer Habitus als Karrierebasis. In: Soziale Welt, Jg. 46, H. 4, S. 440–468.
Hartmann, M. (1993): Informatiker zwischen Professionalisierung und Proletarisierung. In: Soziale Welt, Jg. 44, H. 3, S. 392–419.
Hartmann, M.; Kopp, J. (2001): Elitenselektion durch Bildung oder durch Herkunft? Promotion, soziale Herkunft und der Zugang zu Führungspositionen in der deutschen Wirtschaft. In Kölner Zeitschrift für Soziologie und Sozialpsychologie 53, H. 3, S. 436–466.
Hattie, J. (2013): Lernen sichtbar machen. Baltmannsweiler.
Heckmann, J. J.; Lochner, L. (2000): Rethinking Education and Training Policy. Unterstanding the Sources of Skill Formation in a Modern Economy. In: Danzinger, S.; Waldfogel, J. (Hrsg.): Securing the Future. Investing in Children from Birth to College. New York, S. 47–83.
Heidenheimer, A. J. (1981): Education and Social Security Entitlements. In: Flora, P.; Heindenheimer, A. (Hrsg.): The Development of Welfare States in Europe and America. New Brunswick-London, S. 269–305.
Helbig, M. (2012): Sind Mädchen besser? Der Wandel geschlechtsspezifischen Bildungserfolgs in Deutschland. Frankfurt.
Helbig, M.; Jähnen, St. (2018): Wie brüchig ist die soziale Architektur unserer Städte? Trends und Analysen der Segregation in 74 deutschen Städten. Discussion Paper. 2018. Wissenschaftszentrum Berlin für Sozialforschung.
Helmke, A.; Schrader, F.-W.; Tuyet, V. T. A.; Phuc, L. D.; Tra, T. T. B. (2003): Selbstkonzept und schulische Leistungen im Kulturvergleich. Ergebnisse der Grundschulstudie SCHOLASTIK in München und Hanoi. In: Schneider, W.; Knopf, M. (Hrsg.): Entwicklung, Lehren und Lernen. Zum Gedenken an Franz Emanuel Weinert. Göttingen, S. 187–206.
Heutig, H. (1996): Bildung. Ein Essay. München.
Heublein, U.; Hutzsch, C.; Schreiber; J.; Sommer, D.; Besuch, G. (2010): Ursachen des Studienabbruchs in Bachelor- und in herkömmlichen

Studiengängen. Ergebnisse einer bundesweiten Befragung von Exmatrikulierten des Studienjahres 2007/08. Hannover.

Heublein, U.; Spangenberg, H.; Sommer, D. (2003): Ursachen des Studienabbruchs. Analyse 2002. Hannover.

Hillmert, St. (2008): Soziale Ungleichheit im Bildungsverlauf: zum Verhältnis von Bildungsinstitutionen und Entscheidungen. In: Becker, R.; Lauterbach, W. (Hrsg.): Bildung als Privileg. Erklärungen und Befunde zu den Ursachen der Bildungsungleichheit. Wiesbaden, S. 75–102.

Hirsch, F. (1977): Limits to growth. Cambridge.

Hochschulreport 2020: Chancen für Nichtakademikerkinder. Von der Grundschule bis zur Promotion – soziale (Selbst-)Selektion benachteiligt Nichtakademikerkinder. http://www.hochschulbildungsreport2020.de/chancen-fuer-nichtakademikerkinder

Hoffmann-Nowotny, H.-J. (1987): Gastarbeiterwanderungen und soziale Spannungen. In: Reimann, H.; Reimann, H. (Hrsg.): Gastarbeiter. Analysen und Perspektiven eines sozialen Problems. Opladen, S. 44–66.

Hradil, St. (Hrsg.) (2013): Deutsche Verhältnisse. Eine Sozialkunde. Frankfurt.

Hradil, St. (1993): Schicht, Schichtung und Mobilität. In: Korte, H; Schäfers, B. (Hrsg.): Einführung in die Hauptbegriffe der Soziologie. Opladen, S. 145–164.

Jonsson, J. O.; Grusky, D. B.; Di Carlo, M.; Pollak, R.; Brinton, M. C. (2009): Micro-Class Mobility. Social Reproduction in Four Countries. In: American Journal of Sociology, Jg. 114, H. 4, S. 977–1035.

Jünger, R. (2010): Schule aus der Sicht von Kindern. Zur Bedeutung der schulischen Logiken von Kindern mit privilegierter und nicht-privilegierter Herkunft. In: Brake, A.; Bremer, H. (Hrsg.): Alltagswelt Schule. Weinheim, S. 159–184.

Juhasz, A.; Mey, E. (2003): Die zweite Generation: Etablierte oder Außenseiter? Biographien von Jugendlichen ausländischer Herkunft. Wiesbaden.

Kalthoff, H. (2004): Schule als Performanz. Anmerkungen zum Verhältnis von neuer Bildungsforschung und der Soziologie Pierre Bourdieus. In: Engler, St.; Krais, B. (Hrsg.): Das kulturelle Kapital und die Macht der Klassenstrukturen. Weinheim, S. 115–140.

Kaufmann, F.-X. (2003): Varianten des Wohlfahrtsstaats. Der deutsche Sozialstaat im internationalen Vergleich. Frankfurt.

Kemper, Th. (2015): Bildungsdisparitäten von Schülern nach Staatsangehörigkeit und Migrationshintergrund. Eine schulformspezifische Analyse anhand von Daten der amtlichen Schulstatistik. Münster: Waxmann.

Kergel, D.; Heidkamp-Kergel, B. (Hrsg.) (2019): Praxishandbuch Habitussensibilität und Diversität in der Hochschullehre. Wiesbaden.

Kersting, V.; Meyer, Ch.; Strohmeier, K. P.; Terpoorten, T. (2009): Die A 40 – der Sozialäquator des Ruhrgebiets. In: Prossek, A.; Schneider, H.; Wetterau, B.; Wessel, H. A.; Wiktorin, D. (Hrsg.): Atlas der Metropole Ruhr. Vielfalt und Wandel des Ruhrgebiets im Kartenbild. Köln.

King, V. (2009): Ungleiche Karrieren. Bildungsaufstieg und Adoleszenzverläufe bei jungen Männern und Frauen aus Migrantenfamilien. In: King, V.; Koller, H.-Ch. (Hrsg.): Adoleszenz – Migration – Bildung. Bildungsprozesse Jugendlicher und junger Erwachsener mit Migrationshintergrund. Wiesbaden, S. 27–46.

Klemm, K. (2013): Inklusion in Deutschland – eine bildungsstatistische Analyse. Gütersloh.

Klinge, D. (2016): Die elterliche Übergangsentscheidung von der Grundschule auf die weiterführenden Schulen – Werte, Erwartungen und Orientierungen. Wiesbaden.

KMK (2016): Übersicht über die Pflichtstunden der Lehrkräfte an allgemeinbildenden und beruflichen Schulen. Ermäßigungen für bestimmte Altersgruppen der Voll- bzw. Teilzeitlehrkräfte. Besondere Arbeitszeitmodelle. Schuljahr 2016/2017. Berlin. https://www.kmk.org/fileadmin/Dateien/pdf/Statistik/Pflichtstunden_der_Lehrer_2016.pdf

KMK (2006): Übergang von der Grundschule in Schulen des Sekundarbereichs I. Informationsunterlagen des Sekretariats der Kultusministerkonferenz, März 2006.

Koller, H.-Ch. (1999): Bildung und Widerstreit. Zur Struktur biographischer Bildungsprozesse in der (Post-)Moderne. München: Wilhelm Fink Verlag.

Kracke, N.; Middendorff, E.; Buck, D. (2018): Beteiligung an Hochschulbildung, Chancen(un)gleichheit in Deutschland. (DZHW Brief 3|2018). Hannover.

Krah, K.; Wahl, K. (2006): Elite zwischen Aufstiegs- und Abstiegsprozessen – Bildungsgeschichten von zwei Mehrgenerationenfamilien. In: Ecarius, J.; Wigger, L. (Hrsg.): Elitebildung – Bildungselite. Erziehungswissenschaftliche Diskussionen und Befunde über Bildung und soziale Ungleichheit. Opladen, S. 141–161.

Krais, B.; Gebauer, G. (2008): Habitus. Bielefeld.

Kramer, R.-T. (2011): Abschied von Bourdieu? Perspektiven ungleichheitsbezogener Bildungsforschung. Wiesbaden.

Kratzmann, J.; Schneider, Th. (2009): Soziale Ungleichheiten beim Schulstart. Empirische Untersuchungen zur Bedeutung der sozialen Herkunft und des Kindergartenbesuchs auf den Zeitpunkt der Einschulung. In: KZfSS, Jg. 61, H. 2, S. 211–234.

Kreckel, R. (2004): Politische Soziologie der sozialen Ungleichheit. Frankfurt.

Kreyenfeld, M. (2008): Soziale Ungleichheit und Kinderbetreuung. Eine Analyse der sozialen und ökonomischen Determinanten der Nutzung von Kindertageseinrichtungen. In: Becker, R.; Lauterbach, W. (Hrsg.): Bildung als Privileg. Erklärungen und Befunde zu den Ursachen der Bildungsungleichheit. Wiesbaden, S. 103–128.

Krohne, J.; Meier, U.; Tillmann, K. J. (2004): Sitzenbleiben, Geschlecht und Migration – Klassenwiederholungen im Spiegel der PISA-Daten. In: Zeitschrift für Pädagogik 50, S. 373–391.

Krohne, J.; Tillmann, K.-J. (2006): »Sitzenbleiben« – eine tradierte Praxis auf dem Prüfstand. In: Schulverwaltung Spezial, 4/2006, S. 6–9.

Lange-Vester, A.; Teiwes-Kügler, Ch. (2004): Soziale Ungleichheiten und Konfliktlinien im studentischen Feld. In: Engler, St.; Krais, B. (Hrsg.): Das kulturelle Kapital und die Macht der Klassenstrukturen. Weinheim, S. 159–187.

Lehmann, R.; Peek, R.; Gänsfuß, R. (1997): Aspekte der Lernausgangslage von Schülerinnen und Schülern der fünften Klassen an Hamburger Schulen. Behörde für Schule, Jugend und Berufsbildung, Amt für Schule Hamburg. Hamburg.

Lessenich, St. (2008): Die Neuerfindung des Sozialen. Der Sozialstaat im flexiblen Kapitalismus. Bielefeld.

Lippl, B.; Wegener, B. (2004): Gerechtigkeitsforschung und Gerechtigkeit in Deutschland, in: Gesellschaft – Wirtschaft – Politik 53, S. 261–280.

Luhmann, N. (1998): Die Gesellschaft der Gesellschaft. Frankfurt a. M.

Maaz, K.; Baumert, J.; Trautwein, U. (2010): Genese sozialer Ungleichheit im institutionellen Kontext der Schule: Wo entsteht und vergrößert sich soziale Ungleichheit? In: Krüger, H.-H.; Rabe-Kleberg, U.; Kramer, R.-T.; Budde, J. (Hrsg.), Bildungsungleichheit revisited. Bildung und soziale Ungleichheit vom Kindergarten bis zur Hochschule (S. 69–102). Wiesbaden: Springer VS.

Maaz, K.; Neumann, M.; Trautwein, U.; Fiege, C.; Baeriswyl, F. (2013): Herkunft zensiert? Leistungsdiagnostik und soziale Ungleichheit in der Schule. In: Deißner, D. (Hrsg.): Chancen bilden. Wege zu einer gerechteren Bildung – ein internationaler Erfahrungsaustausch. (S. 187–341). Wiesbaden: Springer VS.

Maaz, K.; Nagy, G. (2009): Der Übergang von der Grundschule in die weiterführenden Schulen des Sekundarschulsystems: Definition, Spezifikation und Quantifizierung primärer und sekundärer Herkunftseffekte. In: Baumert, J.; Maaz, K.; Trautwein, U. (Hrsg.), Bildungsentscheidungen (Zeitschrift für Erziehungswissenschaft, Sonderheft 12) (S. 153–182). Wiesbaden: VS Verlag für Sozialwissenschaften.

Marotzki, W. (1990): Entwurf einer strukturalen Bildungstheorie. Biographietheoretische Auslegung von Bildungsprozessen in hochkomplexen Gesellschaften. Weinheim: Deutscher Studienverlag.

McDaniel, A. (2010): Cross-National Gender Gaps in Educational Expectations. The Influence of National-Level Ideology and Educational Systems. In: Comparative Education Review 54. S. 27–50.

Metag, J.; Füchslin, T.; Schäfer, M. S. (2015): Global warming's five Germanys: A typology of Germans' views on climate change and patterns of media use and information. In: Public Understanding of Science, 26/4, S. 434–451.

Meulemann, H. (1979): Soziale Herkunft und Schullaufbahn. Frankfurt.

Middendorff, E.; Isserstedt, W.; Kandulla, M. (2009): Das soziale Profil in der Begabtenförderung. Ergebnisse einer Online-Befragung unter allen Geförderten der 11 Begabtenförderungswerke im Oktober 2008. Hannover.

Möller, Ch. (2015): Herkunft zählt (fast) immer. Soziale Ungleichheiten unter Universitätsprofessorinnen und -professoren. Weinheim.

Müller, D.; Nägele, B.; Petermann, F. (2014): Jugendliche in unsicheren Aufenthaltsverhältnissen im Übergang Schule-Beruf. Robert-Bosch-Stiftung. Göttingen.

Müller, K.; Ehmke, T. (2013): Soziale Herkunft als Bedingung der Kompetenzentwicklung. In: Prenzel, M.; Sälzer, C.; Klieme, E.; Köller, O. (Hrsg.), PISA 2012. Fortschritte und Herausforderungen in Deutschland (S. 245–274). Münster – New York – München – Berlin: Waxmann.

Müller-Benedict V.; Grözinger, G. (2017): Noten an Deutschlands Hochschulen. Analysen zur Vergleichbarkeit von Examensnoten 1960 bis 2013. Wiesbaden.

Müller, W.; Pollak, R. (2008): Warum gibt es so wenige Arbeiterkinder in Deutschlands Universitäten? In: Becker, R.; Lauterbach, W. (Hrsg.): Bildung als Privileg. Erklärungen und Befunde zu den Ursachen der Bildungsungleichheit. Wiesbaden, S. 307–346.

Münch, R. (2018): Der bildungsindustrielle Komplex. Schule und Unterricht im Wettbewerbsstaat. Weinheim.

Nassehi, A. (2019): Muster. Zur Theorie der digitalen Gesellschaft. München.

Nast, J.; Blokland, T. (2013): Social Mix Revisited: Neighbourhood Institutions as Setting for Boundary Work and Social Capital. Sociology, 48(3), S. 482–499.

Neckel, S. (1991a): Status und Scham. Zur symbolischen Reproduktion sozialer Ungleichheit. Frankfurt.

Neckel, S. (1991b): Unterlegenheit. Vom kollektiven Status zur defizitären Individualität. Berliner Journal für Soziologie, 1(3), 427–438.

Neumann, M.; Milek, A.; Maaz, K.; Gresch, C. (2010): Zum Einfluss der Klassenzusammensetzung auf den Übergang von der Grundschule in die weiterführenden Schulen. In: Maaz, K.; Baumert, J.; Gresch, C.; McElvany, N. (Hrsg.), Der Übergang von der Grundschule in die weiterführende Schule: Leistungsgerechtigkeit und regionale, soziale und ethnisch-kulturelle Disparitäten (S. 229–251). Bonn: BMBF.

Nida-Rümelin, J. (2014): Der Akademisierungswahn. Zur Krise beruflicher und akademischer Bildung. Hamburg.

Nölle, I.; Hörstermann, T.; Krolak-Schwerdt, S.; Gräsel, C. (2009): Relevante diagnostische Informationen bei der Übergangsempfehlung – die Perspektive der Lehrkräfte. In: Unterrichtswissenschaft. 37. Jg., H. 4. S. 294–310.

O'Hara, C. (2001): Philosophie des Punks. Die Geschichte einer Kulturrevolte. Mainz.

OECD (2015): The ABC of Gender Equality in Education: Aptitude, Behaviour, Confidence. http://www.oecd.org/pisa/keyfindings/pisa-2012-results-gender-eng.pdf

Ostheim, T.; Schmidt, M. G. (2007): Die Lehre vom Politik-Erbe. In: Schmidt, M. u. a. (Hrsg.): Der Wohlfahrtsstaat. Wiesbaden, S. 85–95.

Panofsky, E. (1951): Gothic Architecture and Scholasticism. An inquiry into the analogy of the arts, philosophy and religion in the Middle Age. New York.

Parsons, T. (1955): Die Schulklasse als soziales System. In: Parsons, T.: Sozialstruktur und Persönlichkeit. Frankfurt, S. 161–193.

Picht, G. (1964): Die deutsche Bildungskatastrophe – Analyse und Dokumentation. Freiburg.

Picht, G. (1965): Die deutsche Bildungskatastrophe. München.

Pohlmann-Rother, S. (2010). Die Herausbildung der Übergangsempfehlung am Ende der Grundschulzeit. Zeitschrift für Grundschulforschung, 3(2), S. 136–148.

Pollak, R. (2009): Chancengleichheit durch Bildung? Eine ländervergleichende Studie zum Einfluss der Bildung auf soziale Mobilität im Europa des 20. Jahrhunderts. Dissertation an der Universität Mannheim.

Pollak, R. (2010): Kaum Bewegung, viel Ungleichheit: Eine Studie zu sozialem Auf- und Abstieg in Deutschland. Bielefeld.

Pott, A. (2002): Ethnizität und Raum im Aufstiegsprozeß. Eine Untersuchung zum Bildungsaufstieg in der zweiten türkischen Migrantengeneration. Opladen.

Portes, A.; Rumbaut, R. G. (2001): Legacies. The Story of the Immigrant Second Generation. Berkeley.

Precht, R. D. (2018): Jäger, Hirten, Kritiker. Eine Utopie für die digitale Gesellschaft. München.

Preuß, O. (1970): Soziale Herkunft und die Ungleichheit der Bildungschancen. Weinheim.

Protsch, P. (2014): Segmentierte Ausbildungsmärkte. Berufliche Chancen von Hauptschülerinnen und Hauptschülern im Wandel. Leverkusen.

Rabe-Kleberg, U. (2010): Bildungsarmut von Anfang an? Über den Beitrag des Kindergartens im Prozess der Reproduktion sozialer Ungleichheit. In: Krüger, H.-H.; Rabe-Kleberg, U.; Kramer, R.-T.;

Budde, J. (Hrsg.): Bildungsungleichheit revisited. Bildung und soziale Ungleichheit vom Kindergarten bis zur Hochschule. Wiesbaden, S. 45–56.

Rauin, U.; Meier, U. 2007: Subjektive Einschätzungen des Kompetenzerwerbs in der Lehramtsausbildung. In: Lüders, M.; Wissinger, J. (Hg.): Forschung zu Lehrerbildung, Münster, S. 103–133.

Rauschenbach, T.; Leu, H. R.; Lingenauber, S.; Mack, W.; Schilling, M.; Schneider, K.; Züchner, I. (2004): Non-formale und informelle Bildung im Kindes- und Jugendalter. Konzeptionelle Grundlagen für einen Nationalen Bildungsbericht. Reihe Bildungsreform, Band 6. Bonn.

Reckwitz, A. (2019): Das Ende der Illusionen – Politik, Ökonomie und Kultur in der Spätmoderne. Frankfurt.

Reckwitz, A. (2017): Die Gesellschaft der Singularitäten. Frankfurt.

Reckwitz, A. (2012): Die Erfindung der Kreativität. Zum Prozess gesellschaftlicher Ästhetisierung. Frankfurt/M.

Regier, K.; Regier, S.; Zellner, M. (2020): Warum Sprachkompetenz? Eine Reflexion. In: Regier, K.; Regier, S.; Zellner, M. (Hrsg.): Förderung der Sprachkompetenz in der Hochschule. Wiesbaden, S. 3–12.

Reuter, J.; Gamper, M.; Möller, Ch.; Blome, F. (Hrsg.) (2020): Vom Arbeiterkind zur Professur. Sozialer Aufstieg in der Wissenschaft. Bielefeld.

Rieger-Ladich, M. (2019): Bildungstheorien zur Einführung. Hamburg.

Rieger-Ladich, M. (2005): Weder Determinismus, noch Fatalismus: Pierre Bourdieus Habitustheorie im Lichte neuerer Arbeiten. Zeitschrift für Soziologie der Erziehung und Sozialisation, 25(3), S. 281–296.

Rieger-Ladich, M.; Friebertshäuser, B.; Wigger, L. (Hg.) 2009: Reflexive Erziehungswissenschaft. Forschungsperspektiven im Anschluss an Pierre Bourdieu. Wiesbaden.

Rifkin, J. (2005): Das Ende der Arbeit und ihre Zukunft. Frankfurt.

Rolff, H.-G. (1997): Sozialisation und Auslese durch die Schule. Weinheim.

Rosenberg, F. v. (2011): Bildung und Habitustransformation. Empirische Rekonstruktionen und bildungstheoretische Reflexionen. Bielefeld: Transcript.

Rosenberg, F. v. (2008): Habitus und Distinktion in Peergroups. Ein Beitrag zur rekonstruktiven Schul- und Jugendkulturforschung. Berlin.

Sander, T. (2014) (Hrsg.): Habitussensibilität. Neue Anforderungen an professionelles Handeln. Wiesbaden.

Schauenberg, M. (2007): Übertrittsentscheidungen nach der Grundschule. Empirische Analysen zu familialen Lebensbedingungen und Rational-Choice. München.

Scherr, A.; Sachs, L. (2017): Bildungsbiografien von Sinti und Roma. Erfolgreiche Bildungsverläufe unter schwierigen Bedingungen. Weinheim: Beltz Juventa.

Schlüter, A. (1999): Bildungserfolge. Eine Analyse der Wahrnehmungs- und Deutungsmuster und der Mechanismen für Mobilität in Bildungsbiographien. Opladen.

Schmidt, M. G. (2003): Ausgaben für Bildung im internationalen Vergleich. In: Aus Politik und Zeitgeschichte, 21–22, S. 6–11.

Schmitt, L. (2010): Bestellt und nicht abgeholt. Soziale Ungleichheit und Habitus-Struktur-Konflikte. Wiesbaden.

Schulze, A.; Unger, R.; Hradil, S. (2008): Bildungschancen und Lernbedingungen an Wiesbadener Grundschulen am Übergang zur Sekundarstufe I. Projekt- und Ergebnisbericht zur Vollerhebung der GrundschülerInnen der 4. Klasse im Schuljahr 2006/07. Herausgegeben von: Projektgruppe Sozialbericht zur Bildungsbeteiligung, Amt für Soziale Arbeit, Abteilung Grundsatz und Planung, Landeshauptstadt Wiesbaden.

Solga, H.; Wagner, S. (2008): Die Zurückgelassenen – die soziale Verarmung der Lebensumwelt von Hauptschülerinnen und Hauptschülern. In: Becker, R.; Lauterbach, W. (Hrsg.): Bildung als Privileg. Erklärungen und Befunde zu den Ursachen der Bildungsungleichheit. Wiesbaden, S. 191–219.

Spranger, E. (1962): Das Gesetz der ungewollten Nebenwirkungen in der Erziehung. Heidelberg.

Stahl, N. (2007): Schülerwahrnehmung und -beurteilung durch Lehrkräfte. In: Ditton, H. (Hrsg.): Kompetenzaufbau und Laufbahnen im Schulsystem. Ergebnisse einer Längsschnittuntersuchung an Grundschulen. Münster, S. 171–198

Stanat, Petra; Schipolowski, Stefan; Schneider, Rebecca; Sachse, Karoline A.; Weirich, Sebastian; Henschel, Sofie (Hrsg.): IQB-Bildungstrend 2021. Kompetenzen in den Fächern Deutsch und Mathematik am Ende der 4. Jahrgangsstufe im dritten Ländervergleich. Münster.

Statistisches Bundesamt (2019): Bildungsausgaben. Ausgaben je Schülerin und Schüler 2016. Wiesbaden (destatis.de).

Statistisches Bundesamt (2018): Fachserie 11 Reihe 1, allgemeinbildende Schulen, verschiedene Jahrgänge.

Statistisches Bundesamt (2003/04): Fachserie 11, Reihe 1. Wiesbaden.

Steffensky, M.; Kleickman, T.; Kasper, D.; Köller, O. (2016): Naturwissenschaftliche Kompetenzen im internationalen Vergleich. In: Wendt, H.; Bos, W.; Selter, Ch.; Köller, O.; Schwippert, K.; Kasper, D. (Hg.): TIMSS 2015. Mathematische und naturwissenschaftliche Kompetenzen von Grundschulkindern in Deutschland im internationalen Vergleich. Münster: Waxmann. S. 137–188.

Stipendienstudie (2016): Bildungsförderung in Deutschland: Ungleichheiten beim Zugang zu Stipendien. Herausgegeben von der Stiftung Mercator. Essen.

Strohmeier, K. P. (2006): Segregation in den Städten. Bonn.

Stubbe, T. C.; Bos, W. (2008): Schullaufbahnempfehlungen von Lehrkräften und Schullaufbahnentscheidungen von Eltern am Ende der vierten Jahrgangsstufe. In: Empirische Pädagogik. 22. Jg., H. 1. S. 49–63.

Stubbe, T. C.; Tarelli, I.; Wendt, H. (2012): Soziale Disparitäten der Schülerleistungen in Mathematik und Naturwissenschaften. In: Bos, W.; Wendt, H.; Köller, O.; Selter, C. (Hrsg.), TIMSS 2011. Mathematische und naturwissenschaftliche Kompetenzen von Grundschulkindern in Deutschland im internationalen Vergleich. Münster: Waxmann.

Stubbe, T. C.; Lorenz, J.; Bos, W.; Kasper, D. (2016): Der Übergang von der Primar- in die Sekundarstufe. In: Wendt, H.; Bos, W.; Selter, Ch.; Köller, O.; Schwippert, K.; Kasper, D. (Hg.): TIMSS 2015. Mathematische und naturwissenschaftliche Kompetenzen von Grundschulkindern in Deutschland im internationalen Vergleich. Münster.

Terkessidis, M. (2017): Nach der Flucht – Neue Ideen für die Einwanderungsgesellschaft. Ditzingen.

Terpoorten (2014): Räumliche Konfiguration der Bildungschancen. Segregation und Bildungsdisparitäten am Übergang in die weiterführenden Schulen im Agglomerationsraum Ruhrgebiet. ZEFIR Band 3. Bochum.

Tillmann, K.-J. (2015): Das Sekundarschulsystem auf dem Weg in die Zweigliedrigkeit. In: Bundeszentrale für politische Bildung (Hrsg.): Dossier Bildung. Berlin. https://www.bpb.de/gesellschaft/bildung/zukunft-bildung/215556/zweigliedrigkeit

Toprak, A.; El-Mafaalani, A.; Nowacki, K. (2011): Gewalt von Jugendlichen mit Zuwanderungsgeschichte. In: Deegener, G.; Körner, W. (Hrsg.): Aggression und Gewalt im Kindes- und Jugendalter. Weinheim.

Truschkat, I. (2002): »Meine Eltern sind beide keine Akademiker«. Herkunftsbedingungen und habituelle Logiken von Studierenden als Reproduktionsfaktoren sozialer Ungleichheit. Eine biographieanalytische Untersuchung. Göttingen.

Twardella, J. (2008): Pädagogischer Pessimismus. Eine Fallstudie zu einem Syndrom der Unterrichtskultur an deutschen Schulen. Frankfurt/M.

Umweltbundesamt (2016): Repräsentative Erhebung von Pro-Kopf-Verbräuchen natürlicher Ressourcen in Deutschland (nach Bevölkerungsgruppen). Dessau. https://www.bmuv.de/download/repraesentative-erhebung-von-pro-kopf-verbraeuchen-natuerlicher-ressourcen-in-deutschland-nach-bevoelkerungsgruppen

UNESCO (2009): Global Education Digest 2009: Comparing Education Statistics Across the World. Montreal.

Vester, M.; Oertzen, P. v.; Geiling, H.; Hermann, Th.; Müller, D. (2001): Soziale Milieus im gesellschaftlichen Strukturwandel. Frankfurt/M.

Vester, M. (2008): Die selektive Bildungsexpansion. Die ständische Regulierung der Bildungschancen in Deutschland. In: Berger, P. A.; Kahlert, H. (Hrsg.): Institutionalisierte Ungleichheiten. Wie das Bildungswesen Chancen blockiert. Weinheim, S. 39–70.

Voyer, D.; Voyer, S. D. (2014): Gender differences in scholastic achievement: A meta-analysis. Psychological Bulletin, Vol 140(4), Jul 2014, S. 1174–1204.

Wagner, W. (1991): Angst vor Armut. Berlin.

Weinert, F. (2001): Vergleichende Leistungsmessung in Schulen – eine umstrittene Selbstverständlichkeit. In: Weinert, F. (Hrsg.): Leistungsmessungen in Schulen. Weinheim, S. 17–32.

Wendt, H.; Stubbe, T. C.; Schwippert, K. (2012): Soziale Herkunft und Lesekompetenzen von Schülerinnen und Schülern. In Bos, W.; Tarelli, I.; Bremerich-Vos, A.; Schwippert, K. (Hrsg.), Lesekompetenzen von Grundschulkindern in Deutschland im internationalen Vergleich (S. 175–190). Münster: Waxmann.

Wenzel, H. (2010): Chancengleichheit in der Schule – eine nicht abgegoltene Forderung. In: Krüger, H.-H.; Rabe-Kleberg, U.; Kramer, R.-T.; Budde, J. (Hrsg.): Bildungsungleichheit revisited. Bildung und soziale Ungleichheit vom Kindergarten bis zur Hochschule. Wiesbaden, S. 57–68.

Werfhorst, H. G. van de; Tubergen, F. van (2007): Ethnicity, Schooling, and Merit in the Netherlands. Ethnicities 7(3), S. 416–444.

Wößmann, L. (2007): Frühe Selektion führt zu mehr Chancenungleichheit. Ergebnisse nationaler und internationaler Vergleiche. In: Pädagogik 59, S. 46–51.

Wößmann, L. (2003): Familiärer Hintergrund, Schulsystem und Schülerleistungen im internationalen Vergleich. In: Aus Politik und Zeitgeschichte, 21–22, S. 33–38.

Zaborowski, K. U.; Breidenstein, G. (2010): »Geh lieber nicht hin! Bleib lieber hier.« Eine Fallstudie zu Selektion und Haltekräften an der Hauptschule. In: Krüger, H.-H. u. a. (Hrsg.): Bildungsungleichheit revisited. Bildung und soziale Ungleichheit vom Kindergarten bis zur Hochschule. Wiesbaden, S. 127–144.